TRAITÉ

DES

ÉTABLISSEMENTS

DANGEREUX, INSALUBRES OU INCOMMODES.

Pour paraître en janvier 1846 :

DE L'EXPROPRIATION
POUR CAUSE D'UTILITÉ PUBLIQUE,
COMMENTAIRE DE LA LOI DU 3 MAI 1841.

PAR LE MÊME AUTEUR.

Un volume in - octavo.

IMPRIMERIE DE COSSE, J. DUMAINE ET N. DELAMOTTE,
Rue Christine-Dauphine, 2.

TRAITÉ

DES

ÉTABLISSEMENTS

DANGEREUX, INSALUBRES OU INCOMMODES,

PAR

ST. CH. CLERAULT,

Avocat aux Conseils du Roi et à la Cour de Cassation.

PARIS

IMPRIMERIE ET LIBRAIRIE GÉNÉRALE DE JURISPRUDENCE
DE COSSE ET N. DELAMOTTE,

Libraires de l'ordre des Avocats aux Conseils du Roi et à la Cour de cassation,
Directeurs des Journaux des Huissiers, du Droit criminel, des Avoués, etc., etc.,
Editeurs des œuvres de Troplong, Carré, Pothier-Bugnet, etc.,
PLACE DAUPHINE, 26-27

1845

PRÉFACE.

Quinze ans se seront bientôt écoulés depuis la dernière publication d'un traité sur les établissements dangereux, insalubres ou incommodes.

Et depuis quinze ans, la législation et la jurisprudence sur la matière ont marché. La législation s'est modifiée, la jurisprudence s'est complétée.

Des ordonnances royales ont entièrement changé le régime administratif de plusieurs industries, notamment celui sous lequel se trouvaient placés les établissements mus par la vapeur et les ateliers où se préparent les matières détonantes et fulminantes.

La jurisprudence s'est enrichie de près de cent décisions nouvelles, celles-ci donnant à différentes dispositions du décret du 15 octobre 1810 et à l'ordonnance royale du 14 janvier 1815 une autre interprétation que celle qu'elles avaient reçue précédemment, celles-là statuant sur des questions qui ne s'étaient pas encore présentées et qui sont nées du développement qu'a pris l'industrie au sein de la prospérité générale et de la paix.

Ce développement tend chaque jour à s'accroître, et donne plus d'importance à la législation qui régit les manufactures.

Exposer cette législation; faire connaître ses sources, dans lesquelles on peut puiser bien des enseignements soit pour éviter des contestations soit pour s'en défendre; montrer quelles garanties les manufacturiers doivent au public contre le danger, l'insalubrité ou l'incommodité que causerait leur voisinage; quelle protection l'administration doit à l'industrie contre les prétentions, parfois excessives, de voisins ombrageux et intolérants; mettre sous les yeux les difficultés qui sont nées du conflit des obligations et des droits à cet égard, les principes invoqués par les parties litigantes, les décisions intervenues; apprécier ces décisions et leurs conséquences; faire ressortir enfin de ce passé, aussi souvent qu'il se peut, un leçon pour l'avenir : tel est l'objet de ce traité.

TABLE DES CHAPITRES.

TRAITÉ

DES

ÉTABLISSEMENTS

DANGEREUX, INSALUBRES OU INCOMMODES.

CHAPITRE PREMIER.

Etat de la législation sur les établissements dangereux, insalubres ou incommodes.

SOMMAIRE.

1.—Principe de la matière.
2.—Des établissements dangereux, insalubres ou incommodes, sous l'ancien régime.
3.—Sous la révolution.
4.—Rapport de la classe des sciences physiques et mathématiques de l'Institut, en l'an XIII.
5.—Insuffisance de ce travail.
6.—Rapport de la section de chimie, approuvé par la classe des sciences physiques et mathématiques, en 1809.
7.—Ce second travail sert de base au décret du 15 octobre 1810.
8.—Exposé des motifs du décret.
9.—Texte du décret.
10.—Sa nature et ses effets.
11.—Mesures d'exécution.
12.—Ordonnance de police pour Paris, du 5 novembre 1810.
13.—Circulaire du ministre de l'intérieur aux préfets, du 22 novembre 1811.

1. — Il est du devoir de l'autorité administrative de veiller à ce que rien de ce qui provient du fait de l'homme n'altère la santé des citoyens, ne compromette la sûreté des habitations, ne nuise aux fruits de la terre ou aux productions artificielles de l'industrie, n'arrête les progrès de la population et le développement du commerce.

C'est par suite de ce principe que les établissements dangereux, insalubres ou incommodes ne peuvent se former sans la permission de l'autorité administrative.

2. — Ce principe, arrivé aujourd'hui à l'état de dogme social, n'était pas, comme on pourrait le croire, étranger à l'ancien régime.

A Paris, des ordonnances du prévôt, des arrêts du conseil du roi, des ordonnances de police ;—dans les provinces, des arrêtés des parlements, en réglaient l'application relativement à un assez grand nombre d'établissements industriels.

Mais ces règlements, outre qu'ils variaient dans chaque ressort, étaient insuffisants, incomplets, souvent contradictoires, presque toujours empreints de suspicion et d'une défaveur trop marquée à l'égard de l'industrie.

3. — La révolution ne remédia point à cet état de choses. L'assemblée nationale se borna à décréter, par la loi du 21 septembre au 13 novembre 1791 , que les anciens règlements de police concernant l'établissement ou l'interdiction dans les villes , des usines , ateliers ou fabriques qui peuvent nuire à la sûreté et à la salubrité , continueraient d'être provisoirement observés.

L'exécution de cette loi, d'après le décret de l'assemblée constituante du 14 — 22 décembre 1789 , était confiée au pouvoir municipal. Ce fut la source de l'arbitraire le plus intolérable ; non-seulement chaque département , chaque commune , mais aussi chaque nouvelle administration municipale, avait sa règle. Tantôt des établissements dangereux étaient autorisés dans le centre des villes les plus populeuses, au grand détriment de la propriété; tantôt des usines récemment autorisées étaient tout à coup interdites. L'industrie et la propriété souffraient également.

4. — Leurs plaintes respectives devinrent si nombreuses qu'en l'an XIII le ministre de l'intérieur appela sur ce sujet les méditations de la classe des sciences physiques et mathématiques de l'Institut. Le 26 frimaire de la même année , la classe lui transmit en réponse le rapport suivant fait par plusieurs de ses membres et adopté par elle.

« Il s'agit de décider si le voisinage de certaines « fabriques peut être nuisible à la santé.

« La solution de ce problème doit paraître d'au- « tant plus importante , que , par une suite naturelle

« de la confiance que méritent les décisions de l'In-
« stitut, elle pourra désormais former la base des
« jugements du magistrat, lorsqu'il s'agit de pro-
« noncer entre le sort d'une fabrique et la santé des
« citoyens.

« Cette solution est d'autant plus urgente, elle est
« devenue d'autant plus nécessaire , que le sort des
« établissements les plus utiles, je dirai plus, l'exis-
« tence de plusieurs arts, a dépendu jusqu'ici de sim-
« ple règlements de police, et que quelques-uns ,
« repoussés loin des approvisionnements, de la main
« d'œuvre ou de la consommation, par les préjugés,
« l'ignorance ou la jalousie, continuent à lutter avec
« désavantage contre les obstacles sans nombre qu'on
« oppose à leur développement. C'est ainsi que nous
« avons vu successivement les fabriques d'acides , de
« sel ammoniac, de bleu de Prusse, de bière , et les
« préparations de cuirs, reléguées hors de l'enceinte
« des villes, et que chaque jour ces mêmes établis-
« sements sont encore dénoncés à l'autorité par des
« voisins inquiets ou par des concurrents jaloux.

« Tant que le sort de ces fabriques ne sera pas as-
« suré ; tant qu'une législation purement arbitraire
« aura le droit d'interrompre, de suspendre, de gê-
« ner le cours d'une fabrication ; en un mot, tant
« qu'un simple magistrat de police tiendra dans ses
« mains la fortune ou la ruine du manufacturier,
« comment concevoir qu'il puisse porter l'impru-
« dence jusqu'à se livrer à des entreprises de cette
« nature ? Comment a-t-on pu espérer que l'industrie

« manufacturière s'établit sur des bases aussi fragiles?
« Cet état d'incertitude, cette lutte continuelle entre
« le fabricant et ses voisins, cette indécision éternelle
« sur le sort d'un établissement, paralysent, rétré-
« cissent les efforts du manufacturier, et éteignent
« peu à peu son courage et ses facultés.

    « Il est donc de première nécessité pour la pro-
« spérité des arts qu'on pose enfin des limites qui ne
« laissent plus rien à l'arbitraire du magistrat, qui
« tracent au manufacturier le cercle dans lequel il
« peut exercer son industrie librement et sûrement,
« et qui garantissent au propriétaire voisin qu'il n'y
« a danger ni pour sa santé ni pour les produits de
« son sol.

    « Pour arriver à la solution de ce problème im-
« portant, il nous paraît indispensable de jeter un
« coup d'œil sur chacun des arts qui, jusqu'à ce mo-
« ment, ont excité le plus de réclamations.

    « Pour y parvenir, nous les diviserons en deux
« classes : la première comprendra tous ceux dont
« les opérations laissent échapper dans l'atmosphère,
« par suite de la putréfaction ou de la fermentation,
« quelques émanations gazeuses qu'on peut regarder
« comme incommodes par leur odeur ou dangereuses
« par leurs effets.

    « La seconde classe comprendra tous ceux où l'ar-
« tiste, opérant par le moyen du feu, développe et
« dégage, en vapeur ou en gaz, divers principes qui
« sont plus ou moins désagréables à respirer, et sont
« réputés plus ou moins nuisibles à la santé,

« Dans la première classe on peut faire entrer le
« rouissage du lin et du chanvre , la boyauderie , les
« boucheries , les amidonneries , les tanneries , les
« brasseries, etc.

« Dans la seconde , la distillation des acides , celle
« des vins, des matières animales, l'art du doreur sur
« métaux , les préparations de plomb, de cuivre, de
« mercure, etc.

« Les arts compris dans la première classe , con-
« sidérés sous le rapport de la santé publique , méri-
« tent une attention toute particulière, parce que les
« émanations qui se dégagent par la fermentation ou
« la putréfaction, sont réellement nuisibles à la santé,
« dans quelques cas et dans quelques circonstances
« particulières : par exemple, le rouissage qu'on pra-
« tique dans des eaux tranquilles ou dans des mares,
« infecte l'air et tue le poisson ; les maladies qu'il
« occasionne sont toutes connues et décrites ; aussi ,
« de sages règlements ont-ils ordonné , presque par-
« tout , que cette opération fût pratiquée hors l'en-
« ceinte des villes , à une certaine distance de toute
« habitation , et dans des eaux dont le poisson n'est
« pas une ressource pour l'habitant. Sans doute ces
« règlements doivent être maintenus ; mais , comme
« leur exécution entraîne , à leur tour , quelques in-
« convénients , il est à désirer que le procédé de
« M. Brale , dont MM. Monge , Bertollet , Tessier et
« Molard ont constaté la supériorité , soit bientôt
« connu et adopté.

« Les autres opérations qu'on exécute sur les végé-

« taux ou sur certains produits de la végétation, pour
« en obtenir des liqueurs fermentées, comme dans
« les brasseries; pour en extraire des couleurs, comme
« dans les fabriques de tournesol, d'orseille et d'in-
« digo; ou pour les dépouiller de quelques-uns de leurs
« principes, comme dans les amidonneries, papete-
« ries, etc., ne nous paraissent point de nature à pou-
« voir exciter une inquiète sollicitude de la part du
« magistrat : dans tous ces cas, les émanations qui
« s'élèvent de ces matières en fermentation ne peu-
« vent être dangereuses que dans l'enceinte des vais-
« seaux et appareils qui les contiennent; elles cessent
« de l'être, du moment qu'elles sont mêlées à l'air
« extérieur : il ne faut donc qu'un peu de prudence
« pour éviter tout danger. D'ailleurs le danger n'est
« jamais pour les habitants des maisons voisines ; il
« n'intéresse et ne menace que les ouvriers de la fa-
« brique, de sorte que le règlement qui ordonnerait
« la translation de ces fabriques au dehors des villes
« et loin de toute habitation, serait, de la part de
« l'autorité, un acte à la fois injuste, vexatoire, nui-
« sible aux progrès des arts, et ne remédierait point
« au mal qu'entraîne l'opération.

« Quelques préparations qu'on extrait des matières
« animales exigent souvent la putréfaction de ces
« mêmes matières, comme dans celles qui ont pour
« objet la fabrication des cordes à boyaux ; mais plus
« souvent l'emploi de ces substances animales expose
« à voir se corrompre les matières mêmes dont
« on se sert, par un trop long séjour dans l'atelier,

« ou par suite d'une température trop chaude : c'est
« ce qui s'observe surtout dans les teintures en coton
« rouge, où l'on se sert du sang en abondance. L'in-
« fection qu'exhalent les matières corrompues se ré-
« pand au loin et forme pour tout le voisinage une
« atmosphère très désagréable à respirer. Il est d'une
« bonne administration de faire renouveler les ma-
« tières pour prévenir la corruption, et de faire main-
« tenir assez de propreté dans l'atelier pour qu'on
« n'y laisse ni traîner ni pourrir les résidus des sub-
« stances animales qu'on y emploie.

« Sous ce dernier rapport, les boucheries offrent
« bien quelques inconvénients ; mais ils ne sont pas
« assez graves pour qu'on doive les placer hors des
« villes, et les concentrer sur un seul point, comme
« des spéculateurs le proposent tous les jours à l'au-
« torité. Un peu d'attention de la part du magistrat,
« pour que les bouchers ne répandent pas au dehors
« le sang et quelques débris des animaux qu'ils égor-
« gent, suffit pour remédier pleinement à tout ce
« que les boucheries présentent de malsain ou de dé-
« goûtant.

« La fabrication de la *poudrette* commence à s'é-
« tablir dans toutes les grandes villes de la France :
« l'opération par laquelle on ramène les matières fé-
« cales à l'état de poudrette, développe nécessairement
« et pendant longtemps une odeur très désagréable.
« Les établissements de cette nature doivent donc
« être formés dans des lieux bien aérés et éloignés de
« toute habitation : non que nous regardions les pro-

« duits gazeux qui s'en exhalent comme nuisibles à
« la santé ; mais on ne peut pas nier qu'ils ne soient
« incommodes, infects, désagréables, pénibles à res-
« pirer, et que, sous tous ces rapports, ils ne doivent
« être écartés de l'habitation des hommes.

« Il y a une observation très importante à faire sur
« la décomposition spontanée des substances ani-
« males ; c'est que les émanations paraissent en être
« d'autant moins dangereuses que les matières qui
« éprouvent la putréfaction sont moins humides :
« dans ce dernier cas, il se dégage une quantité con-
« sidérable de carbonate d'ammoniaque qui donne
« son caractère prédominant aux autres matières qui
« se volatilisent, et corrige le mauvais effet de celles
« qui seraient délétères. Ainsi la décomposition des
« matières stercorales en plein air et dans des lieux
« dont la position et l'inclinaison permettent aux li-
« quides de s'échapper, la décomposition des résidus
« du cocon du ver à soie, développent une énorme
« quantité de carbonate d'ammoniaque qui châtre
« la vertu vénéneuse de quelques autres émanations,
« tandis que ces mêmes substances, décomposées dans
« l'eau ou abreuvées de ce liquide, exhalent des mias-
« mes douceâtres et nauséabonds dont la respira-
« tion est très dangereuse.

« Les arts nombreux dans lesquels le manufactu-
« rier produit et répand dans l'air, par suite de ses
« opérations et à l'aide du feu , des vapeurs plus ou
« moins désagréables à respirer, constituent la se-
« conde classe de ceux que nous avons à examiner.

« Ceux-ci, plus intéressants que les premiers et
« bien plus intimement liés à la prospérité de l'in-
« dustrie nationale, sont plus souvent encore l'objet
« des réclamations portées à la décision des magis-
« trats ; et sous ce rapport ils nous ont paru mériter
« une attention plus particulière.

« Nous commencerons notre examen par la fabri-
« cation des acides.

« Les acides dont la préparation peut exciter quel-
« ques plaintes de la part des voisins de la fabrique,
« sont le sulfurique, le nitrique, le muriatique et l'a-
« céteux.

« Le sulfurique s'obtient par la combustion d'un
« mélange de soufre et de salpêtre. Il est bien dif-
« ficile que, dans cette opération, il ne se répande
« une odeur plus ou moins marquée d'acide sulfu-
« reux autour de l'appareil dans lequel s'opère la
« combustion ; mais, dans les fabriques conduites
« avec intelligence, cette odeur est à peine sensible
« dans l'atelier ; elle ne présente aucun danger pour
« les ouvriers qui la respirent journellement, et au-
« cune plainte de la part des voisins ne saurait être
« fondée. Lorsque l'art de fabriquer l'acide sulfu-
« rique a été introduit en France, l'opinion publique
« s'est fortement prononcée contre les premiers éta-
« blissements ; l'odeur de l'alumette qu'on brûle dans
« nos foyers, ne contribuait pas peu à exagérer l'effet
« que devait produire la combustion rapide de quel-
« ques quintaux de soufre ; aujourd'hui l'opinion
« est si bien revenue sur leur compte, que nous voyons

« plusieurs de ces fabriques prospérer paisiblement
« et sans trouble au milieu de nos villes.

« La distillation des eaux-fortes et de l'esprit de
« sel (acide nitrique et muriatique) ne présente pas
« plus de danger que la fabrication de l'acide sulfu-
« rique. Toute l'opération se fait dans des appareils
« de grès ou de verre ; et le premier intérêt du fa-
« bricant est, sans contredit, de diminuer la déperdi-
« tion ou la volatilisation autant qu'il est en son pou-
« voir. Cependant, quelque attention qu'on donne
« au procédé, l'air qu'on respire dans l'atelier est tou-
« jours imprégné de l'odeur particulière à chacun de
« ces acides ; néanmoins, la respiration y est libre et
« sûre, les hommes qui y travaillent journellement
« n'y sont pas du tout incommodés, et les voisins au-
« raient grand tort de se plaindre.

« Depuis que les fabriques de blanc de plomb, de
« vert-de-gris et de sel de Saturne se sont multipliées
« en France, le vinaigre y est devenu d'un usage plus
« général.

« Lorsqu'on distille cet acide pour le rendre pro-
« pre à quelques-uns de ces usages, il se répand au
« loin une odeur très forte de vinaigre, qui ne pré-
« sente aucun danger ; mais lorsqu'on évapore une
« dissolution de plomb dans cet acide, les vapeurs
« prennent alors un caractère douceâtre, et pro-
« duisent, sur les hommes qui les respirent habituel-
« lement, tous les effets particuliers aux émanations
« du plomb lui-même. Heureusement que ces effets
« n'affectent que les ouvriers qui travaillent dans l'a-

« telier et qu'ils sont insensibles pour toutes les per-
« sonnes qui vivent dans le voisinage.

« Les préparations de mercure de plomb, celles de
« cuivre, d'antimoine et d'arsenic, les opérations du
« doreur sur métaux, présentent presque toutes quel-
« ques dangers pour les personnes qui habitent les
« ateliers et concourent aux opérations ; mais les ef-
« fets se bornent dans l'enceinte des ateliers ; tout y
« est, pour ainsi dire, aux risques et périls des en-
« trepreneurs et fabricants. Il est digne des chimistes
« de s'occuper des moyens de prévenir ces fâcheux
« résultats; déjà même on a obvié à plusieurs incon-
« vénients à l'aide de cheminées qui aspirent les va-
« peurs et les portent dans les airs hors de toute at-
« teinte pour la respiration ; et aujourd'hui toute
« l'attention de l'administration doit se borner à di-
« riger la science vers les moyens de perfectionne-
« ment dont ces procédés sont susceptibles sous le
« rapport de la santé.

« La fabrication du bleu de Prusse, l'extraction du
« carbonate d'ammoniaque par la distillation des
« matières animales dans les nouvelles fabriques de
« sel ammoniac, produisent une grande quantité de
« vapeurs ou exhalaisons fétides. A la vérité ces
« exhalaisons ne sont pas dangereuses pour la santé;
« cependant, comme, pour être bon voisin, il ne suf-
« fit pas de n'être pas dangereux et qu'il faut encore
« n'être pas incommode, les entrepreneurs de ces
« sortes d'établissements, lorsqu'ils ont à se détermi-
« ner sur le choix d'un emplacement, doivent préfé-

« rer celui qui est éloigné de toute habitation. Mais
« lorsque l'établissement est déjà formé, nous nous
« garderons bien de conseiller au magistrat d'en or-
« donner la translation ; il suffit, dans ce cas, d'exi-
« ger de l'entrepreneur qu'il construise des cheminées
« très élevées, pour noyer dans les airs les vapeurs dés-
« agréables qui sont produites dans ces opérations ;
« ce moyen est surtout praticable pour la fabrication
« du bleu de Prusse ; et c'est en le pratiquant que l'un
« de nous a fait conserver au milieu de Paris une des
« fabriques les plus importantes dans ce genre, contre
« laquelle les voisins et l'autorité s'étaient déjà ligués.

« Dans le rapport que nous soumettons à la classe,
« nous n'avons cru devoir nous occuper que des prin-
« cipales fabriques contre lesquelles de violentes ré-
« clamations se sont élevées en divers temps et en di-
« vers lieux. Il est aisé de voir, d'après ce qui précède,
« qu'il en est peu dont le voisinage soit nuisible à la
« santé.

« D'après cela, nous ne saurions trop inviter les ma-
« gistrats chargés de la santé et de la sûreté publiques,
« à écarter les plaintes mal fondées qui, trop souvent,
« se dirigent contre les établissements, menacent cha-
« que jour la fortune de l'honnête manufacturier, re-
« tardent les progrès de l'industrie, et compromet-
« tent le sort de l'art lui-même.

« Le magistrat doit être en garde contre les démar-
« ches d'un voisin inquiet ou jaloux ; il doit distinguer
« avec soin ce qui n'est qu'incommode ou désagréa-
« ble, d'avec ce qui est nuisible ou dangereux ; il

« doit se rappeler qu'on a proscrit pendant longtemps
« l'usage de la houille, sous le prétexte frivole qu'elle
« était malsaine ; il doit, en un mot, se pénétrer de
« cette vérité, c'est qu'en accueillant les plaintes de
« cette nature, non-seulement on parviendrait à em-
« pêcher l'établissement en France de plusieurs arts
« utiles, mais on arriverait insensiblement à éloigner
« des villes les maréchaux, les charpentiers, les me-
« nuisiers, les chaudronniers, les tonneliers, les fon-
« deurs, les tisserands, et généralement tous ceux
« dont la profession est plus ou moins incommode
« pour le voisin. A coup sûr, les arts que nous venons
« de nommer forment un voisinage plus désagréable
« que celui des fabriques dont nous avons parlé ; le
« seul avantage qu'ils ont sur ces dernières, c'est leur
« ancienneté d'exercice. Leur droit de domicile s'est
« établi avec le temps et par le besoin : ne doutons pas
« que lorsque nos fabriques seront plus vieilles et
« mieux connues, elles ne jouissent paisiblement du
« même avantage dans la société. En attendant, nous
« pensons que la classe doit profiter de cette circon-
« stance pour les mettre d'une manière spéciale sous
« la protection du gouvernement, et déclarer que les
« fabriques d'acides, de sel ammoniac, de bleu de
« Prusse, de sel de Saturne, de blanc de plomb, les
« boucheries, les amidonneries, les tanneries, les bras-
« series, ne forment point un voisinage nuisible à la
« santé, lorsqu'elles sont bien conduites.

« Nous ne pouvons pas en dire autant du rouissage
« du chanvre, des boyauderies, des voiries et géné-

« ralement de tous les établissements où l'on soumet
« une grande quantité de matières animales ou végé-
« tales à une putréfaction humide ; dans tous ces cas,
« outre l'odeur très désagréable qui s'exhale, il se dé-
« gage encore des miasmes qui sont plus ou moins
« malfaisants.

« Nous devons ajouter que, quoique les fabriques
« dont nous avons déjà parlé, et que nous avons con-
« sidérées comme n'étant pas nuisibles à la santé par
« leur voisinage, ne doivent pas être déplacées, néan-
« moins l'administration doit être invitée à exercer sur
« elles la surveillance la plus active, et à consulter les
« personnes instruites, pour prescrire aux entrepre-
« neurs les mesures les plus propres à empêcher que
« les odeurs et la fumée ne se répandent dans le voi-
« sinage. On peut atteindre ce but en améliorant les
« procédés de fabrication, en élevant les murs d'en-
« ceinte pour que la vapeur ne soit pas déversée sur
« les habitations voisines, en perfectionnant la con-
« duite du feu, qui peut être telle que la fumée elle-
« même soit brûlée dans les foyers ou déposée dans
« les longs tuyaux des cheminées ; en entretenant la
« plus grande propreté dans les ateliers, de manière
« qu'aucune matière ne s'y corrompe et que tous les
« résidus susceptibles de fermentation aillent se per-
« dre dans des puits profonds et ne puissent en aucune
« manière incommoder les voisins.

« Nous observerons encore que, lorsqu'il s'agit de
« former de nouveaux établissements de bleu de Prus-
« se, de sel ammoniac, de tanneries, d'amidonneries,

« et généralement de toute fabrication qui produit
« nécessairement des vapeurs très incommodes pour
« les voisins ou des dangers toujours renaissants par
« la crainte du feu ou des explosions, il serait à la fois
« sage, juste et prudent de prononcer en principe que
« ces établissements ne pourraient être formés dans
« l'enceinte des villes et près des habitations qu'avec
« une autorisation spéciale, et que, dans le cas où les
« entrepreneurs ne rempliraient pas cette condition
« indispensable, la translation de leurs établissements
« pourrait être ordonnée, sans indemnité.

« Il résulte donc de notre rapport,

« 1° Que les établissements de boyauderie, de voi-
« rie, de rouissage, et généralement tous ceux dans
« lesquels on amoncelle et fait pourrir ou putréfier
« en grandes masses des matières animales ou végétales,
« forment un voisinage nuisible à la santé, et qu'on
« doit les porter hors de l'enceinte des villes et de
« toute habitation.

« 2° Que les fabriques dans lesquelles on développe
« des odeurs désagréables par le moyen du feu, comme
« dans la fabrication des acides, du bleu de Prusse, du
« sel ammoniac, ne forment un voisinage dangereux
« que par défaut de précaution, et que les soins de
« l'administration doivent se borner à une surveil-
« lance active et éclairée, pour faire perfectionner les
« procédés dans la fabrication et la conduite du feu,
« et pour y maintenir une propreté convenable ;

« 3° Qu'il serait digne d'une bonne et sage adminis-
« tration de faire des règlements qui prohibassent

« pour l'avenir, dans l'enceinte des villes et près des
« habitations, l'établissement de toute fabrique dont
« le voisinage est essentiellement incommode ou dan-
« gereux , sans une autorisation préalable. On peut
« comprendre dans cette classe les poudreries, les tan-
« neries, les amidonneries, les fonderies de métal et
« de suif, les amas de chiffons, les fabriques de bleu
« de Prusse, de vernis, de colle-forte, de sel ammoniac,
« les poteries, etc.

« Telles sont les conclusions que nous avons l'hon-
« neur de soumettre à la classe. »

5.—Pendant plusieurs années, ce travail servit de
règle à l'administration toutes les fois qu'elle eut à
statuer sur l'autorisation ou la suppression de manufactures. Mais on ne tarda pas à reconnaître qu'il
était trop général et conséquemment insuffisant. En
1809, le ministre de l'intérieur en demanda un nouveau à la même classe de l'Institut. Le rapport suivant fut fait par la section de chimie, approuvé par
la classe entière des sciences physiques et mathématiques et adressé au ministre :

6.— « En comparant les fabriques qui existaient il
« y a vingt ans avec celles qui aujourd'hui sont en
« activité, on est frappé de l'amélioration que les pro-
« cédés qu'on suit dans ces dernières ont éprouvée,
« et en même temps on est forcé de convenir qu'elles
« doivent cet avantage aux lumières qu'elles ont em-
« pruntées à la chimie et à l'heureuse application
« qu'elles ont su en faire.

« Par une conséquence naturelle de cet état de

« choses, le nombre des fabriques a dû nécessairement
« augmenter, et l'industrie nationale, en se perfec-
« tionnant, a dû nécessairement aussi donner lieu à
« de nombreuses spéculations, dont les résultats sont
« devenus d'autant plus avantageux qu'ils ont tourné
« au profit de la société.

« Mais si d'un côté on doit savoir gré aux fabri-
« cants du zèle qu'ils mettent à poursuivre leurs tra-
« vaux et à les multiplier, ainsi que des sacrifices que
« souvent ils font avant même d'avoir acquis la certi-
« tude d'obtenir des succès, on a aussi quelques repro-
« ches à leur faire sur l'insouciance avec laquelle
« plusieurs d'entre eux choisissent les localités où ils
« établissent leurs fabriques.

« Uniquement occupés de l'emploi des moyens qui
« doivent leur procurer les résultats qu'ils désirent
« obtenir, ils ne cherchent pas toujours à s'assurer si
« les matières premières dont ils se servent, ou les pro-
« duits qu'ils en séparent, donnent, pendant leur
« traitement, naissance à des vapeurs d'une odeur
« désagréable, qui, en se répandant plus ou moins
« promptement, et à des distances plus ou moins
« éloignées, finissent par incommoder ceux qui les res-
« pirent.

« C'est sans doute à ce peu de précaution ou à cet
« oubli qu'on doit attribuer les plaintes formées con-
« tre certaines fabriques, et les demandes réitérées
« tendant à obtenir leur suppression, ou au moins
« leur éloignement des lieux environnés d'habita-
« tions.

« S'il est impossible de ne pas reconnaître souvent
« la justesse de ces plaintes, on est forcé de convenir
« que quelquefois elles n'ont pour véritable prétexte
« que des inquiétudes mal fondées, des préventions,
« des jalousies et des rivalités.

« Il devenait donc nécessaire de chercher des moyens
« qui, en dissipant à cet égard toute espèce d'incerti-
« tude, fixassent, d'une manière sûre et constante,
« les bases sur lesquelles doivent être établies les dé-
« cisions des magistrats devant qui les plaintes étaient
« portées.

« Déjà, en l'an XIII, le ministre de l'intérieur, con-
« vaincu des difficultés que présentait un travail fait
« d'après ces vues, avait écrit à la classe des sciences
« physiques et mathématiques pour l'inviter à s'occu-
« per de cet objet important. Les commissaires qui
« à cette époque furent nommés, rédigèrent un rap-
« port dans lequel ils proposaient plusieurs des me-
« sures qu'ils croyaient qu'on devait prendre, et in-
« diquaient surtout les manufactures ou fabriques
« qui leur paraissaient devoir être conservées, et celles
« qu'il convenait d'éloigner du voisinage des lieux
« habités. Ce rapport, fait avec beaucoup de soin et
« rempli d'observations très intéressantes et judicieu-
« ses, a été unanimement adopté par la classe et a
« souvent guidé le magistrat de police, soit lorsqu'il
« croyait devoir faire droit aux réclamations qui lui
« étaient présentées, soit lorsqu'il jugeait convenable
« de les écarter.

« Malheureusement l'expérience ne tarda pas à

« prouver que ce rapport qui, d'abord, avait paru suf-
« fisant pour remplir les vues du ministre, n'offrant
« que des données générales, était susceptible de dif-
« férentes interprétations qui, suivant qu'elles étaient
« plus ou moins favorables aux réclamants et aux fa-
« bricants, donnaient lieu à de nouvelles plaintes que
« les parties qui se croyaient lésées poursuivaient avec
« chaleur.

« Voulant faire disparaître ces inconvénients, le
« ministre s'est de nouveau adressé à la première
« classe de l'Institut, et, après avoir exposé dans une
« lettre très détaillée les motifs qui l'engagent à récla-
« mer encore son avis, il l'invite à prendre sa demande
« en grande considération.

« La classe, à son tour, convaincue de l'importance
« de l'affaire qui lui était soumise, a pensé qu'elle
« devait charger du soin de l'examiner, ceux de ses
« membres qui, par la nature de leurs travaux par-
« ticuliers, étaient plus à portée de connaître, non-
« seulement les divers produits que les fabriques four-
« nissent au commerce, mais encore les opérations
« employées pour obtenir ces produits. En consé-
« quence, elle a arrêté que la section de chimie serait
« invitée à présenter incessamment un rapport sur la
« demande du ministre.

« Le premier soin de la commission a été de bien
« se pénétrer des diverses observations insérées dans
« la lettre du ministre; elles méritaient en effet de
« fixer d'autant plus l'attention, qu'elles présentaient
« un aperçu des motifs qu'on pouvait faire valoir

« pour éloigner certaines fabriques et en conserver
« d'autres.

« Voici, à cet égard, comment le ministre s'est ex-
« primé :

« *S'il est juste, est-il dit dans sa lettre, que chacun*
« *puisse exploiter librement son industrie, le gouver-*
« *nement ne saurait, d'un autre côté, voir avec indif-*
« *férence que, pour l'avantage d'un individu, tout un*
« *quartier respire un air infect, ou qu'un particulier*
« *éprouve des dommages dans sa propriété. En admet-*
« *tant que la plupart des manufacturiers dont on se*
« *plaint n'occasionnent pas d'exhalaisons contraires*
« *à la salubrité publique, on ne niera pas non plus*
« *que ces exhalaisons peuvent être quelquefois désa-*
« *gréables, et que, par cela même, elles ne portent un*
« *préjudice réel aux propriétaires des maisons voisines,*
« *en empêchant qu'ils ne louent ces maisons, ou en les*
« *forçant, s'ils les louent, à baisser le prix de leurs*
« *baux. Comme la sollicitude du gouvernement em-*
« *brasse toutes les classes de la société, il est de sa*
« *justice que les intérêts de ces propriétaires ne soient*
« *pas perdus de vue plus que ceux des manufacturiers.*
« *Il paraîtra peut-être, d'après cela, convenable d'ar-*
« *rêter en principe que les établissements qui répan-*
« *dent une odeur forte et gênant la respiration, ne*
« *seront dorénavant formés que dans des localités*
« *isolées.* »

« Il était difficile de se refuser à l'évidence de
« principes aussi incontestables que ceux établis dans
« le paragraphe de la lettre qu'on vient de citer.

« Aussi la commission s'est-elle empressée de les
« adopter, et de les considérer comme devant servir
« de base aux différentes propositions qu'elle avait à
« faire.

« Toutes les fabriques variant entre elles par la na-
« ture des travaux qui les occupent, il était nécessaire
« de se procurer une connaissance exacte de celles qui,
« étant en activité surtout dans le ressort de Paris,
« devaient principalement fixer l'attention. Pour cela,
« la commission s'est adressée à M. le préfet de police,
« qui, sur-le-champ, a donné des ordres dans ses bu-
« reaux pour qu'il fût rédigé un tableau de tous les
« ateliers, fabriques et établissements qui sont sous
« sa surveillance.

« C'est d'après ce tableau que la commission a
« opéré et qu'elle a arrêté qu'il serait divisé en trois
« classes, dont la première comprendrait les établisse-
« ments ou fabriques qui décidément devaient être
« éloignés des endroits habités ; la seconde, ceux de
« ces établissements qui, pouvant rester auprès des
« habitations, avaient cependant besoin d'être sur-
« veillés ; et enfin la troisième, ceux qui pouvaient
« être placés partout et dont le voisinage n'offrait au-
« cun inconvénient, soit sous le rapport de la sûreté,
« soit sous celui de la salubrité.

« En lisant ce tableau, qui se trouve annexé au
« présent rapport, on sera bientôt convaincu, 1° que
« les établissements compris dans la première classe
« ne doivent pas rester auprès des habitations, puisque
« les matières qu'on y travaille et les produits qu'on

« en retire, où répandent une odeur désagréable qu'il
« est difficile de supporter et qui nuit à la salubrité,
« ou sont susceptibles de compromettre la sûreté pu-
« blique par des accidents auxquels ils pourraient
« donner lieu. Ainsi, par exemple, les boyauderies,
« dans lesquelles on rassemble les intestins des ani-
« maux pour leur faire subir différentes préparations
« qui les amènent à cet état particulier où ils doivent
« être pour permettre qu'ensuite on les emploie à
« divers usages ; les fabriques de colle-forte, dans
« lesquelles on ne se sert que de débris d'animaux
« qu'on fait macérer dans l'eau jusqu'à ce qu'ils aient
« éprouvé une fermentation putride très avancée, et
« qu'on croit nécessaire pour obtenir la substance qui
« forme la colle ; les amidonneries, dans lesquelles
« aussi les grains, les sons, les recoupes, les griots,
« doivent indispensablement être soumis à la fer-
« mentation putride ; les ateliers d'écarrissage et
« de poudrette ; tous ces établissements et beau-
« coup d'autres de cette espèce, considérés sous le
« rapport de la salubrité, ne peuvent et ne doivent
« pas, à cause de la mauvaise odeur qu'ils répandent,
« être placés près des habitations. En vain essaie-t-on
« de prouver par de simples raisonnements l'innocuité
« des gaz qui proviennent de ces fabriques ; jamais
« on ne parviendra à persuader qu'on peut les res-
« pirer impunément et que l'air qui les contient
« n'est pas aussi insalubre qu'on le croit. Par d'au-
« tres raisons non moins essentielles, on a dû placer
« dans la première classe des fabriques qu'il convient

« d'éloigner, celles qui peuvent compromettre la
« sûreté publique. Tels sont, entre autres, les ateliers
« d'artificiers et les poudrières, qui, malgré toutes
« les précautions que prennent ceux qui les dirigent,
« sont susceptibles d'une foule d'inconvénients dont
« malheureusement on n'a que trop d'exemples. Au
« reste, en demandant l'éloignement des fabriques
« dont il vient d'être question, on ne fait, pour
« ainsi dire, que réclamer l'exécution d'anciennes
« ordonnances de police qui n'ont jamais été abro-
« gées, et d'après lesquelles il est constant qu'il y
« avait certaines fabriques qu'on ne souffrait jamais
« dans l'intérieur de la ville. Si alors on se conten-
« tait de les reléguer dans les faubourgs, c'est que
« les faubourgs, qui étaient peu peuplés, offraient de
« vastes terrains inhabités, sur lesquels les fabricants
« pouvaient établir des ateliers, sans craindre que
« leur voisinage pût devenir incommode aux plus
« proches voisins. Mais aujourd'hui que les fabriques
« se sont multipliées, et que, dans les faubourgs, les
« maisons particulières sont presque en aussi grand
« nombre et presque aussi resserrées que dans l'in-
« térieur de la ville, on ne voit plus, sans inquiétude,
« de nouvelles fabriques s'y élever ; et si l'on supporte
« celles qui existent depuis long-temps, c'est que les
« propriétaires des maisons qui ont été bâties depuis,
« n'ont pas droit de se plaindre, puisqu'ils ont dû
« s'attendre aux inconvénients auxquels les exposait
« le voisinage de ces établissements. Quoique, d'après
« ce qui vient d'être dit, la nécessité d'écarter toutes

« les fabriques comprises dans la première classe du
« tableau paraisse bien démontrée, la commission
« doit néanmoins faire observer qu'elle n'est pas éloi-
« gnée de croire à la possibilité d'en pouvoir dimi-
« nuer le nombre par la suite, surtout si les fabri-
« cants, abandonnant quelques-uns des procédés qu'ils
« emploient aujourd'hui, parviennent à en découvrir
« d'autres qui, sans avoir les mêmes inconvénients
« que ceux dont ils se servent, n'en soient pas moins
« propres à leur procurer les résultats qu'ils cher-
« chent à obtenir.

« Déjà même on sait que dans quelques fabriques
« de soude et de bleu de Prusse, dont le voisinage
« est si redoutable lorsqu'on emploie les procédés or-
« dinaires, on commence à faire usage d'opérations
« nouvelles au moyen desquelles les gaz acide muria-
« tique et hydrogène sulfuré sont si bien coercés, ab-
« sorbés ou dilatés, qu'à peine même sont-ils sensi-
« bles dans l'intérieur des fabriques ; mais il reste à
« savoir si ces opérations faites en grand auront du
« succès, et si leur emploi n'est pas lui-même sujet à
« quelques inconvénients.

« Les ateliers, établissements et fabriques compris
« dans la seconde classe du tableau n'ont pas été jugés
« par la commission être dans le cas qu'on exigeât
« qu'ils fussent aussi éloignés des lieux habités que
« ceux compris dans la première classe ; mais cepen-
« dant elle a pensé qu'il était indispensable de les
« surveiller.

« Pour bien sentir les motifs de cette opinion, il

« suffit de savoir que la plupart des opérations qui
« se pratiquent dans ces établissements, ne peuvent
« produire de vapeurs nuisibles qu'autant qu'on ne
« prend pas tous les soins qui conviennent pour opé-
« rer leur condensation. Or, comme les procédés et
« les appareils au moyen desquels on parvient aisé-
« ment à s'en rendre maître, sont aujourd'hui parfai-
« tement connus et presque généralement adoptés,
« on n'a besoin que de recommander qu'ils soient
« employés, et il est indubitable qu'ils le seront, lors-
« que les propriétaires des fabriques dont il s'agit
« sauront qu'on les surveille et que la moindre négli-
« gence de leur part pourrait les exposer à recevoir
« l'ordre de cesser leurs travaux.

« Il faut cependant convenir que, dans plusieurs
« des fabriques comprises dans cette seconde classe,
« quelque précaution qu'on prenne pour bien lutter
« les appareils, il y a toujours des gaz qui se séparent
« et qui sans doute incommoderaient leurs voisins,
« si leur quantité n'était pas si peu considérable que
« rarement ils dépassent l'intérieur des ateliers. Aussi
« les ouvriers qui y travaillent seraient-ils les seuls
« fondés à s'en plaindre, si l'habitude de les respirer
« ne les rendait pas, pour ainsi dire, insensibles à
« leur action.

« C'est ainsi, par exemple, que, lorsqu'on entre
« dans les fabriques d'acide sulfurique, nitrique et
« muriatique simple et oxygéné, ont est frappé tout
« à coup de l'odeur de ces acides, tandis que les ou-
« vriers s'en aperçoivent à peine, et qu'ils n'en sont

« incommodés que quand, faute de prévoyance, ils
« en respirent beaucoup à la fois.

« Au surplus, peut-être serait-il prudent d'exiger
« que surtout les grandes fabriques d'acides fussent
« placées à l'extrémité des villes, dans des quartiers
« peu peuplés, et qu'elles fussent disposées de ma-
« nière que, dans le cas où quelques gaz viendraient
« à s'en échapper, ils pussent être entraînés sur-le-
« champ par des courants d'air. Cette précaution
« suffirait pour mettre les voisins à l'abri de toute
« espèce d'inquiétude.

« Quant aux établissements indiqués dans la troi-
« sième classe, la commission est d'avis qu'il y a
« d'autant moins d'inconvénient à permettre qu'ils
« soient placés près des habitations, que, sous aucun
« rapport, ils ne peuvent être nuisibles, et que les
« précautions qu'on a droit d'exiger des propriétaires
« de ces établissements sont les mêmes que celles que
« tous les individus qui vivent en société prennent
« ordinairement, lorsqu'ils ne veulent pas se nuire
« réciproquement.

« Reste maintenant à s'occuper d'une demande
« que le ministre a faite, et qui est relative à la di-
« stance des habitations que doivent observer les fa-
« briques dont l'éloignement est jugé nécessaire et
« indispensable.

« La commission ne doit pas dissimuler qu'en
« méditant sur cette demande, elle s'est trouvée fort
« embarrassée pour y répondre.

« En effet, on conçoit facilement que, toutes les

« localités n'étant pas les mêmes, si on établissait
« la distance où doivent être placées les manufactures
« des lieux habités, il en résulterait que souvent un
« local assez voisin d'habitations pourrait cependant,
« par la nature même de sa position, convenir à
« l'établissement d'une manufacture, sans que les
« habitants des maisons les plus voisines fussent dans
« le cas de s'apercevoir des vapeurs qui s'exhaleraient
« de cet établissement. Ainsi, par exemple, on sup-
« pose un local placé dans un fond et environné, du
« côté des endroits habités, par de hautes mon-
« tagnes ; assurément un local semblable, quoique
« voisin d'habitations, n'offrirait aucun inconvé-
« nient pour y placer une fabrique, puisque les va-
« peurs, avant de parvenir au sommet des mon-
« tagnes, auraient été forcées de traverser une grande
« masse d'air atmosphérique, où elle auraient perdu,
« en s'y dissolvant, toute leur propriété insalubre.
« Cette supposition, qu'on cite pour exemple, paraî-
« tra d'autant moins déplacée, qu'il est possible
« de la justifier par un fait dont un des membres
« de la commission vient tout récemment d'être
« témoin. Ce fait mérite d'être cité.

« Un fabricant de soude artificielle, après avoir été
« obligé de quitter un emplacement dans lequel il
« avait fait ses premiers essais, parce que ses voisins se
« plaignaient de la vapeur acide à laquelle ils étaient
« exposés, imagina avoir trouvé un endroit qui ne se-
« rait pas sujet au même inconvénient que le premier,
« en se plaçant dans le fond d'une profonde carrière

« abandonnée, qui, d'un côté, est bordée de monta-
« gnes de la hauteur de quatre-vingt-huit mètres, à
« partir du sol de la carrière, et dont le côté opposé
« donne sur la campagne. Quelques habitants des
« maisons construites sur le plateau de ces monta-
« gnes, conçurent des inquiétudes, lorsqu'ils appri-
« rent qu'on allait s'occuper de l'établissement pro-
« jeté. Ils mirent aussitôt tout en œuvre pour s'y
« opposer, et ils vinrent à bout, à force de tracasse-
« ries, de déterminer le fabricant à abandonner le
« local qu'il avait choisi, quoique, sous beaucoup de
« rapports, il eût dû lui convenir.

« Une autre raison encore qui prouve la difficulté
« d'établir dans un règlement, d'une manière exacte,
« la distance qu'on doit assigner aux fabriques qui
« sont dans le cas d'être éloignées, c'est que les gaz
« qu'elles répandent n'étant ni de même nature, ni
« également expansibles, ni délétères au même degré,
« il ne serait pas raisonnable d'exiger qu'elles fussent
« toutes également forcées à s'isoler des villes ou des
« lieux habités. Or, comme pour fixer les limites de
« chaque fabrique, il faudrait avoir des renseigne-
« ments positifs, tant sur les localités que sur l'exten-
« sion plus ou moins grande que chaque fabrique
« voudrait donner à ses travaux, et qu'on ne peut
« pas se les procurer facilement, il en résulte que,
« quant à présent, une fixation exacte des distances
« que doivent observer ces fabriques est presque im-
« possible. Cependant, pour se tirer d'embarras, la
« commission a pensé qu'on pourrait adopter pro-

« visoirement les moyens suivants, qui consistent à
« établir en principe général que toutes les fabriques
« comprises dans la première classe du tableau ne
« pourront être placées qu'à des distances assez éloi-
« gnées des villes pour ne pas incommoder les habi-
« tants des maisons les plus voisines, et que, quant au
« surplus, on s'en rapportera aux autorités chargées
« de la surveillance et de la police des fabriques ; at-
« tendu que, par la nature de leurs fonctions, elles
« sont plus à portée que personne de se procurer des
« informations sur les avantages ou sur les inconvé-
« nients que pourraient présenter les localités où les
« fabricants voudront s'établir.

« À ces moyens on pourrait encore ajouter la pré-
« caution d'exiger de tout fabricant qui voudra s'éta-
« blir, une déclaration de l'endroit où il a intention
« de se placer, ainsi que du genre d'opérations qu'il
« se propose de suivre, et de ne lui accorder la permis-
« sion de commencer ses travaux qu'après l'avoir pré-
« venu que, dans le cas où il surviendrait des plaintes
« contre lui, plaintes qui seraient constatées par des
« personnes en état de juger si elles sont légitimes, il
« lui serait enjoint de fermer sa fabrique et de la
« porter ailleurs. On serait bien sûr alors que le fa-
« bricant, qui ne voudrait pas courir le risque de
« perdre les dépenses qu'il aurait faites, ne manque-
« rait pas de choisir un emplacement où il serait à
« l'abri de tout reproche.

« La commission est d'autant plus fondée à croire
« au succès des moyens qui viennent d'être proposés»,

« que déjà l'expérience a prononcé en leur faveur.

« Pour en avoir la preuve, il suffit de savoir que,
« depuis trois ans environ, aucune fabrique ne peut
« s'établir, soit dans Paris, soit aux environs, sans une
« permission spéciale, laquelle n'est accordée que
« lorsque des personnes nommées à cet effet se sont
« transportées sur les lieux et ont constaté si les fours,
« les fourneaux, les cheminées, et généralement tous
« les bâtiments, sont construits de manière à ne don-
« ner aucune inquiétude sous le rapport de l'incen-
« die, et si les opérations que le fabricant se propose
« d'exécuter ne sont pas de nature à nuire aux pro-
« priétaires voisins.

« C'est, on le répète, avec de semblables mesures
« qu'on est parvenu à éloigner plusieurs fabriques
« qui, si elles eussent été placées où on voulait les
« établir, n'auraient pas manqué de donner lieu à
« des plaintes bien fondées, et auxquelles, par consé-
« quent, il aurait été impossible de ne pas faire droit
« sans commettre une injustice.

« Dans toutes les fabriques actuellement existantes,
« celles où depuis quelque temps on s'occupe de l'ex-
« traction de la soude en décomposant le sel marin,
« ont excité de vives réclamations qui malheureuse-
« ment ne sont que trop fondées. Pour s'en convain-
« cre, il suffit de savoir qu'il est de notoriété publique
« que presque toutes les propriétés voisines de ces fa-
« briques ont tellement été endommagées, qu'il a
« fallu souvent les abandonner : on cite même, entre
« autres choses, des récoltes entières, dans l'étendue

« à peu près d'un quart de lieue, qui ont été entière-
« ment détruites.

« Assurément des fabriques de cette espèce doivent
« être plus éloignées que d'autres, et les localités qui
« leur conviennent sont celles qui, à une très grande
« distance, sont environnées de terreins inhabités et
« incultes. Cependant cette condition ne devra être
« de rigueur qu'autant que les fabricants de soude
« artificielle persisteront à se servir du procédé qu'ils
« ont employé jusqu'ici pour se débarrasser de l'acide
« muriatique qu'ils dégagent du sel marin ; car si ,
« comme on l'a déjà dit, ils en trouvaient un autre, au
« moyen duquel ils parvinssent à s'opposer à l'éva-
« poration de l'acide, il n'y aurait plus alors le moin-
« dre doute que les fabriques de soude pourraient
« être assimilées à beaucoup d'autres , qui n'exigent
« pas un éloignement très considérable des lieux ha-
« bités.

« D'après toutes les considérations exposées dans ce
« rapport, la commission propose à la classe de ré-
« pondre à S. Exc. le ministre de l'intérieur :

« 1° Que toutes les fabriques existantes, soit dans
« les villes , soit aux environs , n'étant pas également
« susceptibles de devenir incommodes, de nuire à la
« salubrité, et de causer des inquiétudes par rapport
« aux accidents auxquels elles peuvent donner lieu ,
« leur éloignement des endroits habités n'est pas non
« plus également nécessaire ;

« 2° Que pour établir les différences qui existent
« entre ces fabriques, considérées sous le rapport des

« inconvénients dont elles sont susceptibles , il con-
« vient de les diviser en trois classes ;

« 3° Que dans la première classe on peut placer les
« fabriques qui, donnant naissance à des émanations
« incommodes et insalubres, doivent nécessairement
« être éloignées des habitations ;

« 4° Que les fabriques de la seconde classe, formée
« de toutes celles qui, ne devenant susceptibles d'in-
« convénients qu'autant que les opérations qu'on y
« pratique sont mal exécutées, doivent être soumises
« à une surveillance exacte et sévère , sans exiger
« qu'elles soient aussi éloignées que les premières.
« Seulement il serait à désirer que les grandes fabri-
« ques d'acides minéraux fussent toujours placées à
« l'extrémité des villes , dans des quartiers peu peu-
« plés ;

« 5° Que les fabriques de troisième classe, n'étant
« sujettes à aucun inconvénient, n'offrent point de mo-
« tifs pour qu'on ne consente pas à ce qu'elles soient
« placées auprès des habitations ;

« 6° Qu'il est difficile, pour ne pas dire impossible,
« de déterminer les distances où il doit être permis aux
« fabricants de la première classe de s'établir, mais
« qu'il est à propos de leur imposer d'une manière
« générale l'obligation de s'éloigner des lieux habités;

« 7° Que provisoirement on pourrait laisser aux
« autorités chargées de la police et de la surveillance
« des fabriques, le soin de s'assurer si les localités
« choisies par les fabricants sont à une assez grande

3

« distance des habitations ou placées de manière à ne
« pas porter préjudice à leurs voisins;

« 8° Que tout fabricant qui voudra s'établir sera
« tenu de demander la permission aux autorités com-
« pétentes, et désignera en même temps le genre
« d'industrie qu'il se propose d'exercer;

« 9° Qu'avant de délivrer la permission demandée,
« le fabricant sera averti que, dans le cas où l'expé-
« rience prouverait que les localités qu'il a choisies
« ne sont pas suffisamment éloignées, et que les
« vapeurs qui s'exhalent de sa fabrique sont nuisibles
« sous le rapport de la salubrité ou autrement, il lui
« sera enjoint de porter ailleurs son établissement;

« 10° Que les fabricants de soude artificielle doi-
« vent être rigoureusement astreints à se placer dans
« des endroits inhabités et incultes, tant qu'ils n'au-
« ront pas trouvé d'autre moyen pour se débarrasser
« de l'acide muriatique qu'ils séparent du muriate
« de soude, que de le laisser perdre dans l'atmo-
« sphère;

« 11° Enfin, que les mesures à prendre n'auront
« pas un effet rétroactif pour les fabriques ou éta-
« blissements déjà en activité, pourvu toutefois qu'on
« ait la certitude qu'il n'y a pas dans leurs travaux
« une interruption de plus de six mois ou un an, et
« pourvu aussi qu'on ait la preuve que les opéra-
« tions qu'on y pratique ne sont pas susceptibles de
« compromettre la salubrité et de porter atteinte
« aux propriétés des voisins. »

7. — Ce second travail servit de base au décret

impérial du 15 octobre 1810, *relatif aux manufactures qui répandent une odeur insalubre et incommode.*

8. — Ce décret fut précédé d'un rapport du ministre de l'intérieur qui en expose nettement les motifs
et qui est ainsi conçu :

« Il s'est élevé, à différentes époques, des plaintes
« très vives contre les établissements dans lesquels on
« fond le suif, on tanne les cuirs et l'on fabrique la
« colle forte, le bleu de Prusse, le vitriol, le sel de
« saturne, le sel ammoniac, l'amidon, la chaux, la
« soude, les acides minéraux, etc. On prétend que
« leur exploitation occasionne des exhalaisons nui-
« sibles à la végétation des plantes et à la santé des
« hommes. Ces plaintes furent communiquées, en l'an
« XIII, à la classe des sciences physiques et mathé-
« matiques de l'institut, qui rédigea un travail que
« mes prédécesseurs ont constamment pris pour règle,
« toutes les fois qu'ils ont eu occasion de statuer sur
« des demandes en suppression de fabriques. Tout
« serait donc terminé, s'il n'était parvenu de nou-
« velles réclamations. Ce sont les manufactures de
« soude qui les font principalement naître. On m'as-
« sure que les vapeurs causées par ces manufactures
« anéantissent les végétaux qui se trouvent dans le
« voisinage, et oxydent en très peu de temps le fer sur
« lequel elles s'arrêtent. Un pareil état de choses ne
« saurait être vu avec indifférence. S'il est juste que
« chacun soit libre d'exploiter son industrie, le gou-
« vernement ne peut, d'un autre côté, tolérer que,

« pour l'avantage d'un individu, tout un quartier
« respire un air infect, ou qu'un particulier éprouve
« des dommages dans sa propriété. J'admets que la
« plupart des établissements dont on se plaint n'oc-
« casionnent pas des exhalaisons contraires à la salu-
« brité publique; mais, à coup sûr, on ne saurait nier
« que ces exhalaisons ne soient fort désagréables, et
« que par cela même elles ne préjudicient aux pro-
« priétaires des maisons voisines, en empêchant qu'ils
« ne louent ces maisons, ou en les forçant, s'ils les
« louent, à baisser le prix de leurs baux. La sollici-
« tude du gouvernement embrassant toutes les classes
« de la société, il est de sa justice que les intérêts de
« ces propriétaires ne soient pas plus perdus de vue
« que ceux des manufacturiers. Un moyen qui me
« paraît propre à concilier ce qu'on doit aux uns et
« aux autres, serait d'arrêter en principe que les éta-
« blissements qui répandent une odeur forte et gênant
« la respiration, ne seront dorénavant formés que
« dans les localités isolées. Une disposition semblable
« ne saurait nuire à ces établissements : le seul chan-
« gement qu'il apporterait à l'état des choses, c'est
« qu'au lieu d'être dans les villes où ils font naître
« des plaintes continuelles, ils se trouveraient dans
« des emplacements où ils n'incommoderaient per-
« sonne. Ces considérations m'ont fait penser qu'il
« serait sage de dresser un tableau de ceux dont la for-
« mation ne sera plus permise dans les communes, et
« qu'il convient d'éloigner des habitations particu-
« lières. La classe des sciences physiques et mathéma-

« tiques de l'Institut pouvant seule dresser ce tableau
« d'une manière satisfaisante pour le public et pour
« l'administration, je l'ai priée de vouloir bien s'en
« occuper. Le travail qu'elle m'a envoyé à cet égard
« ne laisse rien à désirer. Il consacre d'abord les prin-
« cipes posés par la lettre que je lui ai écrite pour le
« lui demander ; il est terminé par la proposition de
« diviser en trois classes les manufactures et ateliers
« qui répandent une odeur insalubre ou incommode.
« Dans la première classe seraient compris les éta-
« blissements qu'il convient d'éloigner des habitations
« particulières; dans la seconde, ceux dont l'éloigne-
« ment des habitations n'est pas rigoureusement né-
« cessaire, mais dont il importe néanmoins de ne per-
« mettre la formation qu'après avoir acquis la certi-
« tude que les opérations qu'on y pratique sont exé-
« cutées de manière à ne pas incommoder les proprié-
« taires du voisinage, ni à leur causer des dommages.
« La dernière classe renferme les établissements qui
« peuvent rester sans inconvénient auprès des habi-
« tations.

« La division faite par la classe des sciences physi-
« ques et mathématiques paraîtra sans doute sage à
« Votre Majesté. Elle m'a donné lieu de rédiger un
« projet de décret impérial, dans lequel j'ai tâché de
« concilier tous les intérêts. D'après ce projet, le mi-
« nistre de l'intérieur peut seul délivrer les permis-
« sions nécessaires pour la formation des établisse-
« ments compris dans la première classe. Ces établis-
« sements étant ceux dont l'activité occasionné le

« plus de réclamations, j'ai pensé que la création de-
« vait en être subordonnée à son approbation. Sa
« décision, qui ne sera prise qu'en connaissance de
« cause, sera un garant que s'il accorde la permis-
« sion, c'est qu'il a jugé qu'il ne pouvait en résulter
« aucun inconvénient, ni pour la salubrité publique,
« ni pour les propriétés du voisinage. Dans le cas où
« ces propriétés éprouveraient des dommages, un ar-
« ticle du projet permet de demander des indemnités
« dont la quotité sera réglée par l'autorité judiciaire.
« Cette disposition n'a pas besoin d'être justifiée. Les
« tribunaux statuant sur tout ce qui intéresse la pro-
« priété, sa nature et son exercice, il est naturel de
« leur renvoyer la connaissance des plaintes qui peu-
« vent être adressées.

« Il aurait été à désirer qu'il eût été possible de dé-
« terminer la distance où les établissements compris
« dans la première classe doivent être des habitations
« particulières. Ce point a beaucoup occupé la classe
« des sciences physiques et mathématiques de l'In-
« stitut, et le résultat de ses méditations a été qu'on
« ne saurait le décider d'une manière positive. Une
« manufacture peut, en effet, quoique très rappro-
« chée des maisons, être placée de manière à n'in-
« commoder personne, tandis qu'une autre, qui en
« est à une distance considérable, va, par sa situation
« sur une hauteur, les couvrir de vapeurs infectes qui
« en rendront le séjour insupportable. Il n'a donc
« pas été possible d'établir la distance dans le pro-
« jet de décret ; et quelque désir que j'eusse d'empê-

« cher qu'on n'agît arbitrairement, il a fallu aban-
« donner ce soin à la sagesse de l'autorité locale.

« Ce sont les préfets et sous-préfets qui accordent
« les permissions qu'exige la mise en activité des éta-
« blissements placés dans la seconde et la dernière
« classe, après avoir fait procéder à des informations
« *de commodo et incommodo*. La formation de ces éta-
« blissements cause moins de réclamations que l'ex-
« ploitation de ceux compris dans la première classe ;
« et il est convenable de leur donner cette attribu-
« tion, afin d'abréger les délais qui auraient lieu si
« l'on était forcé de s'adresser au Ministre de l'inté-
« rieur. Le projet fait une exception à cette règle
« pour Paris et les villes où il y a des commissaires
« généraux de police. Le préfet de police de la pre-
« mière de ces villes, et les commissaires généraux,
« ayant eu, jusqu'à présent, la surveillance des éta-
« blissements qui répandent une odeur insalubre ou
« incommode, il m'a paru qu'il ne fallait apporter
« aucun changement à ce qui existe. La loi du 22
« germinal de l'an XI, tit. v, les charge d'ailleurs de
« régler les affaires de police entre les ouvriers et ceux
« qui les emploient ; et de cette attribution découle,
« à certains égards, celle que je propose ici de leur
« conserver.

« Les derniers articles du projet parlent des éta-
« blissements déjà en activité ; d'après ces articles,
« ils sont conservés dans l'emplacement qu'ils occu-
« pent. Votre Majesté approuvera sans doute cette
« disposition. Ils ont été créés dans la persuasion

« qu'on ne les troublerait point dans leurs travaux ,
« et il serait contraire aux principes de l'administra-
« tion de revenir sur ce qui a été fait. Seulement, les
« entrepreneurs de fabriques de soude qui n'opèrent
« point à vases clos, sont tenus de se pourvoir d'une
« permission, ou, s'ils en ont une, de la faire confir-
« mer. Partout où il a été établi de ces fabriques, on
« les a dénoncées comme anéantissant la végétation
« et oxydant très promptement le fer, et il importe
« d'en subordonner l'exploitation à l'accomplisse-
« ment des formalités prescrites par le projet, afin de
« prouver aux propriétaires du voisinage que leurs
« intérêts ne sont pas plus perdus de vue que ceux des
« manufacturiers.

« J'ajoute que les plaintes dont elles ont été l'objet
« ont déterminé quelques préfets , notamment celui
« de la Seine-Inférieure, à ordonner des mesures par-
« ticulières dont ils sollicitent l'approbation , et que
« j'ai ajourné ma décision jusqu'à ce que Votre Ma-
« jesté ait pris un parti sur le travail que j'ai l'hon-
« neur de lui soumettre. Le projet ne fait subir la loi
« commune aux établissements en activité, qu'autant
« qu'ils seront tranférés d'un emplacement dans un
« autre, ou qu'il y aura dans leur exploitation une
« interruption de six mois ; alors il les assimile aux
« établissements à former, c'est-à-dire qu'ils ne peu-
« vent être remis en activité qu'après avoir obtenu,
« s'il y a lieu, une nouvelle permission.

« Tels sont, Sire, les motifs qui m'ont dirigé dans
« la confection du travail que j'ai l'honneur de pré-

« senter à Votre Majesté. J'avais d'abord pensé qu'il
« convenait d'ordonner l'apposition d'affiches, toutes
« les fois qu'il serait adressé une demande en établis-
« sement d'une manufacture répandant une odeur
« insalubre ou incommode ; mais des réflexions ulté-
« rieures m'ont fait changer d'avis. Une disposition
« semblable aurait donné naissance à des oppositions
« nombreuses et souvent peu fondées, et empêché par
« suite la formation des fabriques de produits chimi-
« ques, fabriques qui méritent toute la protection et
« la bienveillance de Votre Majesté, puisqu'elles
« nous fournissent des produits pour lesquels nous
« étions auparavant tributaires de l'étranger. Il m'a
« paru préférable de faire procéder à des informa-
« tions *de commodo et incommodo*, qui présentent
« toutes les garanties qu'on peut désirer. J'ai l'hon-
« neur de proposer à Votre Majesté de revêtir de son
« approbation le décret ci-joint. »

9. — Suit le texte du décret, en ces termes :

« Sur le rapport de notre Ministre de l'intérieur ;

« Vu les plaintes portées par différents particuliers
« contre les manufactures et ateliers dont l'exploita-
« tion donne lieu à des exhalaisons insalubres ou in-
« commodes ;

« Le rapport fait sur ces établissements par la sec-
« tion de chimie de la classe des sciences physiques et
« mathématiques de l'Institut ;

« Notre conseil d'Etat entendu, nous avons décrété
« et décrétons ce qui suit :

« ART. 1er. A compter de la publication du présent

« décret, les manufactures et ateliers qui répandent
« une odeur insalubre ou incommode ne pourront
« être formés sans une permission de l'autorité admi-
« nistrative : ces établissements seront divisés en trois
« classes.

« La première classe comprendra ceux qui doivent
« être éloignés des habitations particulières.

« La seconde, les manufactures et ateliers dont
« l'éloignement des habitations n'est pas rigoureuse-
« ment nécessaire, mais dont il importe néanmoins
« de ne permettre la formation qu'après avoir acquis
« la certitude que les opérations qu'on y pratique
« sont exécutées de manière à ne pas incommoder les
« propriétaires du voisinage, ni à leur causer des
« dommages.

« Dans la troisième classe seront placés les établis-
« sements qui peuvent rester sans inconvénient au-
« près des habitations, mais doivent rester soumis à
« la surveillance de la police.

« ART. 2. La permission nécessaire pour la forma-
« tion des manufactures et ateliers compris dans la
« première classe, sera accordée avec les formalités
« ci-après, par un décret rendu en notre conseil
« d'Etat. — Celle qu'exigera la mise en activité des
« établissements compris dans la seconde classe, le
« sera par les préfets, sur l'avis des sous-préfets. —
« Les permissions pour l'exploitation des établisse-
« ments placés dans la dernière classe seront délivrées
« par les sous-préfets, qui prendront préalablement
« l'avis des maires.

« ART. 3. La permission pour les manufactures et
« fabriques de première classe ne sera accordée
« qu'avec les formalités suivantes : la demande en
« autorisation sera présentée au préfet, et affichée,
« par son ordre, dans toutes les communes, à cinq
« kilomètres de rayon. Dans ce délai, tout particu-
« lier sera admis à présenter ses moyens d'opposition.
« Les maires des communes auront la même faculté.

« ART. 4. S'il y a des oppositions, le conseil de
« préfecture donnera son avis, sauf la décision du
« conseil d'Etat.

« ART. 5. S'il n'y a pas d'opposition, la permission
« sera accordée, s'il y a lieu, sur l'avis du préfet et de
« notre Ministre de l'intérieur.

« ART. 6. S'il s'agit de fabriques de soude, ou si la
« fabrique doit être établie dans la ligne des douanes,
« notre directeur général des douanes sera consulté.

« ART. 7. L'autorisation de former des manufac-
« tures et ateliers compris dans la seconde classe, ne
« sera accordée qu'après que les formalités suivantes
« auront été remplies :

« L'entrepreneur adressera d'abord sa demande au
« sous-préfet de son arrondissement, qui la transmet-
« tra au maire de la commune dans laquelle on pro-
« jette de former l'établissement, en le chargeant de
« procéder à des informations *de commodo et incom-*
« *modo.* Ces informations terminées, le sous-préfet
« prendra, sur le tout, un arrêté qu'il transmettra au
« préfet. Celui-ci statuera, sauf le recours à notre
« conseil d'Etat par toutes parties intéressées.

« S'il y a opposition, il y sera statué par le conseil
« de préfecture, sauf le recours au conseil d'État.

« ART. 8. Les manufactures et ateliers ou établis-
« sements portés dans la troisième classe, ne pourront
« se former que sur la permission du préfet de police,
« à Paris, et sur celle du maire dans les autres villes.

« S'il s'élève des réclamations contre la décision
« prise par le préfet de police ou les maires, sur une
« demande en formation de manufacture ou d'atelier
« compris dans la troisième classe, elles seront jugées
« au conseil de préfecture.

« ART. 9. L'autorité locale indiquera le lieu où les
« manufactures et ateliers compris dans la première
« classe pourront s'établir, et exprimera sa distance
« des habitations particulières. Tout individu qui
« ferait des constructions dans le voisinage de ces ma-
« nufactures et ateliers après que la formation en aura
« été permise, ne sera plus admis à en solliciter l'é-
« loignement.

« ART. 10. La division en trois classes des établis-
« sements qui répandent une odeur insalubre ou in-
« commode, aura lieu conformément au tableau an-
« nexé au présent décret. Elle servira de règle toutes
« les fois qu'il sera question de prononcer sur des de-
« mandes en formation de ces établissements.

« ART. 11. Les dispositions du présent décret n'au-
« ront point d'effet rétroactif. En conséquence, tous
« les établissements qui sont aujourd'hui en activité
« continueront à être exploités librement, sauf les
« dommages dont pourront être passibles les entre-

« preneurs de ceux qui préjudicient aux propriétés
« de leurs voisins : les dommages seront arbitrés par
« les tribunaux.

ART. 12. Toutefois, en cas de grave inconvénient
« pour la salubrité publique, la culture ou l'intérêt
« général, les fabriques ou ateliers de première classe
« qui les causent pourront être supprimés en vertu
« d'un décret rendu en notre conseil d'Etat, après
« avoir entendu la police locale, pris l'avis des pré-
« fets, reçu la défense des manufacturiers ou fabri-
« cants.

« ART. 13. Les établissements maintenus par l'art.
« 11 cesseront de jouir de cet avantage dès qu'ils se-
« ront transférés dans un autre emplacement, ou
« qu'il y aura une interruption de six mois dans leurs
« travaux. Dans l'un et l'autre cas, ils rentreront dans
« la catégorie des établissements à former, et ils ne
« pourront être remis en activité qu'après avoir ob-
« tenu, s'il y a lieu, une nouvelle permission. »

Il est inutile de reproduire ici le tableau annexé
au décret de 1810, parce qu'il se trouve refondu dans
celui que nous donnerons plus loin.

10.—Disons seulement deux mots du décret.

Il est, comme on peut le remarquer, essentiellement législatif, puisqu'il règle un ordre nouveau de
juridiction et qu'il transfère aux conseils de préfecture et au conseil d'Etat une partie des attributions
des tribunaux.

Il a été pour l'industrie la source de nombreux
avantages, sans que la propriété ait souffert à cet

égard aucun détriment sensible. C'est depuis ce décret que la France s'est couverte d'établissements industriels qui ont porté la prospérité dans toutes ses
parties.

11.—L'exécution en a été assurée, dans le ressort de
la préfecture de police de Paris, par une ordonnance
de police du 5 novembre 1810, approuvée du Ministre de l'intérieur le 19 du même mois, et que nous
allons transcrire ; dans les départements, par une circulaire du même Ministre aux préfets, en date du 22
novembre 1811, dont nous donnerons également le
texte. Le premier de ces documents peut fournir aux
industriels d'utiles indications ; le second est de nature à faciliter l'interprétation du décret de 1810.

12.—Voici d'abord l'ordonnance de police.

« Nous, Etienne-Denis Pasquier, chevalier de la
« Légion d'honneur, baron de l'empire, conseiller
« d'Etat, chargé du quatrième arrondissement de la
« police générale, préfet de police du département
« de la Seine et des communes de Saint-Cloud,
« Sèvres et Meudon, du département de Seine-et-
Oise, etc.;

« Vu les articles 2 et 23 de l'arrêté du gouverne-
« ment du 12 messidor an VIII, et l'article 1er de celui
« du 3 brumaire an IX ;

« Ordonnons ce qui suit :

« ART. 1er. Le décret impérial du 15 octobre 1810,
« relatif aux manufactures et ateliers qui répandent
« une odeur insalubre ou incommode, ensemble le
« tableau y annexé, seront imprimés, publiés et affi-

« chés avec la présente ordonnance dans le ressort de
« la préfecture de police.

« ART. 2. Les demandes en autorisation pour for-
« mer des manufactures ou ateliers compris dans la
« première classe du tableau annexé au décret précité,
« nous seront adressées, pour être par nous procédé
« conformément aux articles 3, 4, 5, 6 et 9 du décret.

« ART. 3. Les demandes en autorisation pour for-
« mer des manufactures ou ateliers compris dans la
« deuxième classe, seront adressées, savoir :

« 1° Pour Paris, au préfet de police ;

« 2° Pour les communes rurales du département de
« la Seine, aux sous-préfets de Saint-Denis et de
« Sceaux ;

« 3° Et pour les communes de Saint-Cloud, Sèvres
« et Meudon, aux maires de ces communes.

« Il sera par nous statué sur ces demandes, confor-
« mément à l'article 7 du décret.

« ART. 4. Les demandes en autorisation pour for-
« mer des manufactures ou ateliers compris en la troi-
« sième classe, nous seront adressées, pour être par
« nous statué conformément à l'article 8 du décret.

« ART. 5. Les propriétaires ou entrepreneurs énon-
« ceront dans leurs demandes la nature des matières
« qu'ils se proposent de préparer dans leurs manufac-
« tures ou ateliers, et des travaux qui devront être
« exécutés ; ils déposeront en même temps un plan
« figuré des lieux et des constructions projetées.

« ART. 6. Indépendamment des formalités pre-
« scrites par le décret, il sera procédé par le conseil de

« salubrité établi près la préfecture de police, assisté
« de l'architecte-commissaire de la petite voirie, à la
« visite des lieux, à l'effet de s'assurer si l'établisse-
« ment projeté ne peut nuire à la salubrité, ni faire
« craindre un incendie.

« ART. 7. Les propriétaires d'une manufacture ou
« d'un atelier aujourd'hui en activité dans le ressort
« de la préfecture de police, seront tenus d'en faire la
« déclaration avant le premier janvier prochain, savoir :

« 1° Dans Paris, à la préfecture de police ;

« 2° Dans les communes rurales du département
« de la Seine, aux sous-préfets de Saint-Denis et de
« Sceaux ;

« 3° Dans les communes de Saint-Cloud, Sèvres et
« Meudon, aux maires de ces communes.

« ART. 8. Les sous-préfets des arrondissements de
« Saint-Denis et de Sceaux, et les maires des com-
« munes de Saint-Cloud, Sèvres et Meudon, enver-
« ront à la préfecture de police l'état des déclarations
« qu'ils auront reçues.

« ART. 9. La présente ordonnance sera soumise à
« l'approbation de son excellence le Ministre de l'in-
« térieur.

« ART. 10. Les sous-préfets des arrondissements de
« Saint-Denis et de Sceaux, les maires des communes
« rurales du ressort de la préfecture de police, l'in-
« specteur général du quatrième arrondissement de
« la police générale de l'empire, les officiers de paix,
« l'architecte-commissaire de la petite voirie, les com-

« missaires des halles et marchés, l'inspecteur général
« de la salubrité, et les autres préposés de la préfec-
« ture de police sont chargés de tenir la main à son
« exécution. »

13.—Voici maintenant la circulaire ministérielle
adressée aux préfets des départements :

« Vous connaissez le décret du 15 octobre 1810,
« qui règle les formalités à remplir par les entrepre-
« neurs d'établissements qui répandent une odeur in-
« salubre ou incommode. Quelques-unes de ces dis-
« positions ayant fait naître des demandes d'explica-
« tions, je crois devoir suppléer, par des détails, aux
« lacunes qui peuvent s'y trouver. Vous savez qu'il
« divise les établissements en trois classes, et que ni
« les uns ni les autres ne peuvent être mis en activité
« *sans une permission de l'autorité administrative*. La
« formation de ceux qui sont compris dans la pre-
« mière classe, ne pouvant avoir lieu qu'en vertu d'un
« décret rendu en conseil d'Etat, et qu'après qu'il a
« été apposé des affiches dans un rayon de cinq kilo-
« mètres, il était nécessaire de déterminer la durée de
« ces affiches. J'ai pensé qu'elle devait être d'un mois.
« Vous voudrez bien veiller à l'accomplissement de
« cette formalité, dont le but est de faire connaître
« le projet de former l'établissement, afin que ceux
« qui auraient des réclamations à présenter, ne puis-
« sent se plaindre de n'avoir pas été avertis en temps
« utile. Que ce projet donne naissance ou non à des
« oppositions, le certificat des maires des communes
« dans lesquelles les affiches auront été apposées, de-

« vra mentionner cette circonstance. S'il est adressé
« un mémoire, il conviendra de le joindre aux pièces
« de l'affaire, afin que l'autorité qu'indique le décret
« de 1810 pour statuer sur les oppositions, puisse
« voir si elles sont fondées.

« Il est arrivé quelquefois que les conseils de pré-
« fecture ont pris des décisions contraires à des de-
« mandes en formation d'établissements, ou en sup-
« pression de ceux en activité avant le décret du 15
« octobre. Ces décisions ont donné lieu à quelques
« individus de m'écrire pour me prier de les annuler.
« Ce n'est point à moi qu'ils auraient dû s'adresser
« pour obtenir cette annulation. Le décret trace aux
« parties la marche qu'elles ont à suivre. Elles doi-
« vent se pourvoir à la commission du contentieux du
« conseil d'État, en employant le ministère d'un avo-
« cat près ce conseil. Il conviendrait de faire connaître
« cette marche à ceux dont on n'aurait point accueilli
« les demandes ; on leur éviterait ainsi une corres-
« pondance qui ne saurait leur faire atteindre le but
« qu'ils se proposent, et à moi des réponses dans les-
« quelles je ne puis que les renvoyer aux dispositions
« qui régissent la matière.

« Il serait inutile d'entrer dans des détails pour faire
« sentir l'importance du décret du 15 octobre : elle
« est telle qu'il ne saurait recevoir une trop grande
« publicité. Les mesures qu'il prescrit intéressent tou-
« tes les communes, puisque, dans toutes, il existe ou
« il peut se former des établissements qui répandent
« une odeur insalubre et incommode. S'il convient

« de n'accorder des permissions qu'après s'être assuré
« que les exploitations ne nuisent ni à la salubrité pu-
« blique ni aux propriétés d'autrui, il serait, d'un
« autre côté, contraire aux vues du gouvernement de
« dégoûter, par des tracasseries injustes, les personnes
« qui auraient le projet de former des ateliers de la
« nature de ceux dont il est ici question. Leur indu-
« strie nous procure des produits, ou qui sont indis-
« pensables pour la consommation journalière, ou
« que nous serions obligés de tirer de l'étranger, s'ils
« ne les fabriquaient pas. Sous ces deux rapports, elle
« mérite donc la protection de l'administration. On
« a plusieurs fois exprimé le désir de voir déterminer
« d'une manière positive, la distance où ces établisse-
« ments doivent être des habitations particulières. Si
« cette détermination avait été possible, il n'est pas
« douteux qu'il n'eût fallu déférer à ce vœu ; mais
« quelque bonne volonté qu'ait eu l'administration à
« cet égard, elle n'a pu en remplir l'objet. Un éta-
« blissement peut, en effet, quoique très rapproché
« des maisons, être placé de manière à n'incommoder
« personne ; tandis qu'un autre, qui en est assez éloi-
« gné, va, par sa situation, les couvrir de vapeurs
« qui en rendront le séjour désagréable. Un pareil
« état de choses s'oppose donc à ce qu'il soit établi des
« règles fixes, et l'on est dans la nécessité de laisser
« aux autorités locales le soin de déterminer les di-
« stances. Si l'on doit s'en rapporter à leur sagesse
« pour cet objet, j'aime à croire que, dans l'examen
« des demandes, elles se mettront au-dessus de toutes

4.

« les petites passions, et que, mues uniquement par
« des motifs d'utilité publique, elles donneront des
« avis dictés par des considérations d'un ordre supé-
« rieur, telles que le besoin d'occuper la classe ou-
« vrière, et de procurer à la localité un établissement
« dont l'exploitation doit augmenter ses richesses.
« Il ne tiendra pas à vous que ces vues ne soient rem-
« plies ; j'en ai pour garant votre zèle pour tout ce
« qui peut ajouter à la prospérité de notre industrie.
« Je désire qu'en donnant la plus grande publicité au
« décret, vous fassiez connaître en même temps aux
« sous-préfets et aux maires les principes qui doivent
« les diriger. Les éléments de la lettre que vous leur
« écrirez peuvent être pris en partie dans celle que
« j'ai l'honneur de vous adresser. Vous ajouterez
« d'autres, détails si vous les jugez utiles. Veuillez
« m'informer de ce que vous aurez fait sur cet objet. »

14. —Une ordonnance royale du 14 janvier 1815
vint compléter les dispositions réglementaires du décret de 1810. Elle fut précédée d'un rapport du ministre des manufactures et du commerce, qui en expose les motifs. Le ministère des manufactures et du
commerce avait été créé par décret impérial du 22
juin 1811. Voici ce rapport et l'ordonnance qui le
suit :

15. — « D'après le décret du 15 octobre 1810 , les
« établissements qui répandent une odeur insalubre
« ou incommode sont divisés en trois classes, et ne
« peuvent être mis en activité sans une autorisation
« du gouvernement. Dans quelques circonstances, les

« autorisations sont accordées par Votre Majesté ;
« dans d'autres, elles le sont par les préfets, ou par les
« sous-préfets, après avoir pris l'avis des maires. Si
« les demandes en formation d'établissement donnent
« naissance à des oppositions, ces oppositions sont ju-
« gées par les conseils de préfecture, et, en cas d'ap-
« pel, par le conseil d'Etat. L'expérience a fait con-
« naître la sagesse de cette marche, et l'on n'a qu'à se
« féliciter de l'avoir adoptée.

« La formation des établissements insalubres et in-
« commodes n'était autrefois assujettie à aucune règle
« fixe : de cet état de choses il résultait, ou que le
« propriétaire près duquel ils étaient placés éprou-
« vait des dommages dans sa propriété, ou que les
« entrepreneurs étaient exposés à des tracasseries
« souvent suscitées par la malveillance, et même à voir
« ordonner la clôture de leurs ateliers par l'autorité
« publique, ce qui entraînait quelquefois la ruine de
« ces entrepreneurs. Le décret du 15 octobre a fait
« cesser ces inconvénients, en présentant aux uns et
« aux autres une garantie ; et, sous ce rapport, il est
« un grand bienfait pour toutes les classes de la société.
« Il y avait été d'abord annexé une nomenclature des
« établissements qui ne peuvent être formés sans une
« permission de l'autorité administrative. Depuis,
« le ministre de l'intérieur avait senti la nécessité d'en
« ajouter une seconde. Des réclamations qui me sont
« parvenues de divers points de l'empire m'ont con-
« vaincu qu'elle ne suffisait pas, et qu'une nouvelle
« était encore nécessaire. Au lieu de rédiger une troi-

« sième nomenclature, il m'a paru qu'il était préfé-
« rable d'en faire une générale, qui comprendrait
« tous les établissements, et c'est cette nomenclature
« que j'ai l'honneur de présenter à Votre Majesté. Si
« on la compare aux deux précédentes, on y voit que
« des fabrications nouvelles sont assujetties à l'obliga-
« tion de remplir les formalités prescrites par le dé-
« cret du 15 octobre ; et qu'il en est quelques-unes
« qu'on a changées de classe, en les plaçant, dans
« certains cas, à la première, et, dans d'autres, à la
« seconde ou à la troisième. Des perfectionnements
« qui, depuis la publication du décret du 15 octobre,
« ont été apportés à des branches d'industrie, ont
« nécessité cette disposition. Alors on ne connaissait
« pas les moyens à employer pour absorber les mias-
« mes. Ces moyens ayant été trouvés, la mesure pré-
« cédemment en vigueur ne pouvait plus être la
« même ; il fallait lui faire éprouver des modifica-
« tions.

« Il n'est pas seulement convenable de faire une
« nouvelle nomenclature, il importe encore de mettre
« en harmonie les articles 2 et 8 du décret du 15 oc-
« tobre, dont l'un décide que les permissions pour
« la mise en activité des établissements compris dans
« la troisième classe seront délivrées par les *sous-pré-*
« *fets*, et l'autre par les *maires*. Ces articles ont donné
« lieu à plusieurs demandes d'explications. Le projet
« de décret qui accompagne la nouvelle nomen-
« clature règle ce point, en donnant l'attribution
« aux sous-préfets, qui ne peuvent statuer qu'après

« avoir pris l'avis du maire et de la police du lieu.

« La nomenclature que j'ai l'honneur de présenter
« à Votre Majesté a été examinée avec le plus grand
« soin par le comité consultatif des arts et manufac-
« tures attaché à mon ministère. Comme elle est le
« résultat de l'expérience et des observations suggé-
« rées par l'exécution du décret du 15 octobre, Votre
« Majesté jugera peut-être utile de la faire servir de
« règle, toutes les fois qu'il sera question de former
« des ateliers dont l'activité donne lieu à des exha-
« laisons insalubres ou incommodes. J'ai l'honneur
« de lui proposer de l'approuver, ainsi que le projet
« de décret auquel elle est jointe. »

16. — Ordonnance :

« LOUIS, etc. ;—Vu le décret du 15 octobre 1810,
« qui divise en trois classes les établissements insa-
« lubres ou incommodes dont la formation ne peut
« avoir lieu qu'en vertu d'une permission de l'auto-
« rité administrative ; le tableau de ces établissements
« qui y est annexé ; l'état supplémentaire arrêté par
« le Ministre de l'intérieur le 22 novembre 1811 ;
« les demandes adressées par plusieure préfets, à l'ef-
« fet de savoir si les permissions nécessaires pour la
« formation des établissements compris dans la troi-
« sième classe seront délivrées par les sous-préfets ou
« par les maires ; notre conseil d'Etat entendu, nous
« avons ordonné et ordonnons ce qui suit :

« ART. 1ᵉʳ. —A compter de ce jour, la nomencla-
« ture jointe à la présente ordonnance servira seule
« de règle pour la formation des établissements

« répandant une odeur insalubre ou incommode.

« ART. 2. — Le procès-verbal d'information *de*
« *commodo et incommodo*, exigé par l'art. 7 du dé-
« cret du 15 octobre 1810, pour la formation des
« établissements compris dans la seconde classe de la
« nomenclature, sera pareillement exigible, en outre
« de l'affiche de demande, pour la formation de ceux
« compris dans la première classe. Il n'est rien in-
« nové aux autres dispositions de ce décret.

« ART. 3. — Les permissions nécessaires pour la
« formation des établissements compris dans la troi-
« sième classe seront délivrées, dans les départements,
« conformément aux art. 2 et 8 du décret du 15 oc-
« tobre 1810, par les sous-préfets, après avoir pris
« préalablement l'avis des maires et de la police
« locale.

« ART. 4.—Les attributions données aux préfets et
« aux sous-préfets par le décret du 15 octobre 1810,
« relativement à la formation des établissements ré-
« pandant une odeur insalubre ou incommode, se-
« ront exercées par notre directeur général de la po-
« lice dans toute l'étendue du département de la
« Seine, et dans les communes de Saint-Cloud, de
« Meudon et de Sèvres, du département de Seine-et-
« Oise.

« ART. 5.—Les préfets sont autorisés à faire sus-
« pendre la formation ou l'exercice des établisse-
« ments nouveaux, qui, n'ayant pu être compris dans
« la nomenclature précitée, seraient cependant de
« nature à y être placés ; ils pourront accorder l'au-

« torisation d'établissement pour tous ceux qu'ils juge-
« ront devoir appartenir aux deux dernières classes de
« la nomenclature, en remplissant les formalités pre-
« scrites par le décret du 15 octobre 1810, sauf, dans
« les deux cas, à en rendre compte à notre directeur
« général des manufactures et du commerce. »

A la suite de cette ordonnance se trouve la nomenclature dont il est parlé dans l'art. 1ᵉʳ. Nous ne la
reproduisons pas, par le motif que nous avons donné
plus haut (n° 9, *in fine*). Nous devons seulement mentionner qu'elle exige : 1° pour les fours à chaux permanents, et pour les fabriques de verres, cristaux et
émaux, qu'indépendamment des formalités prescrites
par le décret du 15 octobre 1810, la formation de
ces établissements n'ait lieu qu'après que les agents
forestiers en résidence sur les lieux auront donné leur
avis sur la question de savoir si la reproduction des
bois dans le canton et les besoins des communes en-
environnantes permettent d'accorder la permission ;
2° pour les hauts fournaux, que ces établissements ne
soient autorisés qu'autant que les entrepreneurs auront rempli les formalités prescrites par la loi du 21
avril 1810 et par les instructions du ministre de l'intérieur ; 3° enfin pour les établissements placés dans
le rayon des douanes ou sur une rivière navigable ou
non navigable, que les règlements à ce sujet continuent à être observés.

17.—L'exécution de l'ordonnance du 14 janvier
1815 fut l'objet de la circulaire suivante, adressée
aux préfets par le directeur de l'agriculture, du com-

merce, des arts et manufactures, en date du 4 mars
1815 :

« Le décret du 15 octobre 1810 a prescrit diffé-
« rentes mesures au sujet des établissements qui ré-
« pandent une odeur insalubre ou incommode. Vous
« savez qu'il les divise en trois classes et qu'on ne
« peut les former sans une permission de l'autorité
« administrative. La nomenclature annexée à ce dé-
« cret ne les comprenant pas tous, il m'a paru néces-
« saire d'en faire dresser une plus complète. Sa Ma-
« jesté a bien voulu, sur la proposition de son excel-
« lence le ministre secrétaire d'Etat de l'intérieur,
« l'approuver le 14 janvier; et dorénavant elle doit
« servir de règle aux autorités, toutes les fois qu'il
« leur sera adressé des demandes en formation d'éta-
« blissements de la nature de ceux dont il est ici
« question.

« Je n'ai pas besoin de vous rappeler que les
« dispositions du décret du 15 octobre sont de la plus
« haute importance : elles présentent à la fois une
« garantie aux propriétaires et aux entrepreneurs d'é-
« tablissements insalubres ou incommodes : aux pro-
« priétaires, en les assurant qu'il ne sera point formé
« dans leur voisinage, à leur insu et sans des précau-
« tions, des ateliers dont l'activité peut, par des ex-
« halaisons nuisibles ou désagréables, préjudicier à
« leurs propriétés; aux entrepreneurs, en leur don-
« nant la certitude que, lorsqu'ils auront obtenu
« une permission, ils ne seront plus troublés dans
« l'exercice de leur industrie. Sous ce double rapport,

« la législation actuelle est, pour les uns et les autres,
« un véritable bienfait, en ce qu'elle prévient les dif-
« ficultés qui s'élevaient souvent entre eux. Aupara-
« vant, les fabriques de produits chimiques n'avaient,
« à certains égards, qu'une existence précaire. Des
« dispositions positives n'étant pas établies, la clô-
« ture de manufactures, dont la formation avait en-
« traîné des dépenses considérables, était quelquefois
« ordonnée. De là, la ruine de l'entrepreneur, et, par
« suite, celle d'une industrie dont l'exploitation nous
« procurait des marchandises qu'il fallait souvent ti-
« rer de l'étranger.

« L'ordonnance du 14 janvier renferme deux dis-
« positions nouvelles d'un grand intérêt. La première
« met en harmonie les art. 2 et 8 du décret du 13 oc-
« tobre qui ne s'expliquait pas positivement sur l'au-
« torité qui doit délivrer les permissions nécessaires
« pour la mise en activité des établissements portés
« dans la troisième classe; elle donne cette attribu-
« tion aux sous-préfets, qui ne peuvent l'exercer
« qu'après avoir pris préalablement l'avis des maires.
« Par l'autre, les préfets sont autorisés à suspendre
« la formation ou l'exploitation de certains établisse-
« ments que l'on pourrait créer, bien qu'ils ne soient
« compris dans aucune des classes de la nouvelle no-
« menclature. Ce qui a fait penser que ces disposi-
« tions seraient utiles, c'est, d'une part, d'empêcher
« la continuation des travaux dont le résultat nuirait
« à la salubrité publique ou aux intérêts des proprié-
« taires du voisinage, et, de l'autre, de ne pas retar-

« der la formation de fabriques dont l'activité peut
« ne présenter aucun inconvénient. S'il survenait,
« dans votre département, des affaires qui fussent de
« la nature de celles dont il est ici question, je vous
« serai obligé de m'en informer, afin que j'examine
« ce qu'il sera convenable de prescrire.

« Le décret du 15 octobre, en déterminant les for-
« malités à remplir pour la mise en activité des éta-
« blissements compris dans la première classe, n'a
« point parlé de la durée des affiches qui doivent être
« apposées dans un rayon de cinq kilomètres. Une
« décision du ministre de l'intérieur a réparé cette
« omission, en la fixant à un mois. Depuis, il a été
« réglé qu'indépendamment des affiches, de la visite
« des lieux par un architecte, et d'un rapport fait
« par des hommes chargés, dans la localité, de ce
« qui concerne la salubrité publique, il serait dressé
« un procès-verbal *de commodo et incommodo*, dans
« lequel tous les voisins de l'établissement projeté se-
« raient entendus.

« Il importe beaucoup de veiller à la stricte exé-
« cution de cette disposition : elle a été prescrite pour
« prévenir les plaintes que des particuliers pour-
« raient adresser, au moment de la mise en activité
« des travaux, pour n'avoir pas été avertis en temps
« utile, et pour s'être trouvés, de cette manière, dans
« l'impossibilité de présenter des réclamations. Que
« le projet de former l'établissement fasse naître ou
« non des oppositions, les certificats des maires des
« communes dans lesquelles il aura été apposé des

« affichés devront faire mention de cette circonstance.
« S'il s'en élève, elles seront soumises au conseil de
« préfecture, afin qu'aux termes de l'art. 4 du décret
« du 15 octobre, il donne son avis sur leur objet. Vous
« voudrez bien ensuite m'adresser toutes les pièces
« de l'affaire, afin que je propose d'accorder, s'il y a
« lieu, la permission.

　« La marche à suivre ne sera pas entièrement la
« même, lorsqu'il sera question des établissements
« de deuxième et troisième classes. Vous savez que ce
« sont les préfets et sous-préfets qui accordent, après
« qu'il a été rempli différentes formalités, les per-
« missions pour la mise en activité de ces établisse-
« ments. Au lieu de m'adresser, ainsi que l'ont fait
« souvent plusieurs préfets, la délibération du con-
« seil de préfecture sur les oppositions, vous la noti-
« fierez directement aux parties intéressées, afin que
« celle qui n'en sera pas satisfaite puisse, si elle le juge
« convenable, se pourvoir au comité du contentieux
« du conseil d'Etat. Vous ne suspendrez cette notifi-
« cation que dans le cas où vous ne partageriez pas
« l'opinion du conseil de préfecture : alors toutes les
« pièces de l'affaire me seront transmises avec vos
« observations, afin que j'examine s'il y a lieu de pro-
« voquer une décision contraire à celle qu'aura prise
« le conseil.

　« Le même décret du 15 octobre indique les for-
« malités à remplir, lorsque, en cas de graves incon-
« vénients pour la salubrité publique, la culture ou
« quelque autre motif d'intérêt général, on sollicite

« le déplacement d'un atelier de première classe. Ce
« déplacement ne peut avoir lieu qu'en vertu d'une
« ordonnance de Sa Majesté, rendue sur le vu du
« rapport de la police locale, de l'avis du conseil de
« préfecture et des moyens de défense des manufactu-
« riers. — Par ma lettre du 15 juin dernier, je vous
« ai prié de m'envoyer tous les six mois l'état des éta-
« blissements de deuxième et troisième classe dont la
« formation aura été autorisée dans votre départe-
« ment. J'ai l'honneur de vous renouveler cette de-
« mande. Je tiens d'autant plus à avoir l'état dont
« il s'agit, qu'indépendamment des renseignements
« que j'y trouverai, il me procurera encore la certi-
« tude que les autorités locales surveillent l'exécution
« de mesures qui n'ont pas moins pour objet la salu-
« brité publique que l'intérêt des fabricants et des
« propriétaires.

« Le décret du 15 octobre, l'ordonnance du 14
« janvier et la nouvelle nomenclature qui s'y trouve
« jointe, ne sauraient recevoir une trop grande pu-
« blicité. Les uns et les autres de ces actes intéressent
« l'universalité des communes du royaume, puisque,
« dans toutes, il existe ou il peut se former des éta-
« blissements insalubres ou incommodes. Dans leur
« exécution, il se présentera souvent des cas où la
« sagesse de l'autorité locale préviendra les difficul-
« tés que pourraient faire naître la malveillance ou
« la rivalité. S'il est juste qu'on ne place pas, auprès
« des habitations, des ateliers dont l'activité peut cau-
« ser du préjudice aux propriétaires, il ne convient

« pas moins de protéger les hommes utiles qui les
« forment : leur industrie nous procure des produits
« souvent indispensables pour la consommation jour-
« nalière, et, sous ce point de vue, ils méritent un
« intérêt particulier. Il a été demandé plusieurs fois
« qu'on déterminât d'une manière positive la dis-
« tance où les établissements insalubres ou incom-
« modes doivent être des habitations. S'il avait été
« possible de le faire, l'administration se serait em-
« pressée de déférer à ce vœu. Des motifs de plusieurs
« sortes ont rendu inutile sa bonne volonté à cet
« égard. Un établissement peut, quoique très rappro-
« ché des maisons, être placé de manière à n'incom-
« moder personne ; tandis qu'un autre, qui en est
« éloigné, les couvrira de vapeurs qui en rendront le
« séjour fort désagréable : sa situation sur une hau-
« teur peut amener ce résultat. Il n'est donc pas
« possible de fixer les distances ; on a dû laisser ce
« soin à la sagesse des autorités locales. Dans l'exa-
« men des demandes de permissions, elles se mettront
« sans doute au-dessus des petites passions ; et, mues
« uniquement par des motifs d'utilité publique, elles
« donneront des avis dictés par des considérations
« d'un ordre élevé ; j'en ai pour garant la prudence
« et le discernement qu'une foule d'entre elles ont
« déjà montrés dans plusieurs circonstances. Vous
« jugerez sans doute convenable, en adressant aux
« sous-préfets et aux maires des principales commu-
« nes de votre département le décret du 15 octobre,
« l'ordonnance du 14 janvier et la nouvelle nomen-

« clature, d'entrer dans quelques détails sur les prin-
« cipes qui doivent les diriger. Je me repose sur votre
« zèle du soin de les éclairer, bien persuadé de votre
« empressement à seconder mes vues. »

18. — Depuis 1815, de nombreuses ordonnances royales, notamment celles des 29 juillet 1818, 9 février 1825, 5 novembre 1826, 20 septembre 1828, 31 mai 1833, 27 janvier 1837, 25 mars et 27 mai 1838, 22 mai 1843, ont successivement modifié et complété le tableau des établissements dangereux, insalubres et incommodes.

Toutefois ce tableau ne peut jamais être définitif. D'une part, si le génie de l'homme donne naissance à quelque nouvelle industrie dont l'exercice soit accompagné d'un danger quelconque ou d'incommodité pour le voisinage, il faudra que cette industrie grossisse à l'avenir le tableau de classement ; elle y sera introduite par une ordonnance royale. D'autre part, si les progrès de la chimie, de la physique ou des arts font disparaître d'une industrie tel élément de danger, d'insalubrité ou d'incommodité qui avait déterminé à la ranger dans la première ou dans la seconde classe, l'autorité administrative sera conduite à la changer de classe. Il y aura encore lieu à changement, mais en sens inverse, si, par l'emploi de nouveaux moyens d'exploitation, une industrie de troisième ou de seconde classe offre au voisinage des dangers ou des inconvénients qu'elle ne présentait pas précédemment.

19. — Il nous reste, pour achever ce chapitre, à

donner, ainsi qu'il suit, l'état général des établissements classés, avec l'indication des inconvénients qui ont déterminé le rang de chacun et avec la date des ordonnances royales qui lui ont assigné ce rang.

Etat général des ateliers et établissements qui, à raison de l'insalubrité ou de l'incommodité ou des dangers qui en résultent pour le voisinage, ne peuvent être formés spontanément et sans permission, soit qu'ils ne produisent qu'un de ces inconvénients, soit qu'ils en réunissent plusieurs.

ABATTOIRS publics et communs dans toute la commune, quelle que soit sa population; danger de voir les animaux s'échapper, mauvaise odeur, 1ʳᵉ cl. (15 octobre 1810; 14 janvier 1815; 15 avril 1838).

ABSINTHE (distillerie d'esprit ou d'extrait d'); danger d'incendie, 2ᵉ cl. (9 février 1825).

ACÉTATE de plomb, sel de saturne (fabrication de l'); quelques inconvénients, mais seulement pour la santé des ouvriers, 3ᵉ cl. (14 janvier 1815).

ACIDE acétique (fabrique d'); peu d'inconvénients, 3ᵉ cl. (5 novembre 1826).

ACIDE muriatique (fabrication de l') à vases clos; odeur désagréable et incommode quand les appareils perdent, ce qui a lieu de temps à autre, 2ᵉ cl. (14 janvier 1815).

ACIDE muriatique oxygéné (fabrication de l').—Voir *Chlore.*

ACIDE nitrique, eau-forte (fabrication de l'); ne se fabrique plus d'après l'ancien procédé (*Voy.* l'article ci-après), 1ʳᵉ cl. (15 octobre 1810).

ACIDE nitrique, eau-forte (fabrication de l'), par la décomposition du salpêtre, au moyen de l'acide sulfurique, dans l'appareil de Wolf; odeur désagréable et incommode quand les

5

appareils perdent, ce qui a lieu de temps à autre, 2ᵉ cl. (9 février 1825).

ACIDE pyroligneux (fabrique d'); lorque les gaz se répandent dans l'air sans être brûlés, beaucoup de fumée et odeur empyreumatique très désagréable, 1ʳᵉ classe. (14 janvier 1815).

ACIDE pyroligneux (fabriques d'); lorsque les gaz sont brûlés, un peu de fumée et d'odeur empyreumatique, 2ᵉ cl. (14 janvier 1815).

ACIDE pyroligneux (toutes les combinaisons de l') avec le fer, le plomb ou la soude; émanations désagréables qui ont constamment lieu pendant la concentration de ces produits, 2ᵉ cl. (31 mai 1833).

ACIDE sulfurique (fabrication de l'); odeur désagréable, insalubre, et nuisible à la végétation, 1ʳᵉ classe (15 octobre 1810).

ACIDE tartareux (fabrication de l'); un peu de mauvaise odeur, 3ᵉ cl. (5 novembre 1826).

ACIER (fabriques d'); fumée et danger du feu, 2ᵉ cl. (14 janvier 1815).

AFFINAGE de l'or ou de l'argent par l'acide sulfurique; quand les gaz dégagés pendant cette opération sont versés dans l'atmosphère, dégagement de gaz nuisibles, 1ʳᵉ cl. (9 février 1825).

AFFINAGE de l'or ou de l'argent par l'acide sulfurique; quand les gaz dégagés pendant cette opération sont condensés, très peu d'inconvénients, quand les appareils sont bien montés et fonctionnent bien, 2ᵉ cl. (9 février 1825).

AFFINAGE de l'or ou de l'argent au moyen du départ et du fourneau à vent. — Voir *Or* (cet art n'existe plus), 2ᵉ cl. (14 janvier 1815).

AFFINAGE de métaux au fourneau à coupelle ou au fourneau à réverbère; fumée et vapeurs insalubres et nuisibles à la végétation, 1ʳᵉ cl. (15 octobre 1810; 14 janvier 1815).

ALCALI caustique en dissolution (fabrication de l'). — Voir

Eau seconde; très peu d'inconvénient , 3ᵉ cl. (14 janvier 1815).

ALLUMETTES (fabrication d') préparées avec des poudres ou matières détonantes et fulminantes. — Voir *Poudres fulmi-nantes;* tous les dangers de la fabrication des poudres fulmi-nantes, 1ʳᵉ cl. (25 juin 1823).

ALUN.—Voir *Sulfate de fer et d'alumine.*

AMIDONNIERS; odeur fort désagréable, 1ʳᵉ cl. (15 octobre 1810).

AMMONIAQUE ou alcali volatil fabrication en grand avec les sels ammoniacaux de l'); odeur désagréable, 3ᵉ cl. (31 mai 1833).

ARCANSONS ou résines de pin (travail en grand des), soit pour la fonte et l'épuration de ces matières, soit pour en extraire la térébenthine; danger du feu et odeur très désagréable, 1ʳᵉ cl. (9 février 1825).

ARDOISES artificielles et mastics de différents genres (fabriques d'); odeur désagréable, danger du feu, 3ᵉ cl. (20 septembre 1828).

ARTIFICIERS; danger d'incendie et d'explosion, 1ʳᵉ cl. (15 octobre 1810).

BATTAGE en grand et journalier de la laine et de la bourre; bruit et poussière fétide ou insalubre et incommode, 3ᵉ cl. (31 mai 1833).

BATTEURS d'or et d'argent; bruit, 3ᵉ cl. (14 janvier 1815).

BATTOIRS à écorces, dans les villes; bruit, poussière et quelque danger du feu, 2ᵉ cl. (20 septembre 1828).

BITUME en planches (fabriques de); danger d'incendie, 2ᵉ cl. (9 février 1825).

BITUMES pisasphaltes (ateliers pour la forme et la préparation des); danger d'incendie, 2ᵉ cl. (31 mai 1833).

BLANC de baleine (raffinerie de); peu d'inconvénients, 2ᵉ cl. (5 novembre 1826).

BLANC d'Espagne (fabriques de); très peu d'inconvénients, 3ᵉ cl. (14 janvier 1815).

Blanc de plomb ou de céruse (fabriques de); quelques inconvénients seulement pour la santé des ouvriers, 2ᵉ cl. (15 octobre 1810).

Blanchiment des toiles par l'acide muriatique oxygéné.—Voir *Toiles*.

Blanchiment des tissus et des fils de laine et de soie, par le gaz ou l'acide sulfureux; émanations insalubres, 2ᵉ cl. (5 novembre 1826).

Blanchiment des toiles et fils de chanvre, de lin et de coton par le chlore; émanations désagréables, 2ᵉ cl. (5 novembre 1826).

Blanchiment des toiles et fils de chanvre, par les chlorures alcalins; peu d'inconvénients, 3ᵉ cl. (5 novembre 1826).

Blanchisseries ordinaires.—Voir *Buanderie*.

Bleu de Prusse (fabriques de); lorsqu'on n'y brûle pas la fumée et le gaz hydrogène sulfuré, odeur désagréable, insalubre, 1ʳᵉ cl. (15 octobre 1810; 14 janvier 1815).

Bleu de Prusse (fabriques de); lorsqu'elles brûlent leur fumée et le gaz hydrogène sulfuré, très peu d'inconvénients si les appareils sont parfaits, ce qui n'a pas lieu constamment, 2ᵉ cl. (15 octobre 1810; 14 janvier 1815).

Bleu de Prusse (dépôts de sang des animaux destiné à la fabrication du). — Voir *Sang des animaux*.

Bois dorés (brûleries des); très peu d'inconvénients, l'opération se faisant très en petit, 3ᵉ cl. (14 janvier 1815).

Borax artificiel (fabriques de), très peu d'inconvénients, 3ᵉ cl. (9 février 1825).

Borax (raffinage du); très peu d'inconvénients, 3ᵉ cl. (14 janvier 1815).

Boues et immondices (dépôts de).—Voir *Voiries*; odeur très désagréable et insalubre, 1ʳᵉ cl. (9 février 1825).

Bougies de blanc de baleine (fabriques de); quelque danger d'incendie, 3ᵉ cl. (9 février 1825).

Boutons métalliques (fabriques de); bruit, 3ᵉ cl. (15 octobre 1810; 14 janvier 1815).

Boyaudiers ; odeur très désagréable et insalubre, 1re cl. (15 octobre 1810).

Brasseries ; fumée épaisse quand les fourneaux sont mal construits, et un peu d'odeur, 3e cl. (15 octobre 1810).

Briqueteries.—Voir *Tuileries ;* fumée abondante au commencement de la fournée, 2e cl. (14 janvier 1815).

Briqueteries ne faisant qu'une seule fournée en plein air, comme on le fait en Flandre ; fumée abondante au commencement de la fournée, 3e cl. (14 janvier 1815).

Briquets phosphoriques et briquets oxygénés (fabriques de); danger d'incendie, 3e cl. (5 novembre 1826).

Buanderies des blanchisseurs de profession et des lavoirs qui en dépendent, quand ils n'ont pas un écoulement constant de leurs eaux ; inconvénients graves par la décomposition des eaux de savon, 2e cl. (14 janvier 1815 ; 5 novembre 1826).

Buanderies ; quand il y a écoulement, peu d'inconvénients, 3e cl. (14 janvier 1815 ; 5 novembre 1826).

Calcination d'os d'animaux, lorsqu'on n'y brûle pas la fumée ; odeur très désagréable de matières animales brûlées, portée à une grande distance, 1re cl. (9 février 1825).

Calcination d'os d'animaux, lorsque la fumée est brûlée ; odeur toujours sensible, même avec des appareils bien construits, 2e cl. (9 février 1825 ; 20 septembre 1828).

Camphre (préparation et raffinage du); odeur forte, et quelque danger d'incendie, 3e cl. (14 janvier 1815).

Caractères d'imprimerie (fonderies de); très peu d'inconvénients, 3e cl. (15 octobre 1810).

Caramel en grand (fabriques de) ; danger du feu, odeur désagréable, 3e cl. (5 novembre 1826).

Carbonisation du bois à air libre, lorsqu'elle se pratique dans des établissements permanents et ailleurs que dans les bois et forêts, ou en rase campagne; odeur et fumée très désagréables, s'étendant au loin, 2e cl. (20 septembre 1828).

Cartonniers ; un peu d'odeur désagréable, 2e cl. (15 octobre 1810 ; 14 janvier 1815).

Cendres (laveurs de) ; très peu d'inconvénients, 3ᵉ cl. (14 janvier 1815).

Cendres bleues et autres précipités de cuivre (fabrication des) ; aucun inconvénient, si ce n'est celui de l'écoulement au dehors des eaux de lavage, 3ᵉ cl. (14 janvier 1815).

Cendres d'orfèvre (traitement des) par le plomb ; fumée et vapeurs insalubres, 1ʳᵉ cl. (14 janvier 1815).

Cendres d'orfévre (traitement des) par le mercure et la distillation des amalgames ; danger à cause du mercure en vapeur dans l'atelier, 2ᵉ cl. (14 janvier 1815).

Cendres gravelées (fabrication des), lorsqu'on laisse répandre la fumée au dehors ; fumée très épaisse et très désagréable par sa puanteur, 1ʳᵉ cl. (14 janvier 1815).

Cendres gravelées (fabrication des), lorsqu'on brûle la fumée ; un peu d'odeur, 2ᵉ cl. (14 janvier 1815).

Céruse (fabriques de). Voir *Blanc de plomb*.

Chairs ou débris d'animaux (les dépôts, les ateliers ou les fabriques où ces matières sont préparées par la macération, ou desséchées pour être employées à quelque autre fabrication) ; odeur très désagréable, 1ʳᵉ cl. (9 février 1825).

Chamoiseurs ; un peu d'odeur, 2ᵉ cl. (14 janvier 1815).

Chandeliers ; quelque danger du feu et un peu d'odeur, 2ᵉ cl. (15 octobre 1810).

Chantiers de bois à brûler, dans les villes ; danger du feu exigeant la surveillance de la police, 3ᵉ cl. (9 février 1825).

Chanvre (rouissage du lin ou du), en grand par leur séjour dans l'eau ; exhalaisons très insalubres ; infection des eaux, fièvres, 1ʳᵉ cl. (15 octobre 1810 ; 5 novembre 1826).

Chanvre et lin, dans les villes (ateliers pour le peignage en grand du) ; poussière désagréable et insalubre, 2ᵉ cl. (27 janvier 1837).

Chapeaux (fabriques de) ; buée et odeur désagréable, poussière noire occasionnée par le battage après la teinture, et portée au loin, 2ᵉ cl. (14 janvier 1815).

Chapeaux de soie et autres, préparés au moyen d'un vernis (fabrication des); danger du feu, 2e cl. (27 janvier 1837).

CHARBON animal (la fabrication ou la révivification du) lorsqu'on n'y brûle pas la fumée; odeur très désagréable de matières animales brûlées, portée à une grande distance, 1re cl. (9 février 1825).

CHARBON animal (la fabrication ou la révivification du), lorsque la fumée est brûlée; odeur toujours sensible, même avec des appareils bien construits, 2e cl. (9 février 1825; 20 septembre 1828).

CHARBON de bois, dans les villes (les dépôts de); danger d'incendie, surtout quand les charbons ont été préparés à vases clos, attendu qu'ils peuvent prendre feu spontanément, 3e cl. (9 février 1825).

CHARBONS de bois (magasins pour la vente des), à Paris; mêmes inconvénients, 2e cl. (5 juillet 1834).

CHARBON de bois fait à vases clos; fumée et danger du feu, 2e cl. (15 octobre 1810; 14 janvier 1815).

CHARBON de terre (épurage du) à vases ouverts; fumée et odeur très désagréable, 1re cl. (15 octobre 1810; 14 janvier 1815).

CHARBON de terre épuré, lorsqu'on travaille à vases clos; un peu d'odeur et de fumée, 2e cl. (15 octobre 1810, 14 janvier 1815).

CHATAIGNES (dessiccation et conservation des); très peu d'inconvénients, attendu que c'est une opération de ménage, 2e cl. (14 janvier 1815).

CHAUDIÈRES à vapeur. Voir *Machines à feu.*

CHAUX (fours à) permanents; grande fumée, 2e cl. (15 octobre 1810; 29 juillet 1818).

CHAUX (fours à) ne travaillant pas plus d'un mois par année; grande fumée, 3e cl. (14 janvier 1815).

CHICORÉE-CAFÉ (fabriques de); très peu d'inconvénients, 3e cl. (9 février 1825).

CHIFFONNIERS; odeur très désagréable et insalubre, 2e cl. 15 octobre 1810; 14 janvier 1815).

CHLORE, acide muriatique oxygéné (fabrication du), quand ce produit est employé dans les établissements mêmes où on le prépare, notamment pour le blanchiment des toiles; odeur désagréable et incommode quand les appareils perdent, ce qui a lieu de temps à autre, 2ᵉ cl. (14 janvier 1815; 9 février 1825).

CHLORURES alcalins, eau de javelle (fabrication en grand des), destinés au commerce, aux fabriques; odeur désagréable et incommode quand les appareils perdent, ce qui a lieu de temps à autre, 1ʳᵉ cl. (9 février 1825).

— CHLORURES alcalins, eau de javelle (fabrication des), quand ces produits sont employés dans les établissements mêmes où ils sont préparés; inconvénients moindres que ci-dessus, les produits étant moins abondants, 2ᵉ cl. (9 février 1825).

CHLORURE de chaux (ateliers où l'on fabrique en petite quantité, c'est-à-dire dans une proportion de 300 kil. au plus par jour, du); mêmes inconvénients, 2ᵉ cl. (31 mai 1833).

CHLORURE de chaux (fabrication en grand du); odeur désagréable et incommode quand les appareils perdent, ce qui a lieu de temps à autre, 2ᵉ cl. (31 mai 1833).

CHROMATE de plomb (fabriques de); très peu d'inconvénients; 3ᵉ cl. (9 février 1825).

CHROMATE de potasse (fabriques de); dégagement de gaz nitreux, 2ᵉ cl. (31 mai 1833).

CHRYSALIDES (dépôts de); odeur très désagréable, 2ᵉ cl. (20 septembre 1828).

CIRE à cacheter (fabriques de); quelque danger du feu, 2ᵉ cl. (14 janvier 1815).

CIRIERS; danger du feu, 3ᵉ cl. (15 octobre 1810).

COCONS (filatures de), contenant au moins six tours; odeur fétide produite par la décomposition des matières animales 3ᵉ cl. (27 mai 1838).

COLLE FORTE (fabriques de); mauvaise odeur, 1ʳᵉ cl. (15 octobre 1810).

Colles de parchemin et d'amidon (fabrique de) ; très peu d'inconvénients, 3ᵉ cl. (15 octobre 1810).

Colle de peau de lapin (fabrique de) ; un peu de mauvaise odeur, 2ᵉ cl. (9 février 1828).

Cordes à instruments (fabriques de) ; sans odeur, si les eaux du lavage ont un écoulement convenable, ce qui n'a pas lieu ordinairement, 1ʳᵉ cl. (15 octobre 1810).

Corne (travail de la) pour la réduire en feuilles ; un peu de mauvaise odeur, 3ᵉ cl. (15 octobre 1810 ; 14 janvier 1815).

Corroyeurs ; mauvaise odeur, 2ᵉ cl. (15 octobre 1810).

Couverturiers ; danger causé par le duvet de laine en suspension dans l'air, odeur d'huile rance et de vapeurs sulfureuses, quand les soufroirs sont mal construits, 2ᵉ cl. (15 octobre 1810).

Cretonniers ; mauvaise odeur et danger du feu, 1ʳᵉ cl. (15 octobre 1810).

Cristaux (fabriques de). Voir *Verre*.

Cristaux de soude, sous-carbonate de soude cristallisé (fabrication de) ; très peu d'inconvénients, 3ᵉ cl. (14 janvier 1815).

Cuirs vernis (fabrique de) ; mauvaise odeur et danger du feu, 1ʳᵉ cl. (15 octobre 1810).

Cuirs verts (dépôts de) ; odeur désagréable et insalubre, 2ᵉ cl. (*idem*).

Cuisson des têtes d'animaux dans des chaudières établies sur un fourneau de construction, quand elle n'est pas accompagnée de fonderie de suif ; fumée et légère odeur, 3ᵉ cl. (31 mai 1833).

Cuirs verts et peaux fraîches (dépôts de) ; mauvaise odeur, 2ᵉ cl. (27 janvier 1837).

Cuivre (fonte et laminage du) ; fumée, exhalaisons insalubres et danger du feu, 2ᵉ cl. (14 janvier 1815).

Cuivre (dérochage ou décapage du) par l'acide nitrique ; odeur nuisible et désagréable, 2ᵉ cl. (20 septembre 1828).

Cuivre (ateliers du désargentage du), pour le mélange de

l'acide sulfurique et de l'acide nitrique ; dégagement du gaz nuisible, 1re cl. (27 mai 1838).

Débris d'animaux (dépôts, etc , de). Voir *Chairs.*

Dégraisseurs, Voir *Teinturiers-dégraisseurs;* très peu d'inconvénients, 3e cl. (14 janvier 1815).

Dégras ou huile épaisse à l'usage des tanneurs (fabrique de); odeur très désagréable et danger d'incendie, 1re cl. (9 février 1825).

Doreurs sur métaux; on a à craindre les maladies des doreurs, le tremblement, etc., mais ce n'est que pour les ouvriers, 3e cl. (15 octobre 1810).

Eau de javelle (fabrication de l'). Voir *Chlorures alcalins.*

Eau-de-vie (distilleries d') ; danger du feu, 2e cl. (15 octobre 1810).

Eau forte (fabrication de l').. Voir *Acide nitrique.*

Eau seconde (fabrication de l') des peintres en bâtiments, *Alcali caustique en dissolution;* très peu d'inconvénients, 3e cl. (14 janvier 1815).

Eaux savonneuses des fabriques.— Voir *Huile* (extraction de l') contenue dans ces eaux, etc.

Echaudoirs ou cuisson des abatis des animaux tués pour la boucherie; mauvaise odeur, 1re cl. (14 janvier 1815).

Echaudoirs dans lesquels on prépare et l'on cuit les intestins et autres débris des animaux; très mauvaise odeur, 1re cl. (31 mai 1833).

Echaudoirs dans lesquels on traite les têtes et les pieds d'animaux, afin d'en séparer le poil; fumée et légère odeur, 1re cl. (31 mai 1833).

Emaux (fabrique d').—Voir *Verre.*

Encre à écrire (fabrique d'); très peu d'inconvénient, 3e cl. (14 janvier 1815).

Encre d'imprimerie (fabrique d') ; odeur très désagréable et danger du feu, 1re cl. (*idem*).

Engrais (les dépôts de matières provenant de la vidange des latrines ou des animaux, destinés à servir d'). — Voir

Poudrette, *Urate;* odeur très désagréable et insalubre, 1re cl. (9 février 1825).

ENGRAISSAGE des oies (établissement en grand pour l'); mauvaise odeur et incommodité, 3e cl. (31 mai 1833).

ÉPONGES (établissement de lavage et de séchage des); odeur désagréable, 2e cl. (27 janvier 1837).

ÉQUARRISSAGE; odeur très désagréable, 1re cl. (15 octobre 1810).—Il est prohibé dans Paris.

ESSAYEURS; très peu d'inconvénient, 3e cl. (14 janvier 1815).

ÉTAIN (fabrication des feuilles d'); peu d'inconvénient, l'opération se faisant au laminoir, 3e cl. (*idem*).

ÉTOUPILLES (fabrique d'), préparées avec des poudres ou matières détonantes et fulminantes. — Voir *Poudres fulminantes;* tous les dangers de la fabrication des poudres fulminantes, 1re cl. (25 juin 1823).

FAÏENCE (fabrique de); fumée au commencement des fournées, 2e cl. (14 janvier 1815).

FANONS de baleine (ateliers pour le travail des); abondantes vapeurs d'une odeur fade et tenace, putréfaction quand on n'a pas soin de les jeter immédiatement, 3e cl. (27 mai 1838).

FÉCULE de pommes de terre (fabriques de); mauvaise odeur provenant des eaux de lavage, quand elles sont gardées, 3e cl. (9 février 1825).

FER-BLANC (fabriques de); très peu d'inconvénient, 3e cl. (14 janvier 1815).

FEUTRES et visières vernis (fabriques de); odeur désagréable, crainte d'incendie, 1re cl. (5 novembre 1826).

FEUTRE goudronné propre au doublage des navires (fabriques de); mauvaise odeur et danger d'incendie, 2e cl. (31 mai 1833).

FONDERIES au fourneau à la Wilkinson; fumée et vapeur nuisibles, 2e cl. (15 octobre 1810; 9 février 1825).

FONDEURS en grand au fourneau à réverbère; fumée dangereuse, surtout dans les fourneaux où l'on traite le plomb, le zinc, le cuivre, etc., 2ᵉ cl. (15 octobre 1810 ; 14 janvier 1815).

Fondeurs au creuset ; un peu de fumée, 2ᵉ cl. (15 octobre 1810 ; 14 janvier 1815).

Forges de grosses œuvres, c'est-à-dire celles où l'on fait usage de moyens mécaniques pour mouvoir, soit les marteaux, soit les masses soumises au travail ; beaucoup de fumée, crainte d'incendie, 2ᵉ cl. (5 novembre 1826).

Fourneaux (hauts). La formation de ces établissements est régie par la loi du 21 avril 1810 ; fumée épaisse et danger du feu, 1ʳᵉ cl. (14 janvier 1815).

Fours à cuire les cailloux destinés à la fabrication des émaux ; beaucoup de fumée, 2ᵉ cl. (5 novembre 1826).

Fromages (dépôts de) ; odeur très désagréable, 3ᵉ cl. (14 janvier 1815).

Galipots ou résine du pin (travail en grand des), soit pour la fonte ou l'épuration de ces matières, soit pour en extraire la térébenthine ; danger du feu et odeur très désagréable, 1ʳᵉ cl. (9 février 1825).

Galons et tissus d'or et d'argent (brûleries en grand) ; mauvaise odeur, 2ᵉ cl. (14 janvier 1815).

Gaz hydrogène (tous les établissements d'éclairage par le), tant les usines où le gaz est fabriqué que les dépôts où il est conservé ; odeur désagréable et fumée pour les seuls ateliers, mais qui s'étendent aux environs de temps à autre, 2ᵉ cl. (20 août 1824).

Gaz (ateliers où l'on prépare les matières grasses propres à la production du) ; danger du feu, 2ᵉ cl. (31 mai 1833).

Gaz (ateliers pour le grillage des tissus de coton par le) ; peu d'inconvénient, l'opération se faisant en petit, 3ᵉ cl. (9 février 1825).

Gaz hydrogène (petits appareils domestiques pour fabriquer le), destinés à fournir au plus à dix becs d'éclairage, et tous gazomètres en dépendant, d'une capacité de sept mètres cubes au plus ; mêmes inconvénients, 3e cl. (25 mars 1838).

GÉLATINE extraite des os (fabrication de la), par le moyen des acides et de l'ébullition ; odeur assez désagréable quand les matières ne sont pas fraîches, 3e cl. (9 février 1825).

GENIÉVRE (distilleries de) ; danger du feu, 2e cl. (14 janvier 1815).

GLACES (étamage des) ; inconvénient pour les ouvriers seulement qui sont sujets au tremblement des doreurs, 3e cl. (*idem*).

GOUDRON (fabrication du) ; très mauvaise odeur et danger du feu, 1re cl. (*idem*).

GOUDRON (fabriques de) à vases clos ; danger du feu, fumée et un peu d'odeur, 1re cl. (14 janvier 1815 ; 9 février 1825).

GOUDRONS (travail en grand des), soit pour la fonte et l'épuration de ces matières, soit pour en extraire la térébenthine ; odeur insalubre et danger du feu, 1re cl. (9 février 1825).

GRAISSES à feu nu (fonte des) ; très mauvaise odeur et danger du feu, 1re cl. (31 mai 1833).

GRILLAGE de tissus de coton par le gaz (ateliers de).—Voir *Gaz ;* peu d'inconvénient, l'opération se faisant en petit, 3e cl. (9 février 1825).

HARENG (saurage du) ; mauvaise odeur, 2e cl. (14 janvier 1815).

HONGROYEURS (*idem*), 2e cl. (15 octobre 1810).

HUILE de poisson (fabriques d') ; odeur désagréable et danger du feu, 1re cl. (14 janvier 1815).

HUILE de pied de bœuf (fabriques d') ; mauvaise odeur causée par les résidus, 1re cl. (15 octobre 1810 ; 14 janvier 1815).

HUILE de térébenthine et huile d'aspic (distillation en grand de l') ; *idem*, 1re cl. (*idem*).

HUILE de térébenthine et autres huiles essentielles (dépôts d') ; danger du feu d'autant plus grand que l'huile peut se volatiliser dans les magasins, et que l'approche d'une lumière détermine l'inflammation, 2ᵉ cl. (9 février 1825).

Huile (extraction de l') et des autres corps gras contenus dans les eaux savonneuses des fabriques; mauvaise odeur et quelque danger du feu, 2ᵉ cl. (20 septembre 1828).

Huile épaisse à l'usage des tanneurs (fabriques d').—Voir *Dégras;* odeur très désagréable et danger d'incendie, 1ʳᵉ cl. (9 février 1825).

Huile rousse (fabriques d'), extraite des crétons et débris de graisse à une haute température; *idem,* 1ʳᵉ cl. (14 janvier 1815).

Huiles (épuration des) au moyen de l'acide sulfurique; danger du feu et mauvaise odeur produite par les eaux d'épuration, 2ᵉ cl. (*idem*).

Huiles de lin (cuisson des); odeur très désagréable et danger d'incendie, 1ʳᵉ cl. (31 mai 1833).

Indigoteries. Cet art, qu'on avait essayé en France, n'y existe plus , 2ᵉ cl. (14 janvier 1815).

Laques (fabrication des); très peu d'inconvénient, 3ᵉ cl. (*idem*).

Lard (ateliers à enfumer le); odeur et fumée, 2ᵉ cl. (*idem*).

Lavoirs à laine (établissement des); doivent être placés sur les rivières et ruisseaux , au-dessous des villes et villages, 3ᵉ cl. (9 février 1825).

Lavoirs des blanchisseurs.—Voir *Buanderie.*

Lin (rouissage du).—Voir *Chanvre.*

Liqueurs (fabrication des); danger du feu, 2ᵉ cl. (14 janvier 1815).

Litharge (fabrication de la); exhalaisons dangereuses, 1ʳᵉ cl. (*idem*).

Lustrage des peaux; très peu d'inconvénient, 3ᵉ cl. (5 novembre 1826).

Machines et chaudières à vapeur, à haute et à basse pression, 2ᵉ cl. (22 mai 1843).

Maroquiniers; mauvaise odeur, 2ᵉ cl. (14 janvier 1815).

Massicot (fabrication du), première préparation du plomb pour le convertir en minium ; exhalaisons dangereuses, 1ʳᵉ cl. (*idem*).

Mastics.—Voir *Ardoises artificielles*.

Mégissiers ; mauvaise odeur, 2ᵉ cl. (15 octobre 1810).

Ménageries ; danger de voir les animaux s'échapper des cages, 1ʳᵉ cl. (*idem*).

Métaux (fonderie de).—Voir *Fonderies, Fondeurs*.

Minium (fabrication du), préparation de plomb pour les potiers, faïenciers, fabricants de cristaux, etc.; exhalaisons moins dangereuses que celles du massicot, 1ʳᵉ cl. (*idem*).

Moulins à broyer le plâtre, la chaux et les cailloux ; bruit. Ce travail étant fait par la voie sèche, a des inconvénients graves pour la santé des ouvriers, et même un peu pour le voisinage, 2ᵉ cl. (9 février 1825).

Moulins à farine, dans les villes; bruit et poussière, 2ᵉ cl. (9 février 1825).

Moulin à huile; un peu d'odeur et quelque danger du feu, 3ᵉ cl. (14 janvier 1815).

Noir de fumée (fabrication du); danger du feu, 2ᵉ cl. (15 octobre 1810).

Noir d'ivoire et noir d'os (fabrication du), lorsqu'on n'y brûle pas la fumée; odeur très désagréable de matières animales brûlées; portée à une grande distance, 1ʳᵉ cl. (*idem;* 14 janvier 1815).

Noir d'ivoire et noir d'os (fabrication du), lorsqu'on brûle la fumée; odeur toujours sensible, même avec des appareils bien construits, 2ᵉ cl. (*idem*).

Noir minéral (carbonisation et préparation des schistes bitumineux pour fabriquer le); mauvaise odeur, 1ʳᵉ cl. (31 mai 1833).

Noir animalisé (fabrique et dépôt de); odeur très désagréable et insalubre, 1ʳᵉ cl. (27 janvier 1837).

Ocre jaune (calcination de l'), pour le convertir en ocre rouge; un peu de fumée, 3ᵉ cl. (14 janvier 1815).

Or et argent (affinage de l'), au moyen du départ et du fourneau à vent. Cet art n'existe plus, 2ᵉ cl. (*idem*).

Orseille (fabrication de l'); odeur désagréable, 1ʳᵉ cl. (*idem*).

Os (blanchiment des), pour les éventaillistes et les boutonniers ; très peu d'inconvénient, le blanchiment se faisant par la vapeur et par la rosée, 2ᵉ cl. (*idem*).

Os d'animaux (calcination d').—Voir *Calcination d'os.*

Papiers (fabriques de); danger du feu, 2ᵉ cl. (14 janvier 1815).

Papiers peints et papiers marbrés (fabriques de); *idem,* 3ᵉ cl. (15 octobre 1810; 14 janvier 1815).

Parcheminiers; un peu d'odeur désagréable, 2ᵉ cl. (14 janvier 1815).

Peaux de lièvres et de lapins. — Voir *Sécrétage.*

Phosphore (fabriques de); crainte d'incendie, 2ᵉ cl. (5 novembre 1826).

Pipes à fumer (fabrication des); fumée comme dans les petites fabriques de faïence, 2ᵉ cl. (14 janvier 1815).

Plantes marines (combustion des), lorsqu'elle se pratique dans des établissements permanents ; exhalaisons désagréables, nuisibles à la végétation, et portées à de grandes distances, 1ʳᵉ cl. (27 mai 1838).

Platre (fours à) permanents; fumée considérable, bruit et poussière, 2ᵉ cl. (15 octobre 1810; 29 juillet 1818).

Platre (fours à) ne travaillant pas plus d'un mois par année; *idem,* dans la proportion du travail, 3ᵉ cl. (14 janvier 1815).

Plomb (fonte du) et laminage de ce métal; très peu d'inconvénients, 2ᵉ cl. (14 janvier 1815).

Plomb de chasse (fabrication du); *idem,* 3ᵉ cl. (15 octobre 1810; 14 janvier 1815).

Plombiers et fontainiers; très peu d'inconvénient, 3ᵉ cl. (15 octobre 1810; 14 janvier 1815).

Poêliers fournalistes. Poêles et fourneaux en faïence et

terre (fabrication des); fumée dans le commencement de la fournée, 2e cl. (14 janvier 1815).

POILS de lièvres et de lapins.—Voir *Sécrétage.*

POMPES à feu.—Voir *Machines à vapeur.*

PORCELAINE (fabrication de la); fumée dans le commencement du *petit feu* et danger d'incendie, 2e cl. (*idem*).

PORCHERIES; très mauvaise odeur et cris désagréables, 1re cl. (15 octobre 1810).

POTASSE (fabrique de); très peu d'inconvénients, 3e cl. (14 janvier 1815).

POTIERS d'étain; *idem*, 3e cl. (*idem*).

POTIERS de terre; fumée au *petit feu,* 2e cl. (*idem*).

POUDRES ou matières détonantes et fulminantes (fabriques de), la fabrication d'allumettes, d'étoupilles ou autres objets du même genre préparés avec ces sortes de poudres ou matières; explosion et danger d'incendie, 1re cl. (25 juin 1823).

POUDRETTE; très mauvaise odeur, 1re cl. (15 octobre 1810).

PRÉCIPITÉ du cuivre (fabrication du).—Voir *Cendres bleues;* très peu d'inconvénient, 3e cl. (14 janvier 1815).

RÉSINES (le travail en grand des), soit pour la fonte et l'épuration de ces matières, soit pour en extraire la térébenthine; mauvaise odeur et danger du feu, 1re cl. (9 février 1825).

RÉSINEUSES (le travail en grand de toutes les matières), soit pour la fonte et l'épuration de ces matières, soit pour en extraire la térébenthine; *idem*, 1re cl. (*idem*).

ROGUES (dépôts de salaisons liquides connues sous le nom de); odeur désagréable, 2e cl. (5 novembre 1826).

ROUGE de Prusse (fabrique de) à vases ouverts; exhalaisons désagréables et nuisibles à la végétation, quand il est fabriqué avec le sulfate de fer, couperose verte, 1re cl. (14 janvier 1815.)

ROUGE de Prusse (fabrique de) à vases clos; un peu d'odeur nuisible et un peu de fumée, 2e cl. (*idem*).

6

Routoirs servant au rouissage du chanvre et du lin.—Voir *Chanvre.*

Sabots (ateliers à enfumer les) dans lesquels il est brûlé de la corne ou d'autres matières animales, dans les villes ; mauvaise odeur, 1re cl. (9 février 1825).

Sabots (ateliers à enfumer les) ; fumée, 3e cl. (14 janvier 1815).

Salaison (ateliers pour la) et pour le saurage des poissons ; odeur très désagréable, 2e cl. (9 février 1825).

Salaisons (dépôts de) ; odeur désagréable, 2e cl. (14 janvier 1815).

Salaisons liquides.—Voir *Rogues.*

Salpêtre (fabrication et raffinage du) ; fumée et danger du feu, 3e cl. (*idem*).

Sang des animaux destiné à la fabrication du bleu de Prusse (dépôts et ateliers pour la cuisson et dessiccation du) ; odeur très désagréable, surtout si le sang conservé n'est pas à l'état sec, 1re cl. (9 février 1825).

Savonneries ; buée, fumée et odeur désagréable, 3e cl. (15 octobre 1810).

Sécrétage des peaux ou poils de lièvres ou de lapins ; émanations fort désagréables, 2e cl. (20 septembre 1828).

Sel (raffineries de) ; très peu d'inconvénients, 3e cl. (14 janvier 1815).

Sel ammoniac extrait des eaux de condensation du gaz hydrogène (fabrique de) ; odeur extrêmement désagréable et nuisible, quand les appareils ne sont pas parfaits, 1re cl. (20 septembre 1828).

Sel ammoniac ou *muriate d'ammoniac* (fabrication du), par le moyen de la distillation des matières animales ; odeur très désagréable et portée au loin , 1re cl. (15 octobre 1810 ; 14 janvier 1815).

Sel de Saturne (fabrication du).—Voir *Acétate de plomb.*

Sel de soude sec (fabrication du) ; *sous-carbonate de soude sec ;* un peu de fumée, 3e cl. (14 janvier 1815).

SEL ou muriate d'étain (fabrication du), odeur très désagréable, 2e cl. (*idem*).

SIROP de fécules de pommes de terre (extraction du); nécessité d'écouler les eaux, 3e cl. (9 février 1825).

SOIES de cochon (ateliers pour la préparation des), par tout procédé de fermentation; odeurs infectes et insalubres, 1re cl. (27 mai 1838).

SOUDE (fabrication de la), ou décomposition du sulfate de soude; fumée, 3e cl. (15 octobre 1810; 14 janvier 1815).

SOUDES de varech (fabrication en grand des), s'opérant dans des établissements permanents; exhalaisons désagréables, nuisibles à la végétation et portées à de grandes distances, 1re cl. (27 mai 1838).

SOUFRE (fabrication des fleurs de); grand danger du feu et odeur désagréable, 1re cl. (9 février 1825).

SOUFRE (fusion du), pour le couler en canons, et épuration de cette même matière par fusion ou décantation; *idem*, 2e cl. (*idem*).

SOUFRE (distillation du); *idem*, 1re cl. (14 janvier 1815).

SUCRE (raffineurs de); fumée, buée et mauvaise odeur, 2e cl. (*idem*).

SUCRE (fabriques de); odeur très désagréable et danger du feu, 2e cl. (27 janvier 1837).

SUIF brun (fabrication du), odeur très désagréable et danger du feu, 1re cl. (15 octobre 1810).

SUIF en branches (fonderie de) à feu nu; odeur désagréable et danger du feu, 1re cl. (15 octobre 1810; 14 janvier 1815).

SUIF (fonderies de) au bain-marie ou à la vapeur; quelque danger du feu, 2e cl. (14 janvier 1815).

SUIF d'os (fabrication du); mauvaise odeur, nécessité d'écouler les eaux, 1re cl. (*idem*).

SULFATE d'ammoniaque (fabrication du), par le moyen de la distillation des matières animales; odeur très désagréable et portée au loin, 1re cl. (*idem*).

SULFATE de cuivre (fabrication du) au moyen du soufre et

du grillage; exhalaisons désagréables et nuisibles à la végétation, 1ʳᵉ cl. (*idem*).

Sᴜʟꜰᴀᴛᴇ de cuivre (fabrication du), au moyen de l'acide sulfurique et de l'oxyde de cuivre ou du carbonate de cuivre; très peu d'inconvénients, 3° cl. (*idem*).

Sᴜʟꜰᴀᴛᴇ de potasse (raffinage du); très peu d'inconvénient, 3ᵉ cl. (*idem*).

Sᴜʟꜰᴀᴛᴇ de soude (fabrication du) à vases ouverts; exhalaisons désagréables, nuisibles à la végétation, et portées à de grandes distances, 1ʳᵉ cl. (*idem*).

Sᴜʟꜰᴀᴛᴇ de soude (fabrication du) à vases clos; un peu d'odeur et de fumée, 2ᵉ cl. (14 janvier 1815).

Sᴜʟꜰᴀᴛᴇs de fer et d'alumine, extraction de ces sels des matériaux qui les contiennent tout formés, et transformation du sulfate d'alumine en alun; fumée et buée, 3ᵉ cl. (15 octobre 1810; 14 janvier 1815).

Sᴜʟꜰᴀᴛᴇs de fer et de zinc (fabrication des), lorsqu'on forme ces sels de toutes pièces avec l'acide sulfurique et les substances métalliques; un peu d'odeur désagréable, 2ᵉ cl. (14 janvier 1815).

Sᴜʟꜰᴜʀᴇs métalliques (grillage des) en plein air; exhalaisons désagréables et nuisibles à la végétation, 1ʳᵉ cl. (*idem*).

Sᴜʟꜰᴜʀᴇs métalliques (grillage des) dans des appareils propres à tirer le soufre et à utiliser l'acide sulfureux qui se dégage; un peu d'odeur désagréable, 2ᵉ cl. (*idem*).

Tᴀʙᴀᴄ (fabriques de); odeur très désagréable, 2ᵉ cl. (15 octobre 1810).

Tᴀʙᴀᴄ combustion des côtes du), en plein air; *idem*, 1ʳᵉ cl. (14 janvier 1815).

Tᴀʙᴀᴛɪᴇ̀ʀᴇs en carton (fabrication des); un peu d'odeur désagréable et danger du feu, 2ᵉ cl. (*idem*).

Tᴀꜰꜰᴇᴛᴀs cirés (fabriques de); danger du feu et mauvaise odeur, 1ʳᵉ cl. (15 octobre 1810; 14 janvier 1815).

Tᴀꜰꜰᴇᴛᴀs et toiles vernis (fabriques de); *idem*, 1ʳᵉ cl. (15 octobre 1810).

Tanneries; mauvaise odeur, 2e cl. (14 janvier 1815).

Tartre (raffinage du); trèspeu d'inconvénients, 3e cl.(*idem*).

Teinturiers; buée et odeur désagréable quand les soufroirs sont mal construits, 3e cl. (15 octobre 1810; 14 janvier 1815).

Teinturiers-dégraisseurs; très peu d'inconvénients, 3e cl. (14 janvier 1815).

Térébenthine (travail en grand pour l'extraction de la).— Voir *Goudrons;* odeur insalubre et danger du feu, 1re cl. (9 février 1825).

Tissus d'or et d'argent (brûleries en grand des). — Voir *Galons.*

Toile cirée (fabriques de); danger du feu et mauvaise odeur, 1re cl. (*idem*).

Toiles (blanchiment des) par l'acide muriatique oxygéné ; odeur désagréable, 2e cl. (15 octobre 1810).

Toiles peintes (ateliers de); mauvaise odeur et danger du feu, 3e cl. (9 février 1825).

Toiles vernies (fabrication des).—Voir *Taffetas vernis.*

Tôle vernie; *idem*, 2e cl. (*idem*).

Tourbe (carbonisation de la) à vases ouverts; trèsmauvaise odeur et fumée, 1re cl. (15 octobre 1810; 14 janvier 1815).

Tourbe (carbonisation de la) à vases clos; odeur désagréable, 2e cl. (*idem*).

Tréfileries; bruit, danger du feu, 3e cl. (20 septembre 1828).

Tripiers; mauvaise odeur et nécessité d'écoulement des eaux, 1re cl. (15 octobre 1810).

Tuileries et briqueteries; fumée épaisse pendant le petit feu, 2e cl. (14 janvier 1815).

Urate (fabrication d'), mélange de l'urine avec la chaux, le plâtre et les terres; odeur désagréable, 1re cl. (9 février 1825).

Vacheries, dans les villes dont la population excède 5,000 habitants; mauvaise odeur, 3e cl. (15 octobre 1810 ; 14 janvier 1815).

VERDET (fabrication du).—Voir *Vert-de-gris.*

VERNIS (fabriques de); très grand danger du feu et odeur désagréable, 1re cl. (15 octobre 1810).

VERNIS à l'esprit-de-vin (fabriques de); danger d'incendie, 2e cl. (31 mai 1833).

VERRE, cristaux et émaux (fabriques de) ; grande fumée et danger du feu, 1re cl. (14 janvier 1815 ; 20 septembre 1828).

VERT-DE-GRIS et verdet (fabrication du); très peu d'inconvénients, 3e cl. (14 janvier 1815).

VIANDES (salaison et préparation des); légère odeur, 3e cl. (14 janvier 1815).

VINAIGRE (fabrication du); très peu d'inconvénients, 3e cl. (*idem*).

VISIÈRES et feutres vernis.—Voir *Feutres.*

VOIRIES et dépôts de boues ou de toute autre sorte d'immondices; odeur très désagréable et insalubre, 1re cl. (9 février 1825).

ZINC (usines à laminer le); danger du feu et vapeurs nuisibles, 2e cl. (20 septembre 1828).

CHAPITRE II.

Des Établissements de première classe.

SOMMAIRE.

20. — Les établissements rangés dans cette classe sont ceux *qui ne peuvent pas être formés dans le voisinage des habitations particulières* (1).

21.—Pour obtenir l'autorisation dont il a besoin, l'entrepreneur adresse une demande au préfet de son département. Il y indique avec précision l'emplacement destiné à l'usine projetée, ainsi que la nature des opérations qu'il se propose d'y pratiquer (2).

A la demande doit être annexé un plan figuratif des lieux, à l'aide duquel l'administration puisse prendre une idée exacte des dispositions intérieures de l'établissement, ainsi que de la distance ménagée entre le foyer de l'exploitation et les propriétés voisines.

La demande est immédiatement communiquée au maire de la commune, avec ordre de la faire afficher, *pendant un mois*, dans un rayon de *cinq kilomètres*, à partir du point assigné au siége de l'usine, et de procéder à une enquête de *commodo et incommodo* (3).

L'affiche, plus particulièrement destinée à donner l'éveil aux habitants les moins rapprochés du lieu de l'exploitation, doit être rédigée de telle sorte qu'ils ne puissent pas se méprendre sur l'objet de la publi-

---

(1) Décret du 15 octobre 1810, art. 1er.

(2) Si l'établissement doit être formé dans le département de la Seine, ou bien dans les communes de *Sèvres*, de *Saint-Cloud*, de *Meudon*, le pétitionnaire s'adresse au préfet de police. (Ord. du 14 janv. 1815, art. 4.)

(3) Circulaire du ministre de l'intérieur du 22 novembre 1811.

cation et sur la nature du voisinage dont ils sont menacés.

En ce qui concerne *l'enquête*, il n'y a rien de réglé, soit par rapport à *la forme*, soit au sujet de *la durée*.

C'est au maire qu'il appartient de déterminer comment il y sera procédé. Il ne saurait d'ailleurs trop se pénétrer de l'importance de la mission qui lui est confiée, et dont le résultat exercera nécessairement une grande influence sur les résolutions de l'autorité supérieure.

L'enquête une fois terminée, le maire la transmet au préfet avec le procès-verbal constatant l'apposision des affiches. Il y joint les observations personnelles qu'a pu lui suggérer l'information.

22.—Il est bien rare que la demande du fabricant ne rencontre pas quelques résistances et ne soulève pas des oppositions plus ou moins vives. Dans ce cas, le préfet, avant de passer outre, en réfère au conseil de préfecture, pour qu'il donne son avis (1).

23.—Remarquons-le bien, ce n'est pas un acte de juridiction que le conseil de préfecture est appelé à exercer en pareille occurrence ; on lui demande simplement *un avis*, rien qu'un avis. Il tomberait dans un excès de pouvoir manifeste, en statuant comme tribunal administratif, et par un arrêté sur la communication du préfet ; de sorte que la partie

---

(1) Décret du 15 octobre 1810, art. 4.

condamnée serait fondée à déférer cet arrêté au conseil d'Etat.

En 1811, le sieur Grosjean ouvrit une fabrique de colle forte dans la commune des Eaux-Vives, ancien département du Léman.

Des oppositions survinrent ; le préfet consulta, comme de raison, le conseil de préfecture. Mais celui-ci, au lieu de répondre par un simple *avis*, condamna expressément l'entrepreneur à cesser son exploitation.

Le sieur Grosjean se pourvut au conseil d'Etat contre cette décision, qui fut annulée par un décret impérial du 2 juillet 1812, attendu :

« Qu'il s'agissait d'un établissement de première « classe, et qu'aux termes de l'article 4 du décret du « 15 octobre 1810, le conseil de préfecture, au lieu « de statuer par un arrêté, *devait se borner à donner* « *son avis sur les oppositions.* »

24. — Après avoir pris connaissance de l'avis du conseil de préfecture, le préfet rédige aussi le sien.

Cet avis, comme celui du conseil de préfecture, ne constitue point une décision ; c'est tout simplement un des éléments de l'instruction sur laquelle l'autorité royale doit prononcer ; il ne saurait conséquemment faire l'objet d'un recours, soit de la part du fabricant, soit du chef des opposants.

Le sieur Guérineau, qui exploitait une tannerie dans la commune de Bigles, département de la Gironde, voulut y joindre une fabrique de colle forte, et sollicita une autorisation en conséquence.

Des habitants du voisinage ayant formé opposition, le conseil de préfecture fut consulté, et donna, sous la date du 19 décembre 1826, un avis favorable à l'établissement.

Le préfet se prononça, à son tour, le 26 janvier suivant, mais dans un sens contraire.

Le sieur Guérineau pouvait discuter cet avis devant le ministre, sur le rapport duquel devait intervenir l'ordonnance définitive. Mais, au lieu de suivre cette marche, qui était la seule régulière, il se rendit appelant au conseil d'Etat.

Une ordonnance royale, qui porte la date du 4 mars 1827, le repoussa en ces termes :

« Considérant que les avis donnés, soit par le pré-« fet, soit par le conseil de préfecture, ne sont que « des actes d'instruction, et que dès lors ils ne sont pas « susceptibles d'être attaqués par la voie conten-« tieuse ;

« Art. 1er. La requête du sieur Guérineau est re-« jetée. »

25.—Avec son avis, le préfet adresse le dossier de l'affaire au ministre du commerce (1).

---

(1) Les formalités prescrites pour la formation des établissements appartenant à la première classe ont paru assez importantes au ministre du commerce pour en faire l'objet d'une instruction adressée aux préfets, sous la date du 8 août 1833, et dont il peut être utile de rappeler ici quelques passages : « Souvent on néglige, dit le « ministre, de joindre aux demandes d'autorisation une notice ou « description, et surtout un plan qui donne une connaissance exacte « des diverses circonstances de localité, par rapport aux emplace-« ments choisis pour les fabriques et ateliers qu'il s'agit d'établir,

25 *bis*.—C'est sur le rapport de ce ministre qu'intervient finalement une ordonnance du Roi, dont les bases ont été préalablement délibérées par le conseil d'État, et qui accorde ou refuse l'autorisation demandée.

Pendant longtemps les bases de l'ordonnance furent discutées et arrêtées dans le sein du comité de l'intérieur seulement. Aujourd'hui, après un travail préparatoire de ce comité, la délibération a lieu en assemblée générale du conseil d'État, conformément au vœu manifesté par la chambre des pairs, dans sa séance du 27 avril 1827, à l'occasion d'une pétition *ad hoc* (1).

« et dont le décret exige l'éloignement des habitations particulières.
« Il en résulte que le comité de l'intérieur ne peut, faute de ren-
« seignements suffisants, poursuivre l'examen des affaires qui lui
« sont soumises avant d'être portées devant l'assemblée générale du
« Conseil d'État.

« Les demandes en autorisation d'usines, fabriques ou ateliers de
« première classe doivent toujours être accompagnées, lorsqu'elles
« me sont transmises par MM. les préfets, de toutes les pièces
« justificatives de l'instruction régulière, avec un plan en double
« expédition sur échelle métrique, indiquant avec précision la
« situation de l'établissement, la distance à laquelle il se trouve des
« maisons et terrains voisins, les emplacements occupés par les
« appareils, et enfin toutes les dispositions intérieures du local.

« Vous reconnaîtrez, M. le préfet, qu'il est nécessaire, dans
« l'intérêt même des industriels, afin que l'expédition de leurs
« demandes soit retardée le moins possible, de produire en temps
« opportun, avec le plan détaillé, les autres documents indispen-
« sables pour apprécier la valeur des oppositions que peut contenir
« le procès-verbal d'enquête, exigé par l'art. 2 de l'ordonnance
« réglementaire du 14 janvier 1815, en outre de l'affiche de de-
« mande, et pour juger si les dispositions de la loi ont été ob-
« servées. »
(1) Moniteur du 4 mai 1827.

26.—L'autorisation a-t-elle été refusée? Il va sans dire que le fabricant évincé n'est pas recevable à réclamer par la voie de l'opposition contre une ordonnance qui a statué sur sa propre demande, et qui, à son égard, a par conséquent le caractère irrécusable d'une décision contradictoire; c'est, du reste, ce que le conseil d'Etat a formellement jugé.

Une ordonnance royale du 20 février 1823, refusa au sieur Cochin l'autorisation d'ouvrir une manufacture de cuirs et de chapeaux vernis, dans sa demeure, rue Dugay-Trouin, à Paris.

Le demandeur se pourvut au conseil d'Etat; il se fondait sur ce que le conseil de salubrité et le conseil de préfecture s'étaient l'un et l'autre déclarés en faveur de l'établissement.

Mais le conseil d'Etat, sans s'occuper du fond de la réclamation, écarta le recours par une fin de non-recevoir; l'ordonnance approbative, qui est du 24 décembre 1823, porte :

« Considérant qu'il s'agit d'un établissement de « première classe, projeté par le sieur Cochin, et « que, dans ce cas, *aucun recours ne lui est ouvert*, « devant notre conseil d'Etat, contre une décision « prise sur l'avis du préfet et le rapport de notre « ministre de l'intérieur.

ART. 1ᵉʳ. La requête du sieur Cochin *est rejetée.* » (1).

---

(1) V. dans le même sens, ordonnance royale du 13 août 1823.

27. — Lorsque l'autorisation demandée par le fabricant lui a été accordée, tout recours ultérieur est également fermé aux opposants, par la raison que l'affiche et l'enquête qui ont précédé l'ordonnance, lui ont suffisamment imprimé le caractère d'une décision contradictoirement rendue et conséquemment inattaquable.

Il faut bien d'ailleurs que le débat ait un terme; il n'y aurait pas d'établissement industriel possible, si son existence pouvait être indéfiniment remise en question.

Le conseil d'État a eu fort souvent occasion de se prononcer à cet égard, et toujours il l'a fait de la manière la plus absolue.

Parmi les nombreux arrêts de ce genre que renferme le recueil de sa jurisprudence, il suffira d'en prendre un au hasard, pour faire connaître l'esprit qui les a dictés tous.

Par une ordonnance du 4 avril 1821, le sieur Paillard avait été autorisé à établir, à Fontainebleau, une fonderie de suif en branches à feu.

Quelques voisins s'opposèrent à l'exécution ; à les entendre, le concessionnaire n'avait pu obtenir que par surprise l'autorisation d'une usine dont l'exploitation devait infailliblement les chasser de leurs maisons.

De son côté, le sieur Paillard, entre autres moyens de défense, opposait aux agresseurs une fin de non-recevoir ; il soutenait que, l'ordonnance attaquée étant contradictoire et définitive, *il n'y avait plus de recours possible contre ses dispositions.*

Le conseil d'Etat adopta pleinement ce système : et, par une nouvelle ordonnance, en date du 15 déc. 1824, la requête des opposants fut rejetée *comme non recevable ;* voici sur quels motifs elle repose :

« Considérant, 1° que le décret du 15 octobre 1810 « a , dans ses articles 2, 3, 4 et 5, fixé les règles à sui- « vre pour obtenir l'autorisation nécessaire à la for- « mation des manufactures et ateliers de première « classe ; que l'ordonnance du 14 janvier 1815 a classé « les fonderies de suif en branches à feu parmi les « établissements de première classe ;

« Considérant, 2° qu'aux termes desdits décret et « ordonnance, dans le cas où il y aurait des opposi- « tions, le conseil de préfecture doit donner son avis, « sauf la décision du conseil d'Etat ; que l'ordon- « nance attaquée, rendue notre conseil d'Etat en- « tendu, *a visé les pièces qui constatent que toutes* « *les formalités ont été remplies ;*

« Que parmi ces pièces visées, se trouve l'avis du « conseil de préfecture, qui constate que l'affiche de « la demande du sieur Paillard a eu lieu dans les « communes à distance de 5 kilomètres de l'établis- « sement projeté ;

« *Qu'ainsi,* l'opposition à ladite ordonnance du 4 « avril 1821 *ne peut être admise* (1). »

---

(1) V. dans le même sens, ordonnances royales des 22 juin et 21 décembre 1825, 19 juillet 1826, 16 mai 1827.

28.—Le pourvoi des opposants était repoussé par cette unique considération, que l'ordonnance dont ils se plaignaient portait avec elle la preuve *que les formalités requises en semblable matière avaient été remplies*.

D'où il faut conclure que l'autorisation obtenue par un fabricant n'est réellement définitive et irrévocable, qu'autant que les formes protectrices des droits et de la propriété d'autrui, consacrées par le décret de 1810 et l'ordonnance de 1815, auront été fidèlement respectées.

Q'arriverait-il si l'autorisation n'avait pas été précédée des formalités prescrites, ou bien encore, si ces formalités n'avaient été observées qu'à demi?

Dans cette hypothèse, l'ordonnance intervenue ne satisfaisant pas aux conditions voulues, ne serait plus, envers les tiers intéressés, qu'un acte incomplet, illégal, et à bon droit suspect d'être le fruit de l'erreur et de la surprise; il serait donc contraire aux notions les plus usuelles de la justice distributive, qu'on pût dénier aux parties lésées le droit d'en appeler à la religion mieux informée du Roi, par la voie de l'opposition contentieuse.

La question s'est effectivement présentée, en dernier lieu, au conseil d'Etat, où elle a reçu une solution tout à fait dans ce sens.

Deux industriels, les sieurs Grangé et Vignes, obtinrent, le 6 mars 1838, la permission d'établir une fabrique d'engrais *avec dépôt de poudrette*, dans une des îles de la Garonne, dite l'Ile des Juifs, dépendante des communes de Camblanes et de Meynac, département de la Gironde.

Plus tard, le sieur Lessance, habitant de la commune de Villeneuve-d'Ornon, forma opposition à l'ordonnance, sur le fondement que la demande originaire *n'avait pas été affichée dans cette commune*, située dans le rayon de 5 kilomètres de l'Ile-des-Juifs.

Le ministre du commerce, à qui des explications furent demandées par le comité du contentieux du conseil d'Etat, n'essaya pas même de défendre l'ordonnance attaquée; il se contenta de dire que le plan des lieux déposé par les pétitionnaires n'indiquait en aucune manière qu'il existât des habitations sur la rive gauche du fleuve : « En sorte, ajoutait-il, que « ni le ministre, ni le comité du commerce, ni le « conseil d'Etat n'avaient pu être avertis que la pré-« fecture de la Gironde avait négligé de ce côté les « publications nécessaires. »

C'était implicitement passer condamnation sur l'illégalité de l'ordonnance dont se plaignait l'opposant; et le conseil d'Etat se rangea bientôt du même avis.

Sa décision, revêtue de l'approbation royale sous la date du 13 février 1840, est conçue en ces termes :

« Considérant qu'il résulte de l'instruction que la « demande des sieurs Grangé et Vignes, tendante à « être autorisés à établir dans l'Ile-des-Juifs une fa-« brique d'engrais avec poudrette, *n'a point été pu-« bliée et affichée* dans les communes de Villeneuve-

7

« d'Ornon et de Cadaujac, et que, par suite de cette
« omission, le requérant, dont les propriétés sont
« établies sur le territoire de Villeneuve-d'Ornon,
« *n'a point été mis en demeure de faire valoir ses*
« *moyens d'opposition dans l'enquête administrative*
« *qui a précédé l'ordonnance attaquée.*

« Notre ordonnance du 6 mai 1838 *est rapportée,*
« sauf aux sieurs Grangé et Vignes à se retirer de
« nouveau pardevant qui de droit, pour obtenir, s'il
« y a lieu, *et après l'accomplissement des formalités*
« *prescrites par les lois et règlements,* l'autorisation
« par eux demandée. »

De la décision qu'on vient de lire ressort un double enseignement.

Nous y voyons d'abord que les formalités prescrites
par le décret du 15 octobre 1810 sont de droit
étroit, et que leur violation fournit aux tiers qu'elle
froisse, un moyen péremptoire de recours contre
l'autorisation accordée au demandeur.

Elle nous apprend, en second lieu, que la révocation de l'autorisation a pour effet immédiat de ramener l'entrepreneur au point de départ ; c'est-à-
dire que, s'il persiste dans son projet d'établissement,
force lui est de recommencer sur nouveaux frais,
d'introduire une demande nouvelle, et de parcourir
une seconde fois tous les degrés de l'instruction tracée
dans le décret de 1810.

29.—Les industries rangées dans la première classe
présentent toutes des causes imminentes de danger
ou d'insalubrité ; voilà pourquoi le décret de 1810

les a irrémissiblement et sans exception reléguées dans les lieux inhabités.

Mais à quelle distance faut-il les tenir des habitations?

C'est un point sur lequel il était impossible au législateur de poser des règles uniformes et invariables ; il a dû s'en remettre à l'administration du soin de déterminer chaque fois les distances, selon la nature de l'exploitation, la situation du local désigné par l'entrepreneur, et une foule de circonstances imprévues qu'elle seule est parfaitement en mesure d'apprécier à l'aide des lumières que lui apporte l'instruction préparatoire (1).

30.—Il est bon de savoir, néanmoins, que l'isolement, quelque absolu qu'on le suppose, ne suffit pas toujours pour faire accorder à un fabricant l'autorisation qu'il sollicite, lorsque le siége de l'exploitation doit se trouver à proximité d'une forêt.

Dans l'ordonnance royale du 14 janvier 1815 , à la suite de la nomenclature des établissements divers qui rentrent dans la catégorie *des usines à feu,* on lit l'annotation suivante :

« Indépendamment des formalités prescrites par « le décret du 15 octobre 1810, la formation des fa- « briques de ce genre ne pourra avoir lieu , qu'a-

---

(1) Art. 9 du décret du 15 octobre 1810 : « L'autorité locale « indiquera le lieu où les manufactures et ateliers compris dans la « première classe pourront s'établir et exprimera la distance des « habitations particulières.» — V. à cet égard, *suqrà,* ch. 1ᵉʳ, nº 6, p. 27 et suiv.; nº 8, p. 38, et nº 17, p. 63.

« près que les agents forestiers, en résidence sur les
« lieux, auront donné leur avis sur la question de sa-
« voir *si la reproduction des bois dans le canton et les*
« *besoins des communes environnantes permettent*
« *d'accorder la permission.* »

Les bois, dont la culture a pour objet de pourvoir
aux besoins les plus impérieux de la vie sociale
comme de la vie domestique, forment l'une des principales branches de la fortune publique.

Aussi leur conservation a-t-elle vivement excité,
de tout temps, la sollicitude du gouvernement, dont
la vigilance s'applique surtout à maintenir un juste
équilibre entre la consommation et la reproduction.

Or l'équilibre serait bientôt rompu, si on laissait
inconsidérément se multiplier, auprès des forêts, les
établissements industriels qui font une grande dépense de combustible.

Cette tolérance abusive n'aurait pas seulement pour
effet immédiat et inévitable le renchérissement pro-
gressif du bois; les forêts elles-mêmes se dépeuple-
raient de proche en proche, et finiraient par man-
quer également aux exigences du chauffage et de la
construction.

C'est évidemment pour prévenir un tel danger,
qu'aux formalités prescrites par le décret du 15 octobre 1810, l'ordonnance royale du 14 janvier 1815 a
ajouté l'obligation de consulter les agents forestiers
du ressort, sur l'état plus ou moins satisfaisant des
forêts voisines, *toutes les fois qu'il s'agit d'une usine
à feu.*

D'où il suit rationnellement que, si dans l'opinion de ces agents, l'établissement projeté était de nature à inspirer des appréhensions sous le rapport de la conservation des bois, ou bien à compromettre l'approvisionnement des habitants de la contrée, il en résulterait, pour le gouvernement, un puissant motif de refuser l'autorisation.

31.—Au demeurant, on comprend très bien que l'obligation de consulter les agents forestiers ne saurait regarder le fabricant; c'est uniquement l'affaire de l'administration.

Dès lors, dans la supposition où une usine à feu viendrait, par hasard, à être autorisée sans que cette formalité eût été remplie, il serait évidemment contre tous les principes qu'on voulût s'en prendre à lui.

Si donc les choses en arrivaient au point qu'il fallût retirer l'autorisation et supprimer l'établissement, cette suppression constituerait une véritable expropriation pour cause d'utilité publique, qui ne pourrait, en bonne justice, s'opérer qu'au prix d'une indemnité proportionnée au dommage que l'administration seule aurait à s'imputer d'avoir occasionné au concessionnaire.

31 *bis*.—Telles sont les règles qui concernent spécialement les établissements dont se compose la première classe, sans préjudice, bien entendu, de celles qui sont *communes aux trois classes*, et dont nous ferons, plus loin, un chapitre à part (1), pour ne pas

____

(1) Voy. chap. V.

tomber , s'il est possible, dans des redites inutiles et sans intérêt.

32.—Parmi les établissements dangereux, insalubres ou incommodes, rangés dans la première classe, il en est plusieurs qui, indépendamment du régime commun que leur imposent le décret du 15 octobre 1810 et l'ordonnance royale du 14 janvier 1815, sont soumis à un régime administratif tout à fait spécial dont nous croyons utile de reproduire les principales dispositions.

I. — *Boyauderies et fabriques de cordes à instruments.*

33.—Il est intervenu , à leur sujet, le 14 avril 1819, une ordonnance du préfet de police où on lit :

« Considérant que la situation et la disposition de
« la plupart des ateliers de boyaudiers et fabricants
« de cordes à instruments, établis dans le ressort de
« la préfecture de police, présentent des inconvé-
« nients sous le rapport du renouvellement de l'air
« et de l'écoulement des eaux ; que ces inconvénients
« aggravent encore ceux qui résultent, pour la salu-
« brité publique, de la défectuosité des procédés em-
« ployés par les fabricants, pour la préparation des
« intestins, et qu'en attendant qu'il soit possible de
« prescrire l'emploi des perfectionnements dont l'art
« de la boyauderie serait reconnu susceptible, il im-
« porte d'obliger les fabricants à prendre les précau-
« tions et les mesures propres à diminuer les incon-
« vénients signalés ;

« Ordonnons :

« Les emplacements qui seront indiqués dans les
« demandes pour établir des boyauderies ou des fa-
« briques de cordes à instruments, *devront être isolés*
« *de cent mètres au moins de toute habitation* (autre
« qu'un établissement aussi incommode), *et placés,*
« *autant que possible, sur le bord d'une rivière ou d'un*
« *ru.* A défaut de cours d'eau, *il y sera suppléé par*
« *un puits, en état de fournir abondamment de l'eau.*
« Il sera joint à la demande un plan des lieux et des
« constructions projetées. » (Art. 2.)

« Il est expressément défendu *d'établir aucun pui-*
« *sard pour recevoir les eaux de lavage et de macéra-*
« *tion.* Les puisards existants *seront comblés et sup-*
« *primés dans le plus court délai.* » (Art. 5.)

« Il est également défendu aux boyaudiers et fa-
« bricants de cordes à instruments *de faire écouler*
« *leurs eaux de lavage et de macération sur la voie pu-*
« *blique, ni sur quelque partie de terrain que ce soit.*
« En conséquence, il leur est enjoint *de recevoir ces*
« *eaux dans un tonneau sur voiture, pour être ver-*
« *sées le soir, soit à la voirie, soit dans un égout ou*
« *une rivière voisine.*

« Sont exceptés de ces dispositions les boyaudiers
« et fabricants de cordes à instruments, *dont les ate-*
« *liers sont sur le bord d'une rivière ou d'un ruisseau*
« *naturel, pourvu toutefois que l'écoulement des eaux*
« *puisse y avoir lieu immédiatement, soit par des con-*
« *duits souterrains, soit par des canivaux dallés et*

« *bien cimentés, et qui puissent être tenus en bon état*
« *de propreté.* (Art. 6.) »

« Les tonneaux destinés à la macération des in-
« testins *seront placés sous un hangar ou dans un ate-*
« *lier qui sera dallé, et s'il est possible, ouvert à tous*
« *les vents.* — Les fabricants dont les ateliers ne se-
« raient pas ainsi disposés, *seront tenus d'y pourvoir*
« *sans retard.* » (Art. 7.)

« Les contraventions à la présente ordonnance se-
« ront constatées par des procès-verbaux ou des rap-
« ports qui nous seront transmis.—Il sera pris con-
« tre les contrevenants, dans l'intérêt de la salubrité
« publique, telles mesures de police administrative
« qu'il appartiendra, *sans préjudice des poursuites à*
« *exercer devant les tribunaux conformément aux*
« *lois.* (Art. 8.)

II. — *Chantiers d'écarrissage.*

34.—Ce genre d'établissement, qui n'a point d'égal
sous le rapport de l'insalubrité, et dont une ville de
quelque importance ne saurait pourtant se passer, a
été réglementé, pour Paris, par une ordonnance de
police en date du 24 août 1811 et ainsi conçue :

« Art. 1er.—Dans dix jours, à compter de la publi-
« cation de la présente ordonnance, les écarrisseurs
« actuellement en activité dans le ressort de la pré-
« fecture de police, seront tenus de présenter leurs
« permissions et de les faire renouveler.

« Art. 2.—Les permissions ne seront renouvelées

« et ne seront accordées à l'avenir, *qu'après que les*
« *écarrisseurs auront justifié qu'ils sont pourvus de*
« *voitures, de chevaux, de cordages et des autres us-*
« *tensiles nécessaires pour l'écarrissage.*

« Art. 3. — Les voitures qui transporteront les
« animaux morts à l'écarrissage, *seront couvertes.*

« Art. 4.—Conformément à l'art. 9 de la loi du 3
« nivôse an 6, les voitures des écarrisseurs porteront
« une plaque de métal, indiquant, en caractères ap-
« parents, le nom et le domicile du propriétaire ;
« cette plaque sera clouée en avant de la roue et du
« côté gauche de la voiture, *à peine de vingt-cinq*
« *francs d'amende, et d'une amende double si la pla-*
« *que porte, soit un nom, soit un domicile faux ou*
« *supposé.*

« Art. 5. — Il est défendu d'écarrir *dans l'inté-*
« *rieur de Paris.*

« Art. 6. — Le travail de l'écarrissage continuera
« d'être fait dans les emplacements affectés à cette
« destination, ou qui seront autorisés à cet effet.

« Art. 7. — Il est enjoint aux écarrisseurs *d'enle-*
« *ver, à la première réquisition, les animaux morts*
« *sur la voie publique.*

« Art. 8. — Les animaux vivants envoyés à l'écar-
« rissage *seront abattus et écarris dans le jour.*

« Art. 9. — Les animaux morts ou atteints de
« maladies charbonneuses *ne pourront être écarris*
« *qu'en présence d'un expert vétérinaire, qui indi-*
« *quera les précautions à prendre.* — L'expert vété-

« rinaire en dressera le rapport, qu'il nous transmet-
« tra sans retard.

« Art. 10. — Il est défendu aux écarrisseurs et à
« tous autres *de vendre de la chair de cheval et d'au-*
« *tres animaux livrés à l'écarrissage.*

« Art. 11. — Les débris des animaux écarris *se-*
« *ront enfouis ou brûlés,* suivant que les localités ou
« les circonstances le permettront.

« Art. 12. — Il est enjoint aux écarrisseurs *de la-*
« *ver et balayer, tous les jours, leurs ateliers, et de*
« *les entretenir en état de propreté.*

« Art. 13. — Les contraventions seront constatées
« par des procès-verbaux qui nous seront adressés.

« Art. 14. — Il sera pris envers les contrevenants
« aux dispositions ci-dessus les mesures de police ad-
« ministrative qu'il appartiendra, *sans préjudice des*
« *poursuites à exercer contre eux devant les tribu-*
« *naux, conformément aux lois et aux règlements.*

III. — *Dépôts d'engrais.*

35. — Voici quelles sont, à leur égard, les prescriptions d'une ordonnance de police, en date du 31
mai 1824 :

« Considérant qu'il est habituellement formé dans
« les campagnes, aux environs de Paris, un nombre
« considérable de dépôts d'engrais composés de boues,
« d'immondices, ou de débris de matières animales,
« qui répandent des exhalaisons infectes ; et qu'il im-
« porte de préserver les habitations et même les

« grandes routes de l'influence insaluble que peuvent
« produire ces exhalaisons, sans nuire aux avantages
« que les cultivateurs retirent de ces engrais.

« En vertu des arrêtés du gouvernement des 12
« messidor an 8 et 3 brumaire an 9 ;

« Ordonnons :

« ART. 1er. — Aucun dépôt d'engrais composé de
« débris d'animaux provenant, soit des abattoirs et
« des boyauderies, ou des clos d'écarrissage, soit des
« fabriques de colle-forte, ou autres ateliers de même
« genre, ne pourra être formé, dans toutes les com-
« munes du ressort de la préfecture de police, *qu'à*
« *une distance d'au moins deux cents mètres de*
« *toute habitation, et cent mètres des grandes routes.*

« ART. 2.—Si les engrais n'ont pas été employés *dans*
« *l'espace de deux jours*, à compter de celui où le dépôt
« en aura été fait, les cultivateurs, en attendant un
« moment plus favorable pour s'en servir, *seront te-*
« *nus de les placer dans une fosse recouverte d'une*
« *couche de terre de deux pouces d'épaisseur au*
« *moins.*

« ART. 3. — A compter du 1er septembre pro-
« chain, les dépôts de boues et d'immondices destinées
« à être vendues, autres que les voiries affectées à
« cette destination par l'autorité, pour le service pu-
« blic, *devront être éloignés de deux cent cinquante*
« *mètres des maisons d'habitation, et de cent mètres*
« *des grandes routes.*

« ART. 4.—Les dispositions prescrites par les arti-
« cles précédents *ne sont pas applicables aux dépôts*

« *de fumiers ordinaires de cheval, de vache et de*
« *mouton.*

« ART. 5.—Les contraventions seront constatées et
« poursuivies devant les tribunaux compétents, con-
« formément aux lois et règlements. »

IV. — *Fabriques de soude provenant du sel marin.*

36.—Par un décret du 13 octobre 1809, le sel employé à la fabrication des soudes factices fut affranchi de l'impôt ; mais la contrebande ne tarda pas à
faire son profit de cette immunité , au grand détriment du commerce ainsi que du trésor.

L'intensité du mal, qui allait croissant de jour en
jour, finit par faire sentir le besoin d'une prompte
répression, et donna lieu à l'ordonnance royale du 8
juin 1822.

Il ne saurait entrer dans notre plan de faire connaître toutes les dispositions de cette ordonnance. Il
importe seulement de reproduire ici l'article 9, qui
est ainsi conçu :

« Lorsqu'il s'agira de l'établissement d'une nou-
« velle fabrique de soude, notre directeur général des
« douanes sera consulté, quelle que soit la classe dans
« laquelle ces sortes de fabriques auront été rangées,
« soit par le décret du 15 octobre 1810 , soit par
« notre ordonnance du 14 janvier 1815. Aucune
« permission ne pourra être accordée si la fabrique
« n'est fermée par un mur d'enceinte à hauteur suf-
« fisante, dans lequel il ne pourra être pratiqué d'au-

« tre communication avec l'extérieur que celle de la
« porte d'entrée.

V. — *Hauts fourneaux.*

37.—Il est dit dans l'ordonnance royale du 14
janvier 1815 :

« Les établissements de ce genre ne seront autori-
« sés qu'autant que les entrepreneurs auront rempli
« les formalités prescrites par la loi du 21 avril 1810
« et par les instructions du ministre de l'intérieur. »
(Nomenclature des ateliers de première classe.)

Or, nous ne connaissons à cet égard, dans les instructions ministérielles, rien qui doive être men-
tionné ici. Quant à la loi du 21 avril 1810, concernant les mines, houillères et carrières, elle contient,
relativement aux forges et fourneaux, les dispositions
suivantes :

« ART. 73. — Les fourneaux à fondre les minerais
« de fer et autres substances métalliques, les forges et
« martinets pour ouvrer le fer et le cuivre, les usines
« servant de patouillets et bocards, celles pour le trai-
« tement des substances salines et pyriteuses, dans les-
« quelles on consomme des combustibles, ne pour-
« ront être établis que sur une permission accordée
« par un règlement d'administration publique.

« ART. 74.—La demande en permission sera adres-
« sée au préfet, enregistrée *le jour de la remise* sur
« un registre spécial, et affichée *pendant quatre mois*
« dans le chef-lieu du département, dans celui de

« l'arrondissement, dans la commune où sera situé
« l'établissement projeté, et dans le lieu du domicile
« du demandeur.—Le préfet, *dans le délai d'un mois,*
« donnera son avis sur la demande, ainsi que sur les
« oppositions *et les demandes en préférence qui se-*
« *raient survenues;* l'administration des mines don-
« nera le sien sur la quotité du minerai à traiter;
« l'administration des forêts, sur l'établissement des
« bouches à feu en ce qui concerne les bois; et l'ad-
« ministration des ponts et chaussées, sur ce qui con-
« cerne les cours d'eau navigables ou flottables.

« ART. 75.—Les impétrants des permissions pour
« les usines supporteront une taxe une fois payée,
« *laquelle ne pourra être au-dessous de cinquante*
« *francs, ni excéder trois cents francs.* »

VI. — *Poudres et matières détonnantes ou*
fulminantes.

38.—De toutes les industries que la loi soumet au
régime de la police administrative, il n'en est point
qui appelle une surveillance plus active et plus sévère, que la fabrication et le débit des poudres et des
matières fulminantes, à raison des conséquences dé-
sastreuses que peut entraîner la moindre imprudence
de la part de ceux qui les manipulent ou qui en
font commerce.

Aussi rien n'a-t-il été négligé pour donner à la sûreté publique toutes les garanties désirables; c'est ce
qu'attestent les nombreux règlements publiés dans

ces derniers temps, et qui ont pour but, non-seulement de prévenir les accidents, mais encore de faire que les contrevenants ne puissent échapper à une juste répression.

Le premier de ces règlements qui se présente à nous dans l'ordre des dates, est une ordonnance de police du 12 juin 1811, concernant *les artificiers;* elle porte:

« Considérant que les accidents les plus graves ré-
« sultent souvent de l'impéritie ou de la négligence
« des artificiers, soit dans la composition, soit dans
« l'emploi des pièces d'artifice ; que notamment ils
« sont dans l'usage d'employer des baguettes de bois
« dans la composition des fusées volantes ; que ces
« baguettes peuvent, par leur chute, occasionner des
« accidents, blesser des personnes, et mettre leur vie
« en danger ; que, dès lors, il importe qu'il soit pris
« des mesures pour empêcher qu'à l'avenir de sem-
« blables accidents se renouvellent ;

« Ordonnons :

« ART. 1er. — Toutes et chaque fois qu'il arrivera
« un accident par l'effet d'une pièce d'artifice, il en
« sera fait information, et il en sera dressé un procès-
« verbal, lequel constatera si l'accident provient
« du fait de l'artificier, soit par contravention
« aux ordonnances, soit par négligence, soit par im-
« péritie ; ce procès-verbal nous sera transmis sans
« délai.

« ART. 2. — Il est défendu aux artificiers d'em-
« ployer dans la composition des fusées volantes,

« aucune baguette de bois, ni aucune espèce de
« corps dur.

« ART. 3. — Ils seront tenus de substituer à ces
« baguettes tel autre moyen qu'ils jugeront conve-
« nable, pourvu toutefois qu'il n'en puisse résul-
« ter aucun danger.

« ART. 4. — Il est défendu de vendre et d'ache-
« ter des fusées volantes fabriquées avec des ba-
« guettes de bois ou autres corps durs et d'en ti-
« rer dans un lieu quelconque, soit public, soit par-
« ticulier.

« Les artificiers et les marchands de pièces d'arti-
« fice *sont personnellement responsables* de l'exécu-
« tion du présent article, en ce qui les concerne.

« ART. 5. — Il sera fait de fréquentes visites chez
« les artificiers et les marchands de pièces d'artifice,
« *à l'effet de saisir toutes les fusées volantes qui se-*
« *raient trouvées dans leurs boutiques et magasins, et*
« *qui auraient été fabriquées avec des baguettes pro-*
« *hibées par l'art. 2.*

« ART. 6. — Il sera pris envers les contrevenants
« telles mesures de police administrative qu'il ap-
« partiendra, *sans préjudice des poursuites à exercer*
« *contre eux devant les tribunaux, conformément aux*
« *art.* 319 *et* 320 *du Code pénal.* »

Le 3 février 1821, le préfet de police rendit une
seconde ordonnance pour régler *la vente et le débit*
de la poudre et des pièces d'artifice; elle dispose
comme suit.

« ART. 1er. — Il ne peut être fabriqué, débité ou

« conservé de poudre de guerre ou de chasse, fabri-
« qué ni vendu de pièces d'artifice, qu'en se confor-
« mant à la loi du 13 fructidor an 5 et aux décrets
« et ordonnances des 15 octobre 1810, 16 mars 1813,
« 14 janvier 1815 et 15 mai 1818.

« ART. 2. — A compter du jour de la publication
« de la présente ordonnance, les débitants de poudre
« établis dans le ressort de la préfecture de police,
« seront tenus d'inscrire sur un registre à ce destiné,
« et qui sera coté et paraphé par le commissaire de
« police de leur quartier, les nom, prénoms, de-
« meure, *dûment justifiés*, de toute personne à la-
« quelle ils vendront de la poudre, et la quantité
« vendue à chacune, *quelle que soit cette quantité*.

« ART. 3. — Ce registre sera représenté, *à toute*
« *réquisition des commissaires, officiers et agents de*
« *police*.

« ART. 4. — La vente et le débit de pièces quel-
« conques d'artifice, *même de la plus petite dimen-*
« *sion*, sont interdits aux épiciers, merciers, fruitiers,
« débitants de poudre, *et à tous autres que les artifi-*
« *ciers patentés et autorisés*.

« ART. 5.—Les artificiers tiendront un registre sem-
« blable à celui dont la tenue est prescrite par l'art. 2
« aux débitants de poudre.

« ART. 6.—Il est défendu à toutes personnes de ti-
« rer des armes à feu, pétards, fusées et pièces d'ar-
« tifice quelconques, *sur la voie publique et dans l'in-*
« *térieur des habitations*.

« ART. 7. Toute personne qui voudra tirer ou faire
8

« tirer des pièces d'artifice dans des cours ou jar-
« dins, *sera tenue de se pourvoir d'une autorisation*
« *du commissaire de police de son quartier, qui s'as-*
« *surera préalablement qu'il n'en peut résulter aucun*
« *dommage.*

« ART. 8. — Les contraventions à la présente or-
« donnance seront constatées par des procès-verbaux,
« *pour être poursuivies devant les tribunaux, confor-*
« *mément à la loi.* »

Jusque-là, l'administration ne s'était occupée que
de la ville de Paris et du ressort de la préfecture de
police. Mais, à la date du 25 juin 1823, une ordonnance royale, rendue sur le rapport du ministre de
l'intérieur, prescrivit, relativement à la fabrication
et au débit des poudres détonantes et fulminantes,
dans toute l'étendue du royaume, les mesures suivantes :

« Voulant prévenir les dangers qui peuvent résul-
« ter de la fabrication et du débit des différentes
« sortes de poudres et de matières détonantes et ful-
« minantes, sans empêcher néanmoins l'emploi de
« ces préparations qui ont été reconnues propres,
« soit à amorcer des armes à feu, soit à faire des étou-
« pilles, des allumettes et autres objets de même
« genre, utiles aux arts ;

« Avons ordonné et ordonnons :

« ART. 1er.—Les fabriques de poudres ou matières
« détonantes et fulminantes, de quelque nature
« qu'elles soient, et les fabriques d'allumettes, étou-
« pilles et autres objets de même genre préparés avec

« ces sortes de poudres ou matières, feront partie de
« la première classe des établissements insalubres ou
« incommodes, dont la nomenclature est annexée à
« notre ordonnance du 14 janvier 1815.

« ART. 2.—Les préfets sont autorisés, conformément
« à l'art. 5 de notre ordonnance précitée, à faire
« suspendre l'exploitation des fabriques désignées
« dans l'art. 1er, qui auraient été établies jusqu'à ce
« jour dans des emplacements non isolés des habita-
« tions.

« ART. 3.—Les fabricants de poudres ou matières
« détonantes et fulminantes tiendront un registre
« légalement coté et paraphé, sur lequel ils inscri-
« ront, jour par jour, de suite et sans aucun blanc,
« les quantités fabriquées et vendues, ainsi que les
« noms, qualités et demeures des personnes auxquel-
« les ils les auront livrées.

« ART. 4.—Les fabricants d'étoupilles, d'allumettes
« et autres objets de la même espèce, préparés avec
« des poudres ou matières détonantes et fulminan-
« tes, tiendront également un registre en bonne
« forme, sur lequel ils inscriront, au fur et à mesure
« de chaque achat, le nom et la demeure des fabri-
« cants qui leur auront vendu lesdites poudres ou
« matières.

« ART. 5.—Les marchands-détaillants d'amorces
« pour les armes à feu à piston et les marchands-dé-
« taillants d'allumettes, d'étoupilles et autres objets
« du même genre, préparés avec des poudres déto-
« nantes et fulminantes, *ne sont point soumis aux*

8.

« *formalités prescrites par l'article premier ;* mais ils
« seront tenus de renfermer ces différentes prépara-
« tions dans des lieux sûrs et séparés, dont ils auront
« seuls la clé.

« Il leur est défendu de se livrer à ce commerce
« *sans en avoir auparavant fait leur déclaration par*
« *écrit*, savoir : dans Paris, à la préfecture de police;
« et dans les communes, à la mairie, *afin qu'il soit*
« *vérifié si leur local est convenablement disposé pour*
« *cet usage.*

« ART. 6.—Les poudres et matières détonantes et
« fulminantes ne pourront être employées qu'à la fa-
« brication des amorces propres aux armes à feu, des
« allumettes, des étoupilles et autres objets d'une
« utilité reconnue.

« ART. 7.—Les contrevenants aux dispositions de la
« présente ordonnance seront poursuivis devant les
« tribunaux de police, sur les procès-verbaux ou rap-
« ports des agents de la police administrative ou
« judiciaire. »

A la suite de cette ordonnance, il en intervint une
du préfet de police, qui avait pour objet d'en régler
le mode d'exécution. Elle porte la date du 21 juillet
1823 et dispose en ces termes :

« ART. 1ᵉʳ.—L'ordonnance du roi du 25 juin 1823,
« concernant la fabrication et le débit des prépara-
« tions connues sous le nom générique de poudres dé-
« tonantes et fulminantes, sera publiée et affichée,
« avec la présente ordonnance, tant à Paris que dans
« les communes du ressort de la préfecture de police.

« ART. 2.—Aux termes de l'art. 3 du décret du 15
« octobre 1810 , les personnes qui voudront établir
« une fabrique du genre de celles dont il est fait men-
« tion dans l'art. 1ᵉʳ de l'ordonnance royale précitée,
« *nous adresseront directement leur demande en auto-*
« *risation.*

« Ces demandes devront être accompagnées d'un
« plan figuré des lieux et des constructions projetés,
« et indicatif de la distance séparant l'emplacement
« désigné des habitations particulières.

« ART. 3. — Il est enjoint aux entrepreneurs des
« fabriques de même genre actuellement en activité,
« de faire, dans le délai d'un mois, à la préfecture de
« police, la déclaration de l'époque de leur forma-
« tion, en désignant exactement la situation du local
« où elles sont établies.

« ART. 4.—La déclaration prescrite par le second
« paragraphe de l'art. 5 de l'ordonnance royale pré-
« citée, sera faite à Paris, par les marchands-détail-
« lants désignés dans le premier paragraphe, devant
« le commissaire de police du quartier, qui leur en
« donnera acte et nous en rendra compte immédia-
« tement.

« ART. 5. — Les poudres et matières détonantes et
« fulminantes ne pouvant être employées qu'à la fa-
« brication d'objets d'une utilité reconnue, *il est ex-*
« *pressément défendu de préparer, de vendre et de dis-*
« *tribuer des bombons, cartes, cachets et étuis fulmi-*
« *nants et autres objets de ce genre,* dont l'usage peut
« occasionner et a déjà occasionné des accidents. Ces

« dernières compositions *seront saisies partout où* « *elles seront trouvées.*

« ART. 6. Les contraventions à la présente ordon- « nance seront constatées par des procès-verbaux et « poursuivies conformément aux lois et règlements. »

Voici finalement une ordonnance royale du 30 octobre 1836, dont les dispositions forment, jusqu'à ce jour, le complément de la législation sur la matière :

« Vu le décret du 15 octobre 1810 et l'ordonnance « du 14 janvier 1815, portant règlement sur les éta- « blissements insalubres ou incommodes;

« Vu l'ordonnance du 25 juin 1823, concernant « spécialement les fabriques de poudres et matières « détonantes et fulminantes;

« Considérant que les accidents graves, survenus « par suite de la fabrication du fulminate de mer- « cure, exigent l'emploi de précautions nouvelles « pour en prévenir le retour ;

« Notre conseil d'Etat entendu, nous avons ordon- « né et ordonnons ce qui suit :

« ART. 1er.—Les fabriques de fulminate de mer- « cure, amorces fulminantes et autres matières dans la « préparation desquelles entre le fulminate de mer- « cure, *doivent être closes de murs et éloignées de toute* « *habitation, ainsi que des routes et chemins publics.*

« ART. 2. — Toute demande en autorisation pour « un établissement de cette nature devra être accom- « pagnée d'un plan indiquant :

« 1° La position de l'emplacement par rapport « aux habitations, routes et chemins les plus voisins;

« 2° Celle de tous les bâtiments et ateliers, les uns
« par rapport aux autres;

« 3° Le détail des distributions intérieures de cha-
« que local. Le plan, visé dans l'ordonnance d'auto-
« risation, à laquelle il restera annexé, ne pourra
« plus être changé qu'en vertu d'une autorisation
« nouvelle.

« La mise en activité de la fabrique sera toujours
« précédée d'une vérification faite par les soins de
« l'autorité locale, *qui constatera l'exécution fidèle du*
« *plan.* Il en sera dressé procès-verbal.

Art. 3. — Les divers ateliers seront isolés les uns
« des autres. Le sol en sera recouvert d'une lame de
« plomb ou de plâtre; *la pierre siliceuse est prohibée*
« *dans la construction de ces ateliers.*

« Art. 4. — Les tablettes dont il sera fait emploi
« dans ces ateliers *seront en bois blanc;* la plus élevée,
« placée à un mètre soixante centimètres au-dessus
« du sol, *devra toujours rester libre.*

« Art. 5. — L'atelier spécialement affecté à la fa-
« brication du fulminate devra être particulièrement
« éloigné de la poudrière et du dépôt des esprits. L'or-
« donnance d'autorisation fixera, dans chaque éta-
« blissement particulier, la distance respective des
« autres bâtiments de la fabrique.

« Art. 6. — La poudrière ne renfermera qu'une
« seule rangée de tablettes, placée à un mètre trente
« centimètres du sol; ce sol sera, comme celui des
« ateliers, recouvert en lames de plomb ou en plâtre.
« Ce bâtiment n'aura qu'une seule porte.

« ART. 7. — L'usage des tamis en fil métallique *est*
« *interdit.*

« ART. 8. — La poudre grainée et séchée sera ren-
« fermée dans des caisses *de bois blanc*, bien jointes,
« recouvertes d'une feuille de carton, et placées sur
« des supports en liége. Aucune de ces caisses *ne devra*
« *contenir plus de cinq kilogrammes de poudre.*

« ART. 9. — Aucun transvasement de poudre *ne*
« *pourra s'effectuer dans la poudrière.* Cette opération
« devra se faire dans un local isolé et fermé, qui
« n'aura pas d'autre destination. Il sera pris pour la
« construction de ce local, ainsi que pour l'établisse-
« ment de son sol, les mêmes précautions que pour
« la construction et le sol des autres ateliers.

« ART. 10. — Il ne pourra être porté à la fois dans
« l'atelier de charge que la dixième partie au plus de
« la poudre qui doit être manipulée dans la journée.

« ART. 11. — Le directeur de l'établissement et le
« chef des ateliers *auront seuls la clé de la poudrière*
« *et de l'atelier où se fera le transvasement de la*
« *poudre.*

« ART. 12. — Aucun ouvrier ne pourra être em-
« ployé dans cette sorte de fabrique, *s'il n'a dix-huit*
« *ans acomplis.*

« ART. 13. — Les dispositions de l'ordonnance du
« 25 juin 1823 sont maintenues et continueront à être
« observées concurremment avec celles de la présente
« ordonnance, qui sera constamment affichée dans
« les fabriques qu'elle concerne.

« ART. 14. — En cas de contravention, l'autorité

« locale *suspendra provisoirement les travaux de la* « *fabrique,* et en référera à l'administration supé- « rieure. *L'autorisation sera retirée, s'il y a lieu.*

CHAPITRE III.

Des Établissements de seconde classe.

SOMMAIRE.

39.—Etablissements de seconde classe.
40.—Demande en autorisation ; formalités ; enquête.
41.—Des oppositions : comment il est statué à leur égard ; variations de la jurisprudence ; son dernier état.
42.—Droit du fabricant, auquel l'autorisation a été refusée, de recourir au Conseil d'Etat, et droit d'intervention des opposants.
43.—Le conseil de préfecture conserve-t-il compétence pour statuer sur les oppositions, quand il a émis un avis avant la décision du préfet?
44.—L'opposition devant le conseil de préfecture peut reposer sur les mêmes moyens que ceux qui ont été proposés dans l'enquête et repoussés par l'arrêté préfectoral accordant l'autorisation.
45.—Les établissements de seconde classe doivent, autant que faire se peut, être éloignés des habitations.
46.—Ils peuvent cependant être autorisés près des habitations, si, au moyen de certaines combinaisons d'art, les voisins sont préservés de tout danger et de tout inconvénient : exemples.
47.—Il faut, dans ce cas, que les combinaisons adoptées donnent *la certitude* d'éviter ces dangers et ces inconvénients.
48.—L'autorisation de former un établissement insalubre ou incommode peut-elle être temporaire?
49.—Le conseil de préfecture et le conseil d'Etat peuvent ajouter de nouvelles conditions à celles auxquelles le préfet a subordonné l'autorisation.
50.—Pour qu'un établissement industriel soit autorisé dans le voisinage des habitations, au prix de certaines mesures imposées au fabricant, il faut que l'administration ait la certitude que le fabricant ne pourra pas les éluder.

---

39. — Cette classe se compose des établissements

qu'il n'est pas absolument nécessaire de reléguer loin des lieux habités , mais dont l'administration ne doit permettre la formation qu'*après avoir acquis la certitude* que leur exploitation sera sans danger et sans inconvénient pour les voisins (1).

40.—D'après les dispositions de l'article 7 du décret du 15 octobre 1810, qui détermine les formes à suivre pour obtenir l'autorisation préalable, l'entrepreneur doit adresser sa demande, non plus au préfet de son département, comme s'il s'agissait d'un établissement de première clasee, mais bien au sous-préfet de son arrondissement (2).

Ce dernier l'envoie immédiatement au maire de la commune, pour qu'il fasse une enquête *de commodo et incommodo*.

Cette fois, il n'est pas question d'affiches, par la raison fort simple qu'elles ne seraient d'aucune utilité, attendu que, de sa nature, la nocuité des établissements appartenant à la seconde classe se circonscrit dans un cercle assez étroit; de sorte que les propriétés qu'elle pourrait atteindre ne sont jamais assez éloignées pour que l'attention et la sollicitude des ha-

---

(1) Décret du 15 octobre 1810, art. 1er.

(2) Il faut que la demande soit accompagnée d'un plan des lieux et que ce plan présente les détails que nous avons indiqués, en parlant des établissements de première classe, n° 21. — Dans toute l'étendue du département de la Seine , et dans les communes de Saint-Cloud, Sèvres et Meudon, du département de Seine-et-Oise, c'est au préfet de police à Paris que l'entrepreneur doit s'adresser.

bitants aient besoin d'être éveillées par une publication officielle.

L'enquête finie, le maire en fait passer le procès-verbal au sous-préfet qui, à son tour, l'envoie avec son avis au préfet, appelé à statuer en premier ressort sur l'autorisation demandée.

41.—Ici s'est présentée une grave difficulté.

L'article 7 du décret de 1810 porte, *in fine*, que *s'il y a opposition, il y sera statué par le conseil de préfecture, sauf le recours au conseil d'Etat.* »

Rien de mieux ; mais à quel moment le conseil de préfecture doit-il intervenir ? Est-ce avant ou seulement après l'arrêté du préfet ? C'est ce que la rédaction ambiguë de la disposition laisse entièrement à deviner.

Dans le principe, on s'était généralement arrêté à la pensée que la solution devait être différente selon que l'enquête avait ou n'avait pas amené d'oppositions.

On disait : s'il n'y a pas d'opposants, c'est au préfet à statuer, car alors l'affaire est exclusivement du ressort de l'administration active ; que si, au contraire, des oppositions ont surgi, la question qu'elles soulèvent tombe naturellement dans le domaine du contentieux administratif ; partant, le devoir du préfet est de s'abstenir et de renvoyer les parties devant le conseil de préfecture, *seul compétent pour accorder ou refuser l'autorisation contestée.*

Telle a été, pendant douze années consécutives, la

doctrine du conseil d'Etat ; nous allons en emprunter un exemple à ses archives.

Un négociant de Perpignan nommé Ronde , avait demandé, en 1816 , à établir une distillerie d'eaux-de-vie dans sa maison.

Des habitants du quartier s'y opposèrent. — Le préfet refusa l'autorisation.

Le sieur Ronde en appela au conseil d'Etat; il faisait au préfet le reproche d'avoir empiété sur les attributions du conseil de préfecture.

Une ordonnance royale, qui porte la date du 19 mars 1817, accueillit l'exception en ces termes :

« Considérant qu'à l'égard des établissements de « deuxième classe, s'il y a opposition à la demande , « il doit y être statué par le conseil de préfecture , « sauf le recours au conseil d'Etat;

« Considérant que, dans l'espèce , il résulte de l'a- « vis du maire et de l'arrêté du préfet, qu'à l'époque « du 9 mars 1816, et par conséquent antérieurement « à ce dernier arrêté du préfet, une demande en op- « position avait été formée par plusieurs propriétai- « res voisins de la maison du sieur Ronde *et qu'ainsi,* « *le conseil de préfecture était seul compétent pour y* « *statuer.*

« ART. 1er.—L'arrêté du préfet des Pyrénées-Orien- « tales *est annulé pour cause d'incompétence.* »

Tout à coup, cette jurisprudence, que le temps semblait avoir cimentée , fit place à une jurisprudence nouvelle.

Une décision ministérielle du 2 octobre 1817,

avait rangé dans la deuxième classe les manufactures de gaz hydrogène. En 1821, le sieur Pauwels sollicita du préfet de police l'autorisation de former un éta-blissement de ce genre dans la rue Rochechouart, faubourg Poissonnière, à Paris.

Les propriétaires d'alentour, alarmés par un acci-dent survenu récemment à une usine de la même es-pèce située près du Luxembourg, se présentèrent, au nombre de 65, devant le commissaire de police chargé de l'enquête *de commodo et incommodo*, pour protester contre le projet d'établissement.

Suivant le mode de procéder jusqu'alors en vi-gueur, l'affaire fut renvoyée au conseil de préfecture, qui, après une descente sur les lieux, déclara, par arrêté du 9 novembre 1821, *qu'il y avait lieu d'ac-corder l'autorisation demandée.*

En l'état, le sieur Pauwels se retira de nouveau par-devant le préfet de police, et obtint, sous la date du 15 du même mois, un arrêté qui autorisait défi-nitivement la construction projetée.

Les opposants interjetèrent appel tant de l'arrêté du préfet de police que de celui du conseil de préfec-ture, lesquels furent annulés l'un et l'autre par une ordonnance du 10 septembre 1823, ainsi conçue :

« Considérant qu'il résulte des circonstances de la
« cause, et notamment de ce qu'il n'existait pas de
« classification légale pour les entreprises d'éclairage
« par le gaz hydrogène, que le préfet de police n'a-
« vait pas, dans l'espèce, la capacité nécessaire pour
« accorder, en vertu du décret du 15 octobre 1810,

« l'autorisation demandée par la compagnie Pauwels;

« Considérant que les arrêtés attaqués du conseil
« de préfecture *ont été rendus à une époque où l'au-*
« *torisation n'avait pas encore été accordée*, ET QUE
« DÈS LORS LE CONSEIL ÉTAIT DÉPOURVU DE JURIDICTION
« POUR STATUER SUR LES OPPOSITIONS;

« ART. 1er.—L'arrêté du préfet de police, du 15
« novembre 1821, qui accorde à la compagnie Pau-
« wels l'autorisation de former un établissement de
« gaz hydrogène dans le faubourg Poissonnière, est
« annulé.

« ART. 2. — *Sont également annulés les arrêtés du*
« *conseil de préfecture des* 19 *octobre et* 9 *novembre*
« 1821. »

Une semblable décision était évidemment la condamnation la plus explicite et la plus directe du système qui avait prévalu jusqu'alors.

Désormais, il demeurait bien entendu que le conseil de préfecture était sans mission pour intervenir,
tant que le préfet n'aurait pas pris une détermination:
c'est-à-dire, en d'autres termes, que le conseil de
préfecture ne devait point connaître des oppositions
formées à la demande du fabricant, *mais seulement*
de celles qui se trouveraient dirigées contre l'autorisa-
tion émanée du préfet.

Trois ordonnances ultérieures, des 14 janvier et 4
février 1824, consacrèrent successivement le même
principe.

Bientôt, néanmoins, il se fit, ainsi qu'on va le
voir, un temps d'arrêt.

Le sieur Sarreau avait formé une tannerie dans la commune de Saint-Nicolas-de-Lagrave (Tarn-et-Garonne), sans en demander l'autorisation. Les plaintes du voisinage le forcèrent à y pourvoir.

Sa pétition au sous-préfet donna lieu à une enquête ; et, par suite des oppositions qui se manifestèrent, la contestation fut renvoyée au conseil de préfecture, qui, par arrêté du 14 avril 1820, refusa d'autoriser l'usine.

Appel au conseil d'Etat par le sieur Sarreau.

Le sort du recours semblait impérieusement réglé d'avance par le dernier état de la jurisprudence. Le conseil de préfecture avait statué sur les oppositions avant qu'aucune résolution eût été prise par le préfet au sujet de la demande en autorisation ; c'était donc le cas d'infirmer la décision attaquée, comme empreinte d'un excès de pouvoir, et de renvoyer l'appelant devant le préfet.

Les choses tournèrent pourtant tout autrement.

Le conseil d'Etat commença par ordonner, qu'à la diligence du juge de paix du canton, assisté d'un médecin, d'un chimiste et d'un ingénieur ou d'un architecte, il serait procédé à une vérification contradictoire des lieux.

Et finalement, sur le vu du procès-verbal, il réforma l'arrêté du conseil de préfecture, *et autorisa le sieur Sarreau à conserver sa tannerie*, en se conformant aux obligations que les experts avaient jugé convenable qu'il s'imposât.

9

L'ordonnance approbative porte la date du 14 avril 1824.

On pouvait croire, d'après cela, que le conseil d'Etat était revenu à sa première interprétation de l'art. 7 du décret de 1810.

Cette opinion paraissait même d'autant plus probable, que la dernière ordonnance avait été rendue sur les conclusions du même magistrat sur le rapport duquel étaient intervenues, non-seulement l'ordonnance du 10 septembre 1823, mais encore celles des 14 janvier et 4 février 1824. (M. Tarbé, maître des requêtes.)

Mais une semblable supposition ne tarda pas à s'évanouir; car deux mois à peine s'étaient écoulés, qu'une nouvelle ordonnance, du 30 juin 1824, consacrait de plus fort le système introduit par l'ordonnance Pauwels.

On y lit :

« Considérant qu'il résulte de l'art. 7 du décret du « 15 octobre 1810, que le conseil de préfecture ne « doit donner d'avis *que sur les oppositions formées* « *aux autorisations données par l'administration ;* et « que, dans le cas dont il s'agit, aucune autorisation « n'ayant été accordée, *il n'y avait pas lieu par le pré-* « *fet de demander l'avis du conseil de préfecture, ni* « *par le conseil de préfecture d'admettre les opposi-* « *tions.* »

Or la question s'est maintes fois représentée depuis cette époque; mais il n'est pas à notre connaissance que la jurisprudence du conseil d'Etat ait éprouvé quelque nouvelle variation (1).

En résumé, que l'enquête *de commodo et incommodo* ait ou n'ait pas produit des oppositions, peu importe; dans les deux cas, le préfet doit statuer sur la demande qu'il a reçue de l'entrepreneur.

La demande est-elle admise ? Tous ceux qui croient avoir à s'en plaindre, qu'ils aient figuré dans l'enquête ou qu'ils y soient restés étrangers, sont également reçus à former opposition devant le conseil de préfecture, qui statue contradictoirement avec l'entrepreneur, le recours au conseil d'Etat demeurant réservé à la partie qui succombe (2).

---

(1) V. ordonnances royales des 27 avril, 11 mai et 13 juillet 1825; 2 août 1826; 3 février et 26 décembre 1830.

(2) On peut à cet égard consulter la circulaire suivante, adressée aux préfets par le ministre de l'intérieur le 19 août 1825 : « Voici, « dit le ministre, de quelle manière était interprété le plus généra-« lement l'art. 7 du décret du 15 octobre 1810. Avant de prendre « aucune décision, les préfets déféraient aux conseils de préfecture « les oppositions aux demandes qui leur avaient été présentées à « l'effet d'obtenir l'autorisation de former des établissements insa-« lubres ou incommodes de seconde classe. Suivant la jurisprudence « actuelle du conseil d'Etat, et qui est consacrée par diverses or-« donnances , les conseils de préfecture n'ont juridiction pour sta-« tuer sur ces oppositions qu'après l'autorisation du préfet. Les « préfets ne doivent pas s'étonner de cette jurisprudence. Quand ils « accordent une autorisation sur la requête de la partie intéressée, « ils font un acte d'administration qui n'appartient qu'à eux et qui « est étranger au conseil de préfecture. Mais leur décision adminis-« trative peut éprouver une opposition de la part d'un tiers qui in-« tervient, parce qu'il croit lésés ses intérêts privés. Alors l'affaire « change de nature; elle devient litigieuse, et se porte naturelle-« ment en première instance au conseil de préfecture, avec recours,

9.

42. — Dans l'hypothèse contraire, c'est-à-dire si l'autorisation a été refusée, la seule voie ouverte à l'entrepreneur et à ses ayants cause est celle de l'appel au conseil d'Etat; tout recours de leur part au conseil de préfecture serait non recevable (1).

Nous devons ajouter que, dans le cas où c'est le fabricant qui se pourvoit au conseil d'Etat, par suite du refus d'autorisation qu'il a essuyé, il a pour contradicteurs naturels tous les voisins qui, par cela seul qu'ils ont intérêt à repousser l'établissement projeté, ont incontestablement le droit d'intervenir dans l'instance pour défendre la décision préfectorale.

C'est ce qu'ont notamment décidé trois ordon-

« par la voie contentieuse, au roi en son conseil d'Etat. Cette mar-
« che étant désormais la seule à suivre, je vous l'indique, afin qu'elle
« vous serve de règle, et vous invite à vous y conformer strictement.»

(1) V. ordonnances royales des 15 novembre 1826, 4 juillet et 24 octobre 1827, 9 janvier 1828. — On peut encore consulter à cet égard la circulaire suivante, adressée aux préfets par le ministre de l'intérieur le 3 novembre 1828 : « Il ne faut pas confondre, dit le « ministre, le refus d'autorisation avec l'autorisation elle-même. Il « est parvenu à ma connaissance que, dans plusieurs départements, « le conseil de préfecture s'est cru appelé à connaître de la demande « du fabricant, lorsque l'autorisation lui a été refusée. Cette doc- « trine est contraire à l'esprit des règlements qui régissent la ma- « tière. Il ne reste à celui qui a éprouvé le refus, que le recours « direct au conseil d'Etat. Là seulement le fabricant dont la de- « mande a été rejetée peut être reçu appelant de la décision du « préfet, aux termes du décret du 15 octobre 1810; d'où il suit « nécessairement que le conseil de préfecture excède ses pouvoirs « en statuant sur l'opposition irrégulièrement formée devant lui « pour cause de refus. Telle est la jurisprudence du conseil d'Etat.»

nances royales en date des 25 juillet 1834, 6 mars et 7 avril 1835.

43. — Souvent il est arrivé qu'avant de prendre une résolution définitive, le préfet a cru devoir consulter le conseil de préfecture.

Alors s'est élevée une autre difficulté. On s'est demandé si le conseil de préfecture, nonobstant l'avis qu'il avait pu émettre en réponse à cette communication, était encore compétent pour connaître de l'opposition formée plus tard à l'arrêté d'autorisation.

L'affirmative n'a jamais fait le moindre doute dans le sein du conseil d'Etat. Il a constamment jugé que l'avis formulé par le conseil de préfecture laissait sa juridiction parfaitement intacte, et que les opposants n'en devaient pas moins recourir à lui pour faire révoquer, s'il y avait lieu, l'autorisation accordée par le préfet au fabricant.

Le sieur Thollet possédait, dans la commune de Pont-Salomon, département de la Haute-Loire, une fabrique de papier à la hollandaise, alimentée par un ruisseau appelé de Sumène.

Au-dessus de lui se trouvait un moulin à blé, que le propriétaire, nommé Fayard, transforma en manufacture de cartons.

Cette innovation causait un préjudice énorme au sieur Thollet, par la raison que les eaux, en arrivant à son usine, ne conservaient plus la limpidité indispensable pour la fabrication du papier fin. Il porta plainte au préfet.

L'affaire fut soumise par le préfet au conseil de

préfecture, qui répondit à la communication *par un avis*, portant qu'il y avait lieu de maintenir la cartonnerie.

Sur ce, arrêté préfectoral ainsi conçu :

« Le préfet, reconnaissant l'importance des motifs « qui ont déterminé l'opinion du conseil de préfec- « ture, *l'adopte dans toute son étendue* et arrête ce « qui suit :

« Le sieur Fayard est autorisé à établir une fabri- « que de cartons sur sa propriété sise au Pont-Sa- « lomon, »

Le sieur Thollet se pourvut au conseil d'Etat; et, à la date du 26 octobre 1825, intervint l'ordonnance qui suit :

« Considérant que l'arrêté du conseil de préfec- « ture du 22 juin 1823, *est un simple avis et non une* « *décision;*

« Considérant que les fabriques de carton sont « rangées dans la deuxième classe, et qu'il ap- « partient au préfet de prononcer sur la demande en « autorisation ;

« Considérant qu'aux termes de l'article 7 du dé- « cret du 15 octobre 1810, s'il y a opposition à l'au- « torisation accordée par le préfet, il y sera statué « par le conseil de préfecture, sauf le recours au con- « seil d'Etat;

« *Que, dès lors, les opposants auraient dû se reti-* « *rer devant le conseil de préfecture, avant de se pour-* « *voir devant nous;*

« ART. 1ᵉʳ.—Le pourvoi des sieurs Thollet et con-

« sorts est rejeté, *sauf à eux à porter, s'ils s'y croient*
« *fondés, devant le conseil de préfecture, et sauf le*
« *recours au conseil d'Etat, leur opposition à l'arrêté*
« *du préfet de la Haute-Loire du 5 juillet* 1823 (1). »

44.—Il faut bien se persuader d'ailleurs que le recours au conseil de préfecture n'est pas ouvert à la
condition seulement que l'opposition reposera sur
des moyens autres que ceux qui auraient été proposés dans l'enquête, et auxquels le préfet ne se serait
pas arrêté.

Le conseil de préfecture est bien et dûment saisi,
par cela seul qu'elle est postérieure à l'arrêté préfectoral et dirigée contre l'autorisation obtenue par le fabricant ; le conseil d'Etat n'en exige pas davantage.

En 1827, le préfet du département de Seine-et-
Marne autorisa, en faveur des sieurs Lepaire, père et
fils, l'ouverture de trois fours à plâtre permanents
dans la ville de Lagny.

Le sieur Arrachart et la dame Lesueur, qui, lors
de l'enquête, s'étaient déjà fortement déclarés contre
l'établissement projeté, formèrent opposition devant
le conseil de préfecture, et parvinrent à faire annuler
l'autorisation.

En appel, les sieurs Lepaire commencèrent par
contester que le conseil de préfecture eût été vala-
blement saisi ; ils en donnaient pour raison que les
opposants n'avaient fait que reproduire les objec-

---

(1) V. dans le même sens, ordonnances royales des 15 mars 1826
et 20 juin 1827.

tions précédemment consignées dans le procès-verbal d'enquête, *et qu'elles échappaient conséquemment à son examen, puisqu'elles avaient été appréciées par l'arrêté préfectoral qui accordait l'autorisation.*

Mais le conseil d'Etat ne tint aucun compte de l'exception et rejeta la requête des appelants. L'ordonnance royale qui s'ensuivit est du 26 octobre 1828 ; on y lit :

« Considérant que l'opposition a été formée, non-« seulement dans le procès-verbal *de commodo et in-* « *commodo*, mais encore dans des actes séparés, signi-« fiés et produits. »

45. — En semblable matière, la liberté de l'industrie se trouve, pour ainsi dire, aux prises avec les exigences de l'ordre public ; et c'est à concilier ces deux intérêts rivaux que consiste essentiellement l'action de l'autorité administrative. Malheureusement il est rare d'y pouvoir réussir sans qu'il en coûte, de part et d'autre, quelques sacrifices ; ainsi le veut la nature même des choses.

Relativement aux ateliers compris dans la seconde classe en particulier, le décret du 15 octobre 1810 pose pour première règle *qu'il n'est pas rigoureusement nécessaire de les éloigner des habitations.*

Ecoutons, d'un autre côté, le conseil d'Etat ; il ne cesse pas de proclamer, en toute occasion, que la prudence conseille fortement de les tenir à l'écart autant que cela se peut.

Dans le courant de l'année 1819, le sieur Sylvand demanda au sous-préfet de Rambouillet l'autorisation de construire un four à faïence dans la commune de Limours.

Des oppositions se manifestèrent. Un ingénieur envoyé sur les lieux fit un rapport favorable à l'entreprise. Néanmoins, le conseil de préfecture déclara la demande inadmissible; les motifs du refus étaient:

« Que le four projeté par le sieur Sylvand se trou-
« vait tellement rapproché de l'église, de la maison
« de dépôt et de plusieurs habitations voisines, qu'il
« serait de la plus grande incommodité pour toutes
« ces propriétés. Que n'étant placé qu'à la distance
« de 17 mètres du côté de l'église, quelques précau-
« tions que l'on pût prendre, on n'empêcherait ja-
« mais, à cause de la grande élévation de l'église, que
« les fumées insalubres de l'établissement, poussées
« par le vent nord-est, ne vinssent frapper sur les
« croisées principales de l'église; que la maison de
« dépôt et les maisons voisines du four projeté devien-
« draient inhabitables dans les temps où les vents du
« sud chasseraient les fumées du côté de ces maisons;
« qu'enfin la maison de l'école, peu distante du lieu
« de l'établissement, deviendrait tellement malsaine
« et incommode pour le maître et les élèves, qu'il
« serait impossible de la laisser subsister plus long-
« temps dans le même endroit. »

Le sieur Sylvand déféra cet arrêté au conseil d'E-
tat, ensemble celui que le préfet avait rendu postérieurement dans le même sens.

L'exagération perçait visiblement, à chaque ligne, dans la décision du conseil de préfecture. Aussi, à l'exemple de l'ingénieur, le comité consultatif des arts et manufactures, et, après lui, le ministre de l'intérieur, appelés à donner leur avis, conclurent-ils pour l'autorisation, en indiquant diverses précautions à prendre par les demandeurs.

Quelqu'imposantes que fussent, dans la cause, de telles autorités, le conseil d'Etat ne fut pas pleinement rassuré; de là, sous la date du 8 août 1821, l'ordonnance royale qu'on va lire :

« Considérant que les causes d'incommodité dé-
« crites dans l'arrêté du conseil de préfecture ne sont
« pas suffisamment détruites par les nombreuses con-
« ditions que le comité consultatif des arts et manu-
« factures propose d'imposer au sieur Sylvand pour
« diminuer les inconvénients de son établissement;

« Considérant *qu'il est d'une bonne police d'éloi-*
« *gner, autant que possible, des habitations les éta-*
« *blissements à odeur insalubre et incommode;*

« Considérant que le second four projeté par le
« fabricant, au centre de la commune de Limours,
« peut être transféré, soit auprès de son premier four,
« soit sur les autres propriétés qu'il possède dans la
« même commune, et qui sont plus éloignées des ha-
« bitations.

« ART. 1er.—La requête du sieur Sylvand est rejetée.

« ART. 2. — L'arrêté du conseil de préfecture du
« département de Seine-et-Oise du 10 octobre 1820,

---

(1) V. dans le même sens, ordonnances royales des 26 octobre 1828, 3 février 1830, 4 décembre 1837, 25 avril 1842.

« et l'arrêté du préfet du 18 du même mois , *sont*
« *confirmés.* »

46. — Par malheur, il n'est pas toujours facile de
répondre au vœu exprimé par le conseil d'Etat : soit
parce qu'il se rencontre fort rarement que le fabricant ait, comme dans l'espèce précédente, plusieurs
emplacements à sa disposition; soit parce qu'il y a
des industries qui ne sauraient vivre loin des centres
de consommation.

Comment faire alors?

En pareil cas, il est également selon l'esprit et selon le texte du décret de 1810, que des établissements
appartenant à la deuxième classe puissent se former
dans des lieux habités, moyennant qu'il aura été préalablement reconnu et constaté par des hommes spéciaux, qu'au moyen de certaines combinaisons adoptées par l'entrepreneur, les voisins se trouveront à
l'abri de tout grave inconvénient, comme de tout
danger.

La jurisprudence du conseil d'Etat, à cet égard, se
résume nettement dans l'espèce que nous allons faire
connaître.

Demande par les sieurs Pain et Barré d'une autorisation à l'effet de construire un four à chaux dans la
commune de Saint-Symphorien, située près de Tours.

Oppositions.

Le conseil de préfecture, consulté par le préfet, se
prononce, dans sa séance du 1ᵉʳ juin 1820 , pour un
refus absolu :

« Attendu, dit-il, que la proximité de la ville de

« Tours rendrait la construction d'un four à chaux ,
« à l'endroit projeté, *insalubre et dangereuse;*—Que
« le voisinage de la route, et surtout les deux places
« où communément *sont stationnés les convois de*
« *poudre, pourraient occasionner des explosions* par
« les étincelles qui s'échapperaient des fourneaux;—
« *Que les voisins éprouveraient un préjudice et se-*
« *raient contraints d'abandonner leurs habitations.* »

Les demandeurs se présentent alors au préfet avec
un avis de l'ingénieur en chef du département , où
étaient combattus un à un les motifs allégués dans la
délibération du conseil de préfecture.

Cependant, sur un nouveau renvoi du préfet, le
conseil de préfecture prend, le 25 décembre, un second arrêté par lequel il déclare persister.

Recours au conseil d'Etat.

Le dossier est communiqué au ministre de l'intérieur, qui en réfère au comité consultatif des arts et
manufactures, lequel, se rangeant à l'opinion de l'ingénieur en chef, indique subsidiairement quelques
mesures de précaution , suffisantes, à son avis, pour
offrir toutes les garanties de sûreté désirables.

Finalement, le conseil d'Etat adopte les conclusions de ce rapport; et, à la date du 1er mai 1822, intervient une ordonnance ainsi conçue :

« Considérant, quant aux motifs allégués dans l'ar-
« rêté du 1er juin 1820 et dans celui du 2 décembre
« suivant, qu'il résulte, tant du rapport de l'ingé-
« nieur en chef que de celui du comité consultatif,
« que les inconvénients allégués n'existeraient pas

« *moyennant diverses précautions et restrictions aux-*
« *quelles peut être assujetti l'établissement précité ;*

« ART. 1er. — Les arrêtés du conseil de préfecture
« du département d'Indre-et-Loire, des 1er juin et 2
« décembre 1820, *sont annulés.*

« ART. 2.—Les sieurs Pain et Barré sont autorisés
« à établir un four à chaux sur le terrain à eux ap-
« partenant sur le revers occidental de la tranchée,
« *avec ces conditions néanmoins :*

« 1° Que ni les bouches de leur fourneau, ni leur
« fourneau lui-même ne pourra être apparent de la
« tranchée ;

« 2° Que les exposants se soumettront, quant à la
« calcination de la chaux, aux mesures de police que
« l'administration locale croira devoir prendre ;

« 3° Qu'ils se soumettront, quant à la position de
« leur entrée principale, à ce qui leur sera prescrit
« au moment où l'on déterminera l'alignement du
« mur de clôture qui limitera leur établissement du
« côté de la tranchée ;

« 4° Qu'ils seront tenus, ainsi que la proposition
« en a été faite par eux, à n'user, dans l'exploitation
« de ladite usine, que de la houille carbonisée (1). »

47.—En thèse générale, les établissements dangereux, insalubres ou incommodes, de seconde classe,
doivent être tenus à distance des lieux où leur ex-

---

(1) V. dans le même sens, ordonnances royales des 31 juillet
1822, 14 avril 1824, 4 juillet 1827, 18 mai 1837.

ploitation serait de nature à inspirer de justes appréhensions pour la sûreté et la tranquillité publique;
voilà la règle.

Aussi, lorsque la loi permet que les établissements
de ce genre se forment dans les lieux habités, elle met
à sa tolérance cette condition expresse et absolue, sur
laquelle nous ne saurions trop insister, que l'administration aura préalablement *acquis la certitude* de
leur complète innocuité envers les voisins.

Du principe aussi nettement posé découle logique-
ment la conséquence, que l'administration ne doit
jamais permettre la formation d'un de ces établissements au prix de certaines précautions, *qu'avec la
conviction profonde de leur efficacité pleine et entière.*

Des données incertaines, des probabilités plus ou
moins spécieuses ne sauraient être pour elle un motif déterminant, puisque, en s'y confiant, elle livre-
rait les habitants du voisinage à toutes les chances
d'un essai malheureux.

Cette doctrine, qui n'est, à vrai dire, qu'une application littérale du décret du 15 octobre 1810, a
été soutenue, en dernier lieu, devant le conseil d'Etat,
et y a obtenu, comme on va le voir, un plein
succès.

Les sieurs Duchemin frères établirent à Paris, dans
la rue Plumet, une fabrique de poteries, de carreaux
et de briques; et, après un commencement d'exploitation, ils demandèrent au préfet de police l'autorisation de la continuer.

Après l'accomplissement des formalités d'usage, l'autorisation fut refusée, à cause de la perturbation que porterait dans le quartier la fumée du charbon de terre employé dans les fourneaux.

Les sieurs Duchemin en appelèrent au conseil d'Etat, où s'engagea bientôt un débat contradictoire avec plusieurs voisins.

Les mémoires respectifs furent communiqués au ministre du commerce, qui, à son tour, les communiqua au comité consultatif des arts et manufactures, pour avoir son avis.

Ce dernier, après avoir inspecté l'établissement, répondit :

« Que l'emplacement était généralement favorable;
« — que par les vents d'est et de sud-est les voisins
« n'avaient rien à redouter de la fumée;—mais qu'il
« en serait peut-être autrement quand régneraient
« les vents d'ouest et de sud-ouest. »

Il concluait, en conséquence, à ce que l'usine fût provisoirement autorisée, *sous la condition* :

« 1° Que la hauteur des cheminées serait portée
« à six pieds;

« 2° Que jamais il n'y aurait plus de deux fours
« en activité;

« 3º Que la cuisson des briques et des carreaux se
« terminerait seulement pendant la nuit;

« 4° Enfin, qu'on appliquerait à tous les fours,
« dans le délai d'une année, les moyens qui avaient
« réussi complétement pour brûler la fumée de char-
« bon de terre. »

En transmettant au conseil d'Etat cet avis, qui avait reçu son assentiment, le ministre *proposait une autorisation temporaire de trois années*, à l'expiration desquelles les sieurs Duchemin seraient obligés de demander une prorogation.

Les opposants combattirent ces diverses propositions; ils firent observer notamment :

« Que l'avis du comité consultatif des arts et ma-
« nufactures *ne reposait sur aucune donnée positive;*
« que, dans le doute, il proposait tout simplement
« *de faire une expérience aux dépens des proprié-*
« *taires voisins*, tandis que le décret du 15 octobre
« 1810 ne permet la formation des établissements de
« deuxième classe, QU'APRÈS AVOIR ACQUIS LA CERTI-
« TUDE que les opérations qu'on y pratique *sont exé-*
« *cutées de manière à ne causer ni dommage ni in-*
« *commodité aux voisins.* »

La défense l'emporta ; le conseil d'État jugea qu'effectivement il n'y avait pas lieu d'autoriser l'usine des frères Duchemin ; et, en définitive, une ordonnance du 13 avril 1836 *rejeta leur pourvoi.*

48. — On aura remarqué, dans la réponse du ministre du commerce à la communication du comité du contentieux, que le ministre était d'avis d'accorder aux sieurs Duchemin une autorisation *temporaire de trois années.*

Là se présentait naturellement une question importante et sur laquelle la législation et la jurisprudence sont également muettes, celle de savoir si, en matière d'établissements dangereux, insalubres ou

incommodes, l'autorisation administrative peut *n'ê-
tre que temporaire et comporter une limitation de
temps déterminée*.

Il est fâcheux que le conseil d'État ne se soit pas
prononcé à cet égard; car la difficulté est de nature
à se reproduire plus d'une fois, et la solution en
est conséquemment d'un grand intérêt pour l'industrie.

Du reste, la question a été soulevée par M. de Cormenin, dans son traité du *Droit administratif;* et cet
habile écrivain, sans émettre une opinion bien tranchée, paraît néanmoins se ranger du côté de l'affirmative. Nous ne saurions mieux faire que de le
laisser lui-même exposer sa doctrine:

« L'autorisation de former un établissement insa-
« lubre ou incommode peut-elle être temporaire ou
« limitée à un certain nombre d'années? Cette faculté
« n'est expressément consacrée par aucune disposition
« du décret du 15 octobre 1810, ni des ordonnances
« postérieures; elle semble même en contradiction
« avec le droit de révocation établi par l'art. 12 de
« ce décret; et enfin les inconvénients de l'instabilité,
« du défaut de sécurité, de l'obstacle qu'elle appor-
« terait aux perfectionnements industriels sont de
« toute évidence.

« Ces inconvénients sont cependant balancés par
« quelques avantages, et notamment par celui de per-
« mettre, soit à l'industrie, soit à l'administration,
« d'étudier les procédés nouveaux qui seraient l'ob-
« jet de cette autorisation, afin d'arriver ainsi, à l'ex-

« piration du terme fixé, à un classement plus sûr et
« définitif.

« Au point de vue légal, on a d'ailleurs soutenu
« que le plus renferme le moins ; qu'ainsi, l'autorisa-
« tion pouvant être absolument refusée, peut être
« accordée pour un temps limité.

« C'est en ce sens que la pratique administrative
« s'est prononcée. Il est d'usage toutefois de commu-
« niquer au demandeur en autorisation la proposition
« de limitation ; son refus la rendrait sans effet ; et ce
« serait alors à l'administration à examiner si elle doit
« refuser toute autorisation, ou l'accorder illimitée.
« Il faut consulter sur cette question un avis *inédit*
« du conseil d'État, du 1ᵉʳ octobre 1835, portant :

« *Que lorsqu'un établissement insalubre ou incom-*
« *mode se trouve placé dans le voisinage d'une grande*
« *ville, on peut ne pas accorder une autorisation dé-*
« *finitive et perpétuelle, mais seulement limitée à*
« *quelques années.*

« Mais on doit faire part de cette condition au
« fabricant avant de statuer

« De cette jurisprudence nouvelle naîtront natu-
« rellement des questions également nouvelles. Par
» exemple, celui qui viendrait bâtir dans le voisinage
« d'un établissement ainsi autorisé, aurait-il le droit,
« à l'expiration du terme fixé, de s'opposer au renou-
« vellement temporaire ou définitif de cette autori-
« sation ?

« Les termes de l'art. 9 du décret du 15 octobre
« 1810 ne fournissent pas la solution de cette diffi-

« culté; car le système des autorisations temporaires
« n'était pas prévu par ce décret; et c'est précisément
« pour cela, qu'à notre sentiment, le droit d'opposi-
« tion *resterait ouvert.*

« Une faculté d'essai n'est pas un établissement
« définitif; une simple tolérance, sujette à révoca-
« tion, ne constitue, à l'égard de l'impétrant, ni des
« tiers surtout, aucun droit acquis (1). »

Revenons à l'affaire des sieurs Duchemin.

De ce que le conseil d'État ne leur accorda point
une autorisation *provisoire,* ainsi qu'en avait ouvert
l'avis le ministre du commerce, on ne doit pas se
hâter de conclure que, dans sa pensée, une limitation
de temps aurait été en désaccord avec l'esprit du décret du 15 octobre 1810.

Il est bien plus à présumer, ce nous semble, que
le refus absolu prononcé par l'ordonnance royale du
15 avril 1836 fut déterminé par cette seule considération, que le conseil d'Etat ne trouva pas, dans les circonstances de la cause, des motifs suffisants pour s'arrêter au moyen terme proposé par le ministre.

49. — Les précautions à prendre, pour mettre les
voisins à l'abri de toute atteinte, varient nécessairement suivant la nature de l'exploitation, les procédés employés par l'entrepreneur, et les conditions
particulières dans lesquelles se trouve l'emplacement
de l'usine.

---

(1) Cinquième édition, tom. 2, appendice, pag. 19.

10.

Il va sans dire que l'administration ne saurait être limitée dans ses prescriptions, et qu'à cet égard, les exigences de chaque localité forment seules la mesure de son pouvoir discrétionnaire.

Ainsi, le conseil de préfecture, statuant sur l'opposition des habitants du voisinage, est parfaitement le maître d'ajouter aux obligations que l'arrêté du préfet impose déjà au fabricant. Et si , en cause d'appel, tout cela ne paraît pas suffisamment rassurant au conseil d'État, rien ne l'empêche de renchérir encore sur le conseil de préfecture.

En 1822, le sieur Regny demandait à établir à Clichy, près Paris, une plomberie et une laminerie de plomb, qui devaient avoir pour moteur une pompe à feu, à cheminée fumivore de simple pression, selon le système de Wath et Botton.

Le conseil de salubrité était tout à fait favorable à l'établissement.

Néanmoins, sur l'opposition de quelques habitants du voisinage, le conseil de préfecture de la Seine refusa l'autorisation, par le motif *que les précautions imposées ne suffiraient pas pour détruire les incommodités résultant de la fumée et des évacuations de l'usine.*

Le sieur Regny se pourvut au conseil d'État.

On demanda l'avis du comité consultatif des arts et manufactures, qui répondit dans le même sens que le conseil de salubrité, en ajoutant toutefois diverses mesures de sûreté à celles qu'avait indiquées ce dernier.

En définitive, le conseil d'Etat ne crut pas devoir s'en tenir aux seules garanties proposées par le conseil de salubrité et par le comité des arts et manufactures; et, tout en accordant l'autorisation demandée, il imposa une série de conditions nouvelles à l'entrepreneur.

L'ordonnance royale est du 2 juillet 1823; elle porte :

« Considérant que les conditions proposées par le « conseil de salubrité ne donnaient pas une garantie « suffisante, et qu'ainsi le conseil de préfecture avait « été fondé à admettre les oppositions à l'établisse- « ment du sieur Regny ;

« Considérant que les nouvelles conditions propo- « sées par le comité consultatif des arts et manufac- « tures, et approuvées par notre ministre de l'inté- « rieur, font disparaître les inconvénients redoutés « par les opposants;

« Considérant néanmoins *que quelques-unes des- « dites conditions n'ont pas été assez explicitement « déterminées;*

ART. 1er. — L'arrêté du conseil de préfecture de « la Seine, du 22 novembre 1822, est réformé ainsi « qu'il suit.

« ART. 2. — L'établissement projeté par le sieur « Regny est autorisé aux conditions suivantes :

« 1° La cheminée de la pompe à feu aura au moins « trente mètres de hauteur et brûlera la fumée.

« 2° Si le sieur Regny emploie des fours à réver- « bères pour fondre le plomb, les cheminées desdits

« fours communiqueront avec la cheminée de la
« pompe à feu, sous la même condition de brûler les
« fumées.

« 3° Les fourneaux et ateliers seront placés à vingt
« mètres au moins des murs de l'enceinte de l'éta-
« blissement.

« 4° Il est interdit au sieur Regny de réduire l'oxyde
« de plomb dans ledit établissement.

« 5° Avant la mise en activité de la plomberie, il
« sera procédé par le conseil de salubrité à la re-
« reconnaissance des diverses parties de l'établisse-
« ment, et il en sera dressé procès-verbal.

« 6° En cas de contravention à l'une des conditions
« ci-dessus prescrites, le préfet de police demeure
« autorisé à suspendre la marche de l'atelier de plom-
« berie et de laminerie de plomb du sieur Regny,
« sans préjudice des dommages-intérêts réclamés par
« les tiers, et qui seront réglés par les tribunaux. »

50. — Cependant, pour que l'administration per-
mette la formation d'un établissement au prix de
certaines mesures de sûreté, il ne suffit pas que l'efficacité lui en soit parfaitement démontrée ; il faut
en outre qu'elle s'assure que ces mesures seront
ponctuellement exécutées, et que l'entrepreneur ne
pourra ni s'en affranchir ni les éluder impunément.

Les appréhensions que l'administration pourrait
concevoir à cet égard, soit à raison de la nature des
prescriptions, soit à raison de la situation de l'usine,
seraient pour elle un juste motif de refuser l'autorisation.

Une dame l'Evêque désirait établir un dépôt de cuirs verts, à Paris, dans la Petite-rue-Saint-Pierre.

Le conseil de préfecture, saisi de la demande, par suite de l'opposition d'un voisin, la rejeta, par cette considération : « qu'*il ne serait pas possible de* « *s'assurer* si les eaux seraient enlevées exactement, « et si les cuirs ne seraient tirés que des abattoirs. »

La dame l'Evêque interjeta appel. Elle s'attacha à prouver qu'il serait non-seulement possible, mais facile de savoir si les conditions qui lui auraient été imposées étaient exécutées. Elle déclarait, en outre, vouloir se soumettre à toutes les dispositions nouvelles que l'autorité jugerait à propos de lui prescrire.

En résultat, elle échoua néanmoins; une ordonnance royale du 23 juillet 1823 confirma le refus du conseil de préfecture en ces termes :

« Considérant qu'il résulte des rapports de l'ar-« chitecte-voyer et du conseil de salubrité que le dé-« pôt projeté ne pourrait être autorisé que sous la « condition de ne tirer les cuirs verts que des abat-« toirs, et de faire enlever, chaque jour, les eaux qui « proviendront desdits cuirs.

« Considérant que le conseil de préfecture *a eu de* « *justes raisons de croire qu'il ne serait pas possible* « *de faire observer lesdites conditions;*

« Art. 1er — La requête de la dame veuve l'Evê-« que *est rejetée.* »

51. — Nous trouvons le même principe appliqué depuis, et d'une manière plus explicite encore, s'il est possible, à un cas analogue.

Le préfet du Rhône avait refusé au sieur Poncet l'autorisation de construire une fabrique de noir d'ivoire dans la commune de Saint-Genis-Laval.

Devant le conseil d'Etat, le demandeur ne fut pas plus heureux, malgré un avis favorable du comité consultatif des arts et manufactures. L'ordonnance confirmative de l'arrêté du préfet est du 17 décembre 1828; elle porte :

« Considérant que la fabrique dont il s'agit, pour « n'être ni insalubre, ni incommode, devrait être « établie de manière :

« 1° Que la fumée fût brûlée dans le fourneau, et » qu'il ne s'exhalât de l'appareil aucune vapeur;

« 2°Qu'il n'y eût dans l'établissement, ou près des « habitations, que des dépôts d'os préalablement « desséchés, et seulement pendant les mois d'hiver;

« Que parmi ces conditions, celles de contenir les « vapeurs et de ne former que des dépôts d'os par— « faitement desséchés *paraissent d'une exécution très* « *difficile soit à constater, soit à maintenir.*

« ART. — 1ᵉʳ. La requête du sieur Poncet est re- « jetée. »

52. — Si, d'une part, il est loisible au préfet et au conseil de préfecture de mettre à l'autorisation d'un établissement toutes les conditions que leur semble commander l'intérêt public, il n'est pas moins cer- tain, d'autre part, que les obligations qui en résultent doivent être entièrement personnelles au fabricant, et ne sauraient jamais tomber à la charge d'un tiers.

Le sieur Grangé se proposait d'élever une briqueterie, dans la plaine de St-Michel, près de Marseille.

Un de ses voisins, le sieur Curet, propriétaire d'une buanderie, forma opposition; il se fondait sur l'impossibilité où il se trouverait de continuer le blanchissage du linge et des toiles, à côté d'un établissement d'où devait s'exhaler continuellement une épaisse fumée.

L'opposant ajoutait que son fermier et ses ouvrières *le menaçaient hautement de l'abandonner si la briqueterie venait à se former.*

En réponse à ces objections, le demandeur offrait de faire dans son usine différentes dispositions de nature à abriter complétement la buanderie; et de plus, *il prenait l'engagement de se charger du lavoir ainsi que de l'étendage, dans le cas où le fermier réaliserait sa menace de déserter le bail.*

Le conseil de préfecture, sur le renvoi qui lui fut fait de l'affaire, déclara que l'opposition était mal fondée, et qu'il y avait lieu d'autoriser l'exploitation, *aux conditions offertes par l'entrepreneur.*

A la date du 25 mai 1824, le préfet rendit un arrêté sur ces bases.

Le sieur Curet se pourvut au conseil d'Etat, qui annula l'arrêté du conseil de préfecture pour cause d'incompétence, et celui du préfet *pour excès de pouvoir;* l'ordonnance royale, datée du 2 août 1826, est ainsi conçue, en ce qui concerne l'annulation de l'arrêté du préfet : « Considérant que l'autorisation « n'a été accordée par le préfet qu'à la condition « imposée au sieur Grangé *de prendre à son compte*

« *le bail de la buanderie du sieur Curet,* dans le cas
« où, à raison du voisinage de la briqueterie, *le fer-*
« *mier de la buanderie se verrait dans l'obligation de*
« *quitter cet établissement ;*

« Considérant que le préfet avait le droit d'impo-
« ser au propriétaire de la briqueterie des condi-
« tions *dont l'exécution ne dépendait que de lui;*
« mais qu'il a excédé ses pouvoirs *en imposant au*
« *propriétaire de la buanderie l'obligation de recevoir*
« *un fermier qui ne serait pas de son choix ;*

« L'arrêté du préfet des Bouches-du-Rhône du 25
« mai 1324 *est annulé pour excès de pouvoir.* »

53. — Le pouvoir discrétionnaire dont l'administration dispose par rapport aux mesures de précaution à exiger des fabricants, dans l'intérêt de la salubrité et de la sûreté publique, implique naturellement le droit :

1º De restreindre l'autorisation à tel ou tel genre
de fabrication exclusivement ;

2º D'ordonner que l'usine restera suspendue durant un certain temps, à des époques déterminées;

3º D'interdire à l'entrepreneur la faculté de donner aucune extension à son établissement.

Le conseil d'Etat s'est, en effet, inspiré de ce
principe dans les quatre espèces suivantes, auxquelles il en a fait l'application la plus directe, et
qui ont chacune un cachet particulier.

1ᵉʳᵉ ESPÈCE. — Au mois de juin 1817, le préfet de

police autorisa les sieurs Riondel et Reigniez à former une teinturerie de chapeaux dans la rue du Roi-de-Sicile.

Les habitants du quartier ne tardèrent pas à se ressentir de ce fâcheux voisinage et en sollicitèrent l'éloignement.

A l'examen on reconnut que les précautions détaillées dans l'acte d'autorisation étaient insuffisantes, et le conseil de préfecture interdit l'établissement.

Les sieurs Riondel et Reigniez s'étant pourvus au conseil d'Etat, une ordonnance royale, datée du 31 mars 1819, infirma la décision et déclara que l'autorisation était maintenue, *avec défense seulement aux deux entrepreneurs de se livrer à l'opération du baguetage dans leur atelier.*

2ᵉ ESPÈCE. — Une sécherie de morue avait été autorisée par le préfet de la Gironde dans la commune de Talence, sous la condition qu'elle ne serait exploitée *que dans l'intervalle du 1ᵉʳ octobre au 1ᵉʳ mai de chaque année.*

L'entrepreneur interjeta appel de la restriction apportée à l'exercice de son industrie; il s'appuyait principalement sur ce que divers établissements de la même espèce, qui existaient dans la commune de Talence, étaient librement exploités pendant tout le cours de l'année.

Mais le conseil d'Etat ne tint aucun compte de l'objection, et l'arrêté préfectoral *fut confirmé* par une ordonnance du 6 mars 1835.

« Considérant, est-il dit dans les motifs, qu'il ré-
« sulte de l'instruction, et plus spécialement de l'avis
« du comité consultatif des arts et manufactures, que
« c'est avec raison que le préfet, en autorisant le sieur
« Lezian à établir une sécherie de morue sur sa pro-
« priété sise en la commune de Talence, *n'en a per-*
« *mis l'exploitation que du* 1ᵉʳ *octobre au* 1ᵉʳ *mai de*
« *chaque année.* »

3ᵉ ESPÈCE. — Le sieur Mathieu, habitant de la commune de Duvayé (Saône-et-Loire), ayant sollicité la permission d'y ouvrir un four à chaux, plusieurs propriétaires de vignes circonvoisines se rendirent opposants; ils objectaient que la qualité du raisin devait immanquablement s'altérer au contact de la fumée qu'exhalerait l'usine.

Le préfet prit sur le différend un terme moyen; il accorda l'autorisation, en astreignant le concessionnaire à ne point allumer son four *depuis le* 1ᵉʳ *juin jusqu'au* 1ᵉʳ *novembre.*

Le sieur Mathieu en appela au conseil d'Etat, qui, après avoir consulté le ministre de l'agriculture, et conformément à son avis, *réduisit à deux mois la durée périodique du chômage.*

Le dispositif de l'ordonnance royale, en date du 16 juin 1841, porte :

« ART. 1ᵉʳ. — L'arrêté du préfet de Saône-et-
« Loire, du 10 mars 1840, *est annulé.*

« ART. 2. — L'établissement du sieur Mathieu est

« autorisé, *à la condition que les travaux seront sou-*
« *mis à un chômage d'un mois, qui sera déterminé*
« *par le maire aux deux époques de floraison et de*
« *vendanges.* »

4ᵉ ESPÈCE. — Le sieur Achard avait établi dans la commune de Montmartre une raffinerie servant à la fabrication du sucre candi.

Par suite de l'opposition que formèrent quelques habitants, au nombre desquels figurait le maire, le préfet de police refusa l'autorisation.

En appel, le maire consentit à retirer son opposition, à la double condition que l'usine resterait constamment dans les proportions actuelles, et qu'il serait fait défense au sieur Achard de donner aucun développement nouveau à sa fabrication.

Le comité consultatif des arts et manufactures, ainsi que le ministre de l'intérieur, furent d'avis qu'il n'y avait nul inconvénient à délivrer l'autorisation *dans ces termes*.

De là, sous la date du 26 novembre 1828, l'ordonnance royale qui va suivre :

« Considérant qu'il est constaté par le rapport ci-
« dessus visé du comité consultatif des arts et ma-
« nufactures, que l'établissement du sieur Achard,
« tel que son état et sa consistance résulteraient dudit
« rapport, ne peut porter aucun préjudice aux pro-
« priétaires voisins, *mais qu'il pourrait en être au-*
« *trement si ledit établissement venait à prendre de*
« *l'extension;*

« ART. 1ᵉʳ. — L'arrêté pris par le préfet de po-
« lice, le 20 juin 1827, est annulé.

« ART. 2. — Le sieur Achard est autorisé, confor-
« mément à sa demande, à établir sur sa propriété;
« située barrière Pigale, une raffinerie de sucre brut,
« servant à la fabrication du sucre candi, et consi-
« stant:

« 1° En deux chaudières, chacune du diamètre
« *d'un mètre*, et d'une profondeur *de* 685 *milli-*
« *mètres*;

« 2° En deux bassins, chacun du diamètre *de* 842
« *millimètres*, et d'une profondeur de 180 *milli-*
« *mètres*. »

54 et 55. — Nous avons dit, en traitant des établissements de première classe, qu'aux termes de
l'ordonnance du 14 janvier 1815, les agents forestiers
devaient être consultés quand il s'agissait d'une
usine à feu ; et que l'autorisation était subordonnée à
leur opinion sur les conséquences que l'établissement
projeté pouvait avoir par rapport à la reproduction
des bois du canton et à la consommation des communes circonvoisins.

Une telle disposition semblait de nature à devoir
s'appliquer également à la deuxième classe; car dans
le nombre des établissements qu'elle embrasse, il en
est qui dépensent autant de combustible, au moins,
qu'aucune des exploitations rangées dans la première classe.

Cependant l'ordonnance de 1815 garde le silence le
plus complet à cet égard.

Or, le conseil d'Etat a pensé qu'il devait strictement s'en tenir à la lettre de l'ordonnance; il est donc passé en principe, non-seulement que les agents forestiers n'ont rien à voir à la formation des établissements de deuxième classe, mais, en outre, que les objections tirées de la cherté ou de la rareté du combustible ne doivent être d'aucun poids aux yeux de l'administration, qui, pour accorder ou refuser l'autorisation demandée, *ne doit jamais prendre conseil que des seules exigences de la salubrité et de la sûreté publique.*

La duchesse de Massa voulait établir une fabrique de faïence dans une commune du département de la Meurthe.

Par arrêté du 24 août 1827, le préfet lui en refusa l'autorisation, en se fondant *sur la rareté et le prix excessif du bois de chauffage,* dont excipaient les opposants.

Madame de Massa se pourvut au conseil d'Etat, et fit réformer cette décision; voici comment s'exprime l'ordonnance royale intervenue, le 26 octobre 1828, sur son recours :

« Considérant que les oppositions ci-dessus visées
« ne sont relatives *ni à l'insalubrité, ni à l'incommo-*
« *dité de l'établissement dont il s'agit;*

« Que le motif de refus d'autorisation énoncé dans
« l'arrêté du préfet de la Meurthe, *ne porte, ainsi que*
« *les oppositions, que sur la rareté et la cherté du*
« *combustible;*

« Que les réserves établies, dans l'intérêt de la re-

« production des bois dans le canton, et pour les be-
« soins des communes environnantes, par la nomen-
« clature jointe à l'ordonnance du 14 janvier 1815,
« *ne concernent que les établissements et ateliers de*
« *première classe, et non les établissements et ateliers*
« *de deuxième classe ;*

« Qu'il s'agit, dans l'espèce, d'une fabrique de
« faïence, genre d'établissement qui est rangé par
« ladite nomenclature dans la deuxième classe;

« ART. 1er. —L'arrêté du préfet de la Meurthe, du
« 4 août 1827, *est annulé.*

« ART. 2. — La duchesse douairière de Massa *est*
« *autorisée à établir la fabrique de faïence par elle*
« *projeté*e, à la charge de se conformer à toutes les
« mesures de police applicables à ces sortes d'établis-
« sements (1). »

56. — L'art. 151 du Code forestier dispose en ces
termes :

« Aucun four à chaux ou à plâtre, soit temporaire,
« soit permanent, aucune briqueterie et tuilerie, ne
« pourront être établis dans l'intérieur et à moins
« d'un kilomètre des forêts soumises au régime fo-
« restier, *sans l'autorisation du gouvernement.* »

Vient, après cela, l'ordonnance royale du 1er août
1827, concernant le mode d'exécution du Code forestier, et dont l'article 177 est ainsi conçu :

____

(1) V. dans le même sens, ordonnances royales des 4 juillet 1827
et 23 juin 1830.

« Les établissements et constructions mentionnés
« dans l'art. 151, du Code forestier *ne pourront être*
« *autorisés que par une ordonnance spéciale.*

« Lorsqu'il s'agira des fours à chaux ou à plâtre,
« des briqueteries et des tuileries dont il est fait men-
« tion dans cet article, il sera d'abord statué par
« nous sur la demande d'autorisation, sans pré-
« judice des droits des tiers et des oppositions qui
« pourront s'élever. — *Il sera ensuite procédé suivant*
« *les formes prescrites par le décret du* 15 *octobre* 1810
« *et par nos ordonnances des* 14 *janvier* 1815 *et* 29
« *juillet* 1818. »

Maintenant, comment obtenir l'autorisation dont
il s'agit?

Il résulte de la combinaison de l'art. 177 avec
l'art. 7, § 13, de la même ordonnance, que l'impétrant doit, par l'entremise du conservateur des
forêts de l'arrondissement, adresser sa demande au
directeur général de l'administration, qui la soumet
au Ministre des finances, sur le rapport duquel il est
définitivement statué par le roi.

En deux mots : Pour pouvoir construire un four
à chaux ou à plâtre près d'une forêt et à la distance
de moins d'un kilomètre, il faut au fabricant une
première autorisation, directement émanée du roi,
et exigée par l'art. 151 du Code forestier, *dans l'in-*
térêt de la conservation des bois; — après quoi, il lui
reste encore à remplir les formalités prescrites par
le décret de 1810 et l'ordonnance de 1815, *au point*

de vue de la salubrité publique et de la sûreté des habitants du voisinage.

Il est bien entendu, toutefois, que ces dispositions n'ont nul rapport aux bois qui sont la propriété d'un particulier; elles concernent uniquement ceux qui se trouvent soumis au régime forestier, c'est-à-dire ceux qui appartiennent *à l'Etat, aux communes,* ou *aux établissements publics.*

Voyons maintenant quelles sont, relativement à leur application, les lumières que fournit la jurisprudence.

Le sieur Ledormeur avait obtenu du préfet de l'Eure la permission d'ouvrir un four à briques dans la commune de Normanville, tout près d'un bois appartenant à Madame de Champigny.

Celle-ci forma opposition, *en se fondant sur les lois et règlements particuliers aux forêts.*

Elle succomba devant le conseil de préfecture, qui donna pour motif de sa décision « que les dispositions tant législatives que réglementaires invoquées par l'opposante regardaient seulement les fours à feu ouvert; *qu'elles étaient conséquemment sans application aux fours à briques, puisque le feu s'y trouve contenu et ne peut dès lors inspirer aucune crainte.*

Madame de Champigny interjeta appel, et s'en tint au système qu'elle avait développé devant les premiers juges.

Dans sa défense, l'intimé soutint que les ateliers insalubres ou incommodes étaient régis par une législation spéciale dont les dispositions devaient seules régler leur destinée ; que les briqueteries, rangées par le décret du 15 octobre 1810 dans la deuxième classe, peuvent par cela même être établies dans les lieux habités ; *qu'à plus forte raison elles pouvaient donc l'étre dans le voisinage d'un forét.*

En résultat, une ordonnance royale, du 6 janvier 1830, repoussa la prétention de l'appelante, en ces termes :

« Considérant que la dame de Champigny, en for-
« mant son opposition devant le conseil de préfecture,
« ne la fondait ni sur la proximité de son habitation,
« *ni sur les causes d'insalubrité ou d'incommodité pré-*
« *vues par les décret et ordonnance de* 1810 *et de*
« 1815 ;

« Qu'elle s'appuyait uniquement sur les lois rela-
« tives à l'administration des forêts, et spécialement
« sur l'art. 10, titre 2, de la loi du 6 octobre 1791 et
« sur les art. 148 et 151 du Code forestier, *dont l'ap-*
« *plication n'appartient pas aux conseils de préfec-*
« *ture* (1) ;

---

(1) Loi de 1791, art. 10. — « Toute personne qui aura allumé
« du feu dans les champs, plus près que 50 toises des maisons,
« *bois*, bruyères, etc., sera condamné à une amende égale à la va-
« leur de douze journées de travail, et paiera, en outre, le dom-
« mage que le feu aurait occasionné. Le délinquant pourra de plus,
« suivant les circonstances, être condamné à la détention de police
« municipale. »
Code forestier, art. 148. — « Il est défendu de porter ou allumer
« du feu dans l'intérieur et à la distance de 200 mètres des bois et
« forêts en général, sous peine d'une amende de 20 à 100 francs,

11.

« Que l'arrêté du préfet ne fait point obstacle à
« ce que la dame de Champigny se pourvoie devant
« les tribunaux pour l'application des lois ci-dessus
« mentionnées, s'il y a lieu ;

« ART. 1er. — L'arrêté du conseil de préfecture
« du département de l'Eure, en date du 6 mai 1828,
« *est annulé, pour cause d'incompétence.*

En 1835, un sieur Leray demanda l'autorisation
d'établir un four à chaux permanent sur le territoire
de la commune de Bréal, département d'Ille-et-Vilaine.

Le préfet, faisant droit à l'opposition des sieurs
Bazouin, Collet et Gaillard frères, *propriétaires d'un
bois voisin*, répondit par un refus, *auquel servait de
fondement l'art.* 151 *du Code forestier.*

Sur l'appel de l'entrepreneur, intervint, à la date
du 22 février 1838, une ordonnance royale dont la
teneur suit :

« Considérant que l'arrêté du préfet d'Ille-et-Vi-
« laine qui refuse l'autorisation, *est fondé sur les dis-
« positions prohibitives de l'art.* 151 *du Code forestier.*

« Que ces dispositions ne sont applicables qu'aux
« bois et forêts soumis au régime forestier ; *qu'elles
« ne peuvent, par voie d'analogie, être étendues aux
« bois et forêts appartenant à des particuliers.*

« ART. 1er. — L'arrêté susvisé du préfet du dépar-
« tement d'Ille-et-Vilaine *est annulé.*

« sans préjudice, en cas d'incendie, des peines portées par le Code
« pénal et de tous dommages et intérêts, s'il y a lieu. »

« ART. 2. — Le sieur Leray *est autorisé* à établir
« un four à chaux dans la commune de Bréal. »

Il résulte de ces deux décisions, non pas seulement
que les dispositions de l'art. 151 du Code forestier
ne sont pas applicables aux bois des particuliers, mais
encore, et cela est bien plus notable, que les opposants à l'autorisation d'une usine à feu ne peuvent
pas se prévaloir devant le conseil de préfecture, de
l'inexécution de ces dispositions, et qu'une opposition
de cette nature n'est pas recevable devant cette juridiction.

57. — Parmi les industries que comprend la seconde classe, il en est deux qui méritent de fixer
particulièrement l'attention, à raison surtout de
l'essor prodigieux qu'elles prennent de jour en jour;
nous voulons parler de la fabrication du gaz hydrogène et de l'emploi de la vapeur comme force motrice.

Gaz hydrogène.

58. — On a vu plus haut (1) qu'en 1823 l'autorisation accordée au sieur Pauwels pour former un
établissement de ce genre dans le faubourg Poissonnière, à Paris, lui avait été bientôt retirée, par le
motif que cette industrie, de création toute nouvelle,
n'était pas encore légalement classée.

Le sieur Pauwels se mit immédiatement en réclamation pour que la lacune signalée par le conseil

____

(1) N° 41.

d'État fût remplie ; le ministre de l'intérieur, auquel il s'adressa, commença par consulter le conseil de salubrité, le conseil supérieur des arts et manufactures, et l'Académie des sciences.

Partout, et dans le sein de l'Académie particulièrement, la question fut vivement controversée. Des physiciens, des chimistes du premier ordre opinèrent, avec l'insistance d'une conviction profonde, pour que la fabrication du gaz fût reléguée dans des lieux entièrement isolés.

Leur opinion ne prévalut pourtant pas. Elle influa puissamment toutefois sur les résolutions du pouvoir ; il est aisé d'en juger par la contexture même de l'ordonnance royale qui couronna l'instruction. Elle porte la date du 20 août 1824, et dispose dans les termes suivants :

« ART. 1er. — Tous les établissements d'éclairage « par le gaz hydrogène, tant les usines où le gaz se « fabrique, que les dépôts où il est conservé, *sont* « *rangés dans la seconde classe* des établissements « incommodes, insalubres ou dangereux ; et néan- « moins ils ne pourront être autorisés qu'en se con-. « formant aux mesures de précaution portées dans « l'instruction annexée à la présente ordonnance, « sans préjudice de celles qui pourront être ulté- « rieurement ordonnées, si l'utilité en est constatée « par l'expérience.

« ART. 2. — Les usines d'éclairage par le gaz hy- « drogène, seront constamment soumises à la sur- « veillance de la police.

L'instruction annoncée dans cette ordonnance, et qui en forme le complément obligé, est divisée en quatre paragraphes que nous allons reproduire.

« § Ier. — *Conditions à imposer pour tout ce qui a rapport*
« *à la première production du gaz.*

« 1° Les ateliers de distillation seront séparés des
« autres; ils seront couverts en matériaux incom-
« bustibles.

« 2° Les fabricants seront tenus d'élever jusqu'à
« 32 mètres les cheminées de leurs fourneaux; la
« disposition de ces fourneaux sera aussi fumivore
« que possible.

« 3° Il sera établi, au-dessus de chaque système de
« fourneau, un tuyau d'appel horizontal, communi-
« quant, d'une part, à la grande cheminée de l'usine,
« et, d'autre part, venant s'ouvrir au-dessus de
« chaque cornue au moyen d'une hotte de forme et
« de grandeur convenables : de telle sorte que la
« fumée, sortant de la cornue, lorsqu'on l'ouvre,
« puisse se rendre par la hotte et le tuyau d'appel
« horizontal dans la grande cheminée de l'usine.

« 4° Les cornues seront inclinées en arrière, de
« manière que le goudron liquide ne puisse se ré-
« pandre sur le devant, au moment du défour-
« nement.

« 5° Le coke embrasé sera reçu au sortir des cor-
« nues dans des étouffoirs placés le plus près possible
« des fourneaux. »

« § 2. — *Conditions à imposer pour que la condensation des*
« *produits volatils et l'épuration du gaz ne nuisent pas aux*
« *voisins.*

« 1° Il sera pratiqué, soit dans les murs latéraux,
« soit dans la toiture des ateliers de condensation et
« d'épuration, des ouvertures suffisantes pour y en-
« tretenir une ventilation continue, et qui soit in-
« dépendante de la volonté des ouvriers qui y sont
« employés. Dans la visite des appareils, on ne devra
« faire usage que de lampes de sûreté.

« 2° Les produits de la condensation et de l'épu-
« ration seront immédiatement transportés à la
« voirie dans des tonneaux bien fermés ; ou mieux
« encore, ils seront vidés, soit dans les cendriers
« des fourneaux, soit dans le charbon de terre qui se
« brûle dans les foyers. »

« § 3. — *Conditions à imposer pour éviter tout danger dans*
« *le service du gazomètre.*

« 1° Les cuves dans lesquelles plongent les gazo-
« mètres, seront toujours pratiquées dans le sol et
« construites en maçonnerie ; il sera placé à chaque
« citerne un tuyau de trop plein, afin d'empêcher
« que, dans aucun cas, l'eau s'élève au-dessus du
« niveau convenable.

« 2° Chaque gazomètre sera muni d'un guide ou
« axe vertical ; il sera suspendu au moyen de deux
« chaînes en fer, dont chacune aura été reconnue
« capable de supporter un poids au moins égal à
« celui du gazomètre.

« 3° Il sera adapté à chaque gazomètre un tube
« de trop-plein, destiné à l'écoulement du gaz qui
« pourrait y être produit par excès.

« 4° Les bâtiments dans lesquels seront établis les
« gazomètres, seront entièrement isolés, soit des au-
« tres parties de l'établissement, soit des habitations
« voisines. Il y sera pratiqué des ouvertures en tout
« sens et en assez grand nombre pour y entretenir
« une ventilation continue. Ils seront toujours sur-
« montés d'un paratonnerre, et l'on ne devra y
« faire usage que de lampes de sûreté. Ces bâti-
« ments seront, en outre, fermés à clé, et la garde
« de cette clé ne pourra être confiée qu'à un contre-
« maître habile et d'une fidélité éprouvée, et dans
« le cas seulement où le chef de l'établissement
« serait dans l'obligation de s'en dessaisir momen-
« tanément.

« § 4.— *Conditions à imposer aux fabricants qui com-*
« priment le gaz dans des vases portatifs.

« 1° Ces vases ne pourront être que de cuivre
« rouge, de tôle ou de tout autre métal très duc-
« tile, qui se déchire plutôt qu'il ne se brise sous
« une pression trop forte.

« 2° Ils seront essayés à une pression double de
« celle qu'ils doivent supporter dans le travail jour-
« nalier (1). »

---

(1) Le 20 décembre de la même année, il parut, à ce sujet, une
ordonnance de police dont les dispositions témoignent que l'admi-

L'ordonnance du 20 août 1824 avait à peine vu le jour, que le sieur Pauwels s'empressa de demander au préfet de police une nouvelle autorisation, qui lui

---

nistration sentait vivement toute la justesse des préventions qui avaient accueilli le nouveau système d'éclairage ; elles étaient d'ailleurs, pour le public, un gage rassurant de son active sollicitude à faire disparaître les causes réelles de danger ; il y est dit :

« Art. 1er. L'ordonnance du roi du 20 août 1824 et l'instruction y « annexée seront imprimées, publiées et affichées avec la présente « ordonnance ; elles seront notifiées, en outre, aux entrepreneurs « de chaque usine d'éclairage par le gaz, autorisée et actuellement « en activité. Ces entrepreneurs seront tenus de se conformer aux « différentes mesures et précautions prévues dans l'instruction pré-« citée, dans les délais qui leur seront fixés et ainsi qu'il leur sera « prescrit lors de la notification.

« Art. 2. Les deux chaînes au moyen desquelles chaque gazo-« mètre doit être suspendu, seront, aux termes du 2e alinéa du « 3e § de l'instruction, essayées, avant de pouvoir être employées, « en présence de la personne par nous désignée à cet effet.

« Art. 3. L'épreuve à faire subir, conformément au 2e alinéa du « 4e § de l'instruction, aux vases dans lesquels sera comprimé le gaz « destiné à être porté à domicile, sera faite également en présence « de la personne par nous désignée.—Chaque vase reconnu propre « au service sera marqué du timbre de la préfecture de police. — « Les essais seront renouvelés aux époques qui seront ultérieure-« ment déterminées.

« Art. 4. Les personnes qui se proposeront de former des éta-« blissements d'éclairage par le gaz, ainsi que les entrepreneurs des « usines actuellement en activité qui voudront établir de nouveaux « gazomètres, joindront à la demande en autorisation qu'ils doivent « nous adresser, le plan exact des lieux et des dispositions projetées, « avec l'indication du nombre des gazomètres, de leurs dimen-« sions, etc., etc.

« Art. 5. Aucune tranchée ne pourra être ouverte, pour placer « sous le sol de la voie publique les conduites destinées à la distri-« bution du gaz, qu'en vertu de notre permission et avec les précau-« tions qui seront prescrites dans l'intérêt de la libre circulation e t « de la sûreté publique. — Cette permission ne sera accordée aux « entrepreneurs, qu'autant qu'ils auront, aux termes du règlement

fut accordée par arrêté du 24 novembre de la même année.

De leur côté, les habitants du voisinage recommencèrent leur opposition devant le conseil de préfec-

---

« approuvé par le ministre de l'intérieur le 6 décembre 1821, préa-
« lablement obtenu du préfet de la Seine l'autorisation de placer
« leurs tuyaux dans la direction déterminée par ce magistrat.

« ART. 6. Les entrepreneurs seront également tenus de se pour-
« voir de notre permission pour ouvrir des tranchées à l'effet de re-
« nouveler les tuyaux de conduite, ou pour tous autres ouvrages qui
« ne pourront être terminés dans les quarante-huit heures. Ils pour-
« ront néanmoins pourvoir aux réparations accidentelles, en préve-
« nant le commissaire de police du quartier et en observant les pré-
« cautions qui leur seront indiquées par ce fonctionnaire.

« ART. 7. Les tuyaux de branchement destinés à conduire le gaz
« depuis la conduite principale jusqu'aux becs d'éclairage placés
« dans les établissements publics ou particuliers, les boutiques, ma-
« gasins et autres lieux, devront être isolés des murs, cloisons ou
« planchers qu'ils auront à traverser, au moyen d'un fourreau ou
« gaîne de fer, de fonte, de tôle, de plomb, ou de toute autre ma-
« tière d'une consistance suffisante, adhérent aux murs, cloisons ou
« planchers, et ouvert à ses deux extrémités, de manière que s'il
« se manifeste quelque fuite dans les branchements, le gaz ne puisse
« s'écouler dans les interstices de la maçonnerie et se loger dans
« quelque réduit fermé où il pourrait occasionner une explosion.
« Les parois du fourreau ne pourront être adhérentes au tuyau de
« branchement.

« ART. 8. Il est expressément défendu aux entrepreneurs, sous
« leur responsabilité personnelle, d'alimenter aucun nouveau bec de
« gaz dont le branchement ne serait pas disposé ainsi qu'il est pre-
« scrit par l'article précédent.

« ART. 9. Il leur est enjoint également, sous leur responsabilité,
« de cesser d'éclairer tous les établissements publics ou particuliers
« dont ils font actuellement le service, si, dans un délai de trois
« mois, à dater de ce jour, les branchements ne sont pas isolés
« comme il est prévu par l'art. 7.

« ART. 10. Il est prescrit aux entrepreneurs d'éclairage par le
« gaz comprimé dans des vases portatifs, de faire, à la préfecture de

ture qui, encore peu familiarisé avec la nature et l'é-
tendue de la juridiction que lui conférait, en pareil
cas, l'article 7 du décret de 1810, se déclara incompétent.

Les opposants se pourvurent au conseil d'Etat, tant
contre l'arrêté du conseil de préfecture que contre
celui du préfet de police. Ils demandaient, au prin-

« police, la déclaration des lieux qu'ils auront à éclairer, avant de
« livrer le gaz aux consommateurs, afin que chaque local où devront
« être placés les vases soit préalablement visité par le commissaire
« de la petite voirie, et que l'administration puisse ordonner l'exécu-
« tion des mesures reconnues nécessaires dans l'intérêt de la sûreté
« publique.

« Art. 11. Les entrepreneurs de chaque usine seront tenus de
« donner connaissance des noms et des demeures de tous leurs
« abonnés, et même communication de leurs registres, à toute ré-
« quisition de l'administration de la police, afin qu'elle puisse faire
« surveiller l'exécution des dispositions ordonnées par les quatre ar-
« ticles précédents.

« Art. 12. Les salles de spectacle et les théâtres publics éclairés
« par le gaz, seront, en outre, garnis de lampes d'Argant à double
« courant d'air, et contenues dans des manchons de verre. Ces lam-
« pes, dont le nombre et la disposition seront fixés, pour chaque
« théâtre, à raison des localités, seront tenues allumées pendant
« tout le cours des représentations.

« Art. 13. Les contraventions seront constatées et poursuivies
« devant les tribunaux compétents, indépendamment des mesures
« de police administrative auxquelles il serait nécessaire de re-
« courir.

« Art. 14. Les sous-préfets des arrondissements de Saint-Denis
« et de Sceaux, les maires des communes rurales du ressort de la
« préfecture de police, l'architecte commissaire de la petite voirie,
« les commissaires de police, le chef de la police centrale, les offi-
« ciers de paix et les chefs du service extérieur, sont chargés, cha-
« cun en ce qui le concerne, de tenir la main à l'exécution de la pré-
« sente ordonnance. »

cipal, que l'autorisation fût annulée ; subsidiairement, que lesieur Pauwels, qui, en dépit de l'ordonnance royale du 10 septembre 1823, n'avait pas
interrompu son exploitation un seul instant, fût contraint à remplir les obligations que lui imposait l'acte
de concession, et dont il n'avait tenu aucun compte.

Le conseil supérieur des arts et manufactures,
ainsi que le ministre de l'intérieur, donnèrent leur
avis.

Mais le comité du contentieux, ne trouvant pas
que l'affaire fût suffisamment instruite, chargea trois
de ses membres d'aller, en personne, s'assurer du
véritable état des choses, pour lui en faire un rapport circonstancié : c'étaient MM. *Héron-Devillefosse*,
Maillard, et *Tarbé de Vauclairs*, conseillers d'Etat.

Plus tard, les opposants, qu'on n'avait pas appelés à la vérification, réclamèrent une expertise contradictoire ; et, en l'autorisant, le comité du contentieux
nomma, pour la présider, une commission composée de trois maîtres des requêtes, MM. *Legrand*,
Beaunier et *Cordier*.

Les opposants désignèrent pour être leur expert
M. *Huyot*, architecte, membre de l'Académie des
sciences. Le sieur Pauwels lui donna pour contra-
dicteur M. *Péclet*, professeur au conservatoire des
arts et métiers.

Les deux experts, ne s'étant pas entendus sur tous
les points, dressèrent séparément leur procès-verbal;
et en dernière analyse, sur le rapport des trois commissaires délégués, le conseil d'Etat rendit sa décision,

qu'une ordonnance, en date du 11 novembre 1831, approuva dans les termes suivants :

« Considérant que l'arrêté du préfet de police, pris « en exécution de l'ordonnance royale de classement « des usines d'éclairage par le gaz hydrogène et de « l'instruction y annexée, contient toutes les dispo- « sitions nécessaires pour garantir le public et les « propriétaires voisins contre les inconvénients que « pourraient faire naître les établissements de ce « genre; qu'ainsi, l'opposition des héritiers Guyot « de Chenisot et consorts n'est pas fondée;

« Considérant néanmoins qu'en ce qui concerne « la construction des hottes et des tuyaux de tirage, « la compagnie d'éclairage ne s'est pas exactement « conformée aux prescriptions de l'art. 3 du 1ᵉʳ § de « l'instruction du 20 août 1824; mais qu'il résulte « de l'instruction de l'affaire que l'appareil exécuté « par cette compagnie *repose sur les mêmes principes* « *et offre les mêmes garanties; qu'ainsi il y a lieu de* « *le maintenir;*

« Considérant que la compagnie a également exé- « cuté les autres obligations qui lui étaient imposées;

« Considérant que c'est à la compagnie à suppor- « ter les dépens qui ont été occasionnés par les retards « qui proviennent de son fait;

« Aᴿᴛ. 1ᵉʳ. — L'arrêté du conseil de préfecture du « département de la Seine, du 12 novembre 1826, « est annulé dans la disposition qui renvoie les oppo- « sants à se pourvoir en première instance contre l'ar-

« rêté d'autorisation, et dans la disposition qui statue
« sur les dépens.

« **Art. 2.** — L'arrêté du préfet de police du 10
« novembre 1824 est confirmé; néanmoins les dis-
« positions des hottes et des tuyaux de tirage, dé-
« crites dans le procès-verbal de visite du 15 juin
« 1831, *seront maintenues telles qu'elles ont été*
« *exécutées.*

« **Art. 3.** — Les sieurs Breuart, Brunton, Pitté et
« compagnie, présentement aux droits de la compa-
« gnie Pauwels, sont condamnés en tous les dé-
« pens faits tant devant le conseil de préfecture que
« devant notre conseil d'Etat. »

La longue durée de l'instruction qui précéda cette
ordonnance, la solennité inaccoutumée qu'y déploya
le comité du contentieux, et, par dessus tout, les
fâcheuses préventions que souleva parmi les oracles
de la science l'entreprise du sieur Pauwels, sont
autant de faits caractéristiques, qui attestent hautement la gravité de la question sur laquelle le
conseil d'Etat était appelé à se prononcer.

Ils avertissent l'administration que, si les fabriques
de gaz hydrogène ne sont pas, de leur nature, taxa-
tivement bannies du voisinage des habitations, la
prudence lui fait au moins un devoir de ne les y
tolérer qu'avec une extrême réserve et moyennant
des précautions infinies.

59. — Le conseil d'Etat, au surplus, a montré de
nouveau, dans une occasion récente, que c'était

bien ainsi qu'il entendait l'application de l'ordonnance de classement du 20 août 1824.

Par un arrêté du 15 mai 1837, le préfet de police autorisa l'administration de l'imprimerie royale à faire construire, dans l'enceinte de cet établissement, des fourneaux pour la fabrication du gaz, et un gazomètre pour fournir à l'éclairage des bâtiments.

Quatre habitants d'une rue voisine formèrent opposition, en se fondant sur le danger d'un incendie, et obtinrent du conseil de préfecture un arrêté qui révoquait l'autorisation.

Le garde des sceaux déféra cette décision au conseil d'Etat; mais, malgré ses efforts, elle fut confirmée par une ordonnance royale du 20 août 1840, ainsi conçue :

« Considérant qu'il résulte de l'instruction que « l'établissement de fourneaux pour la fabrication du « gaz, et d'un gazomètre, sur un terrain dépendant « de l'imprimerie royale, présente du danger pour le « dépôt des archives du royaume; *que dès lors il n'y* « *a pas lieu de l'autoriser.*

« ART. 1er. — Les conclusions du rapport de notre « garde des sceaux, ministre de la justice, *sont reje-* « *tées*.

60. — Les ateliers destinés au grillage des tissus de coton par le gaz, ont été rangés dans la troisième classe, par une ordonnance du 9 février 1825, avec cette annotation : *peu d'inconvénient, l'opération se faisant en petit.*

Un fabricant de Rouen, nommé Catel, concluant des termes de l'ordonnance de classement qu'il n'y

avait aucune différence à faire entre les établissements de ce genre où le gaz se fabrique et ceux où
il ne se fabrique pas, sollicita et obtint du préfet de
la Seine-Inférieure l'autorisation d'établir une cornue
dans sa manufacture de tissus.

Sur l'opposition formée par le sieur Leboiteux et
consorts, le conseil de préfecture reconnut en principe, que les ateliers de grillage *où se fabrique le gaz
employé* au grillage des *tissus*, n'étaient pas ceux que
l'ordonnance de 1825 désigne pour être compris
la dans troisième classe. Mais attendu le peu d'importance de cette fabrication, il pensa que ce serait mettre à plaisir des entraves à l'industrie, que d'assujettir
ces ateliers aux mêmes formalités que les usines où se
fabrique le gaz destiné à l'éclairage; et en conséquence,
il déclara que l'autorisation était maintenue.

Les opposants se pourvurent au conseil d'Etat,
qui en jugea tout autrement. L'ordonnance approbative de sa délibération porte la date du 2 août 1836;
voici comment elle est conçue :

« Considérant que l'établissement du sieur Catel
« renferme une fabrique de gaz tiré du charbon
« avec cornue et gazomètre; que dès lors cet établis-
« sement rentre dans la seconde classe, et doit être
« soumis à toutes les conditions imposées aux établis-
« sements d'éclairage;

« ART. 1er. — L'arrêté du conseil de préfecture de
« la Seine-Inférieure, du 9 octobre 1831, et l'ar-
« rêté du préfet du même département, du 30 juin
« précédent, *sont annulés.*

Art. 2. — Le sieur Catel sera tenu de se confor-
« mer, pour son établissement, à toutes les mesures
« de précaution prescrites dans l'instruction annexée
« à l'ordonnance royale du 20 août 1824, pour les
« établissements d'éclairage par le gaz hydrogène. »

61. — Postérieurement à l'ordonnance royale du
20 août 1824 ci-dessus, l'industrie s'est enrichie d'un
ingénieux appareil, qui a pris le nom de son inven-
teur (*M. Lépine*), te avec lequel chacun peut, à volonté, fabriquer du gaz, lequel s'extrait alors de l'huile.

Lorsque ce gaz n'est fabriqué qu'au fur et à mesure de sa consommation, il ne peut jamais se produire en assez grande quantité pour compromettre la
sûreté de l'appareil et faire craindre des accidents.

Aussi, d'après une décision du ministre du commerce, en date du 9 août 1828, celui qui voulait faire
usage de l'appareil *Lépine*, n'avait d'autre formalité
à remplir, que d'en donner préalablement avis à la
préfecture de police, qui, de son côté, devait tout
simplement envoyer visiter le local, pour s'assurer
qu'il se prêtait bien à sa destination.

Mais on ne tarda pas à s'apercevoir que le procédé,
employé sur une plus grande échelle, présentait, à
beaucoup d'égards, les mêmes inconvénients que les
usines de gaz.

En conséquence, les appareils *Lépine*, appliqués
en grand, ont été assimilés aux établissements de
deuxième classe, par une nouvelle décision ministérielle du 31 décembre 1830.

Machines à vapeur.

62. — La législation particulière aux machines à vapeur a éprouvé beaucoup de variations.

Le décret du 15 octobre 1810 les rangea d'abord parmi les ateliers de deuxième classe, sous la dénomination de *pompes à feu*.

Plus tard, l'ordonnance royale du 14 janvier 1815 établit une distinction entre les pompes qui brûlent leur fumée et celles qui *ne la brûlent pas;* elle fit descendre les unes à la troisième classe, et comprit les autres dans la première.

Jusque-là on s'était uniquement occupé des machines à vapeur proprement dites, sans faire aucune mention *des chaudières* servant à élaborer la vapeur.

Cet oubli, d'autant plus inexplicable que ce sont précisément les chaudières qui recèlent le danger le plus grave, celui de l'explosion, fut réparé par une nouvelle ordonnance du roi, datée du 25 mars 1830, et dont l'article 1er est ainsi conçu :

« Toute chaudière destinée aux établissements pu-
« blics ou industriels, dans laquelle on doit produire
« de la vapeur à un degré de pression quelconque, et
« qui servira à la marche des machines, au chauffage
« à la vapeur, ou à tout autre usage, ne pourra être
« établie à demeure sur un fourneau de construction,
« qu'en vertu d'une autorisation obtenue dans les
« formes prescrites par le décret du 15 octobre 1810
« *pour les établissements de deuxième classe,* pour les

12.

« chaudières A HAUTE PRESSION ; et *de troisième classe,*
« pour les chaudières A BASSE PRESSION. »

Cette ordonnance , comme on le voit , modifiait sensiblement celle de 1815, en ce sens qu'il n'y avait plus à considérer désormais si une machine *brûlait ou ne brûlait pas sa fumée ;* la classification devait se régler uniquement sur le degré de la pression opérée par la vapeur : de sorte qu'elles appartenaient indistinctement à la *seconde classe* ou à la *troisième,* selon qu'elles étaient ou A HAUTE OU A BASSE PRESSION.

Ce nouvel ordre dans le classement des machines à vapeur a soulevé des objections sérieuses. On a fait observer qu'elles n'étaient pas moins sujettes à éclater les unes que les autres, soit qu'elles fussent à haute ou basse pression, et qu'il n'y avait conséquemment pas de raison plausible pour ne pas rendr communes aux secon des les mesures de précaution qu'on avait jugé prudent d'imposer aux premières.

« Qui ne sait, dit M. Arago, qu'au moment où
« l'accident arrive , toutes les chaudières sont à haute
« pression J'ajouterai qu'il ne paraît nullement éta-
« bli que les chaudières à pression élevée aient
« éclaté plus fréquemment que lés autres ; le contraire
« a même été soutenu par divers ingénieurs, au nom-
« bre desquels je puis citer MM. PERKINS, OLIVIER,
« EVANS, etc. (1). »

Le temps est venu en aide à ces observations et en

______

(1) Annuaire du bureau des longitudes, 1829, p. 201.

a, de jour en jour, démontré la justesse; si bien que le gouvernement a fini par s'y rendre.

Aujourd'hui, en vertu d'une dernière ordonnance, du 22 mai 1843, il n'y a plus de différence dans le régime légal des divers appareils; tous, à quelque degré de pression qu'ils fonctionnent, *rentrent également dans la deuxième classe,* et l'établissement en est soumis aux mêmes formalités.

La nouvelle ordonnance, qu'on pourrait appeler le code des machines à vapeur, a une grande importance. Il nous paraît toutefois inutile de la rapporter en entier ; nous nous bornerons à lui emprunter ses parties les plus saillantes, c'est-à-dire celles que le public a plus particulièrement intérêt à connaître.

TITRE II. — Section 1ʳᵉ.

Des Autorisations.

« Art. 4. — Les machines à vapeur et les chau-
« dières à vapeur, *tant à haute pression qu'à basse*
« *pression,* qui sont employées à demeure, partout
« ailleurs que dans l'intérieur des mines, ne pourront
« être établies qu'en vertu d'une autorisation déli-
« vrée par le préfet du département, conformément
« à ce qui est prescrit par le décret du 15 octobre
« 1810 pour les établissements insalubres et incom—
« modes *de la deuxième classe.*

« Art. 5. — La demande en autorisation sera
« adressée au préfet. Elle fera connaître : 1° la pres—
« sion maximum de la vapeur, exprimée en atmo-

« sphères et en fractions décimales d'atmosphères ,
« sous laquelle les machines à vapeur ou les chau-
« dières à vapeur devront fonctionner ; 2° la force de
« ces machines exprimée en chevaux (le cheval-vapeur
« étant la force capable d'élever un poids de 75 ki-
« logrammes à un mètre de hauteur, dans une se-
« conde de temps) ; 3° la forme des chaudières, leur
« capacité et celle de leurs tubes-bouilleurs, expri-
« mée en mètres cubes ; 4° le lieu et l'emplacement
« où elles devront être établies, et la distance où elles
« se trouveront des bâtiments appartenant à des tiers
« et de la voie publique ; 5° la nature du combus-
« tible que l'on emploiera ; 6° enfin le genre d'in-
« dustrie auquel les machines ou les chaudières
« devront servir. Un plan des localités et le dessin
« géométrique de la chaudière seront joints à la
« demande.

« ART. 6. — Le préfet renverra immédiatement la
« demande en autorisation, avec les plans, au sous-
« préfet de l'arrondissement, pour être transmis au
« maire de la commune.

« ART. 7. — Le maire procédera immédiatement
« à des informations *de commodo et incommodo*. La
« durée de cette enquête sera *de dix jours*.

« ART. 8. — Cinq jours après qu'elle sera terminée,
« le maire adressera le procès-verbal de l'enquête,
« *avec son avis*, au sous-préfet, lequel, dans un sem-
« blable délai, transmettra le tout au préfet, *en y*
« *joignant également son avis*.

« ART. 9. — Dans le délai de quinze jours , le

« préfet, après avoir pris l'avis de l'ingénieur des
« mines, ou, à son défaut, de l'ingénieur des ponts
« et chaussées, *statuera sur la demande en autorisa-*
« *tion*. L'ingénieur signalera, s'il y a lieu, dans son
« avis, les vices de construction qui pourraient de-
« venir des causes de danger, et qui proviendraient,
« soit de la mauvaise qualité des matériaux, soit de
« la forme de la chaudière, ou du mode de fonction
« de ses diverses parties. Il indiquera les moyens d'y
« remédier, si cela est possible.

« Art. 10. — L'arrêté par lequel le préfet autori-
« sera l'établissement d'une machine ou d'une chau-
« dière à vapeur, indiquera : 1° le nom du proprié-
« taire ; 2° la pression maximum de la vapeur, expri-
« mée en nombre d'atmosphères, sous laquelle la
« machine ou la chaudière devra fonctionner, et les
« numéros des timbres dont la machine ou la chau-
« dière aura été frappée, ainsi qu'il est prescrit ci-
« après, article 19 ; 3° la force de la machine expri-
« mée en chevaux ; 4° la forme et la capacité de la
« chaudière ; 5° le diamètre des soupapes de sûreté, la
« charge de ces soupapes ; 6° la nature du combustible
« dont il sera fait usage ; 7° le genre d'industrie au-
« quel servira la machine ou la chaudière à vapeur.

« Art. 11. — Le recours au conseil d'Etat est ou-
« vert au demandeur contre la décision du préfet
« qui aurait refusé d'autoriser l'établissement d'une
« machine ou chaudière à vapeur. S'il a été formé
« des oppositions à l'autorisation, les opposants pour-
« ront se pourvoir devant le conseil de préfecture

« contre la décision du préfet qui aurait accordé l'au-
« torisation, sauf recours au conseil d'Etat. Les déci-
« sions du préfet relativement aux conditions de sûreté
« que les machines ou chaudières à vapeur devront
« présenter, ne seront susceptibles de recours *que*
« *devant notre ministre des travaux publics.*

« ART. 12. — Les machines et chaudières à vapeur
« ne pourront être employées qu'après qu'on aura
« satisfait aux conditions imposées dans l'acte d'au-
« torisation.

« ART. 13. —L'arrêté du préfet sera affiché pendant
« un mois à la mairie de la commune où se trouve
« l'établissement autorisé. Il en sera, de plus, déposé
« une copie aux archives de la commune; il devra
« d'ailleurs être donné communication dudit arrêté
« *à toute partie intéressée qui en fera la demande.*

TITRE IV. — SECTION Ire.

Des Machines locomobiles.

« ART. 47. —Sont considérées comme locomobiles
« les machines à vapeur qui, pouvant être transpor-
« tées facilement d'un lieu dans un autre, *n'exigent*
« *aucune concstrution pour fonctionner à chaque sta-*
« *tion.*

« ART. 48. Les Chaudières et autres pièces de ces
« machines seront soumises aux épreuves et aux con-
« ditions de sûreté prescrites aux sections 2 et 3 du
« titre 2 de la présente ordonnance, sauf les excep-
« tions suivantes pour celles de ces chaudières qui

« sont construites suivant un système tubulaire. Les
« chaudières pourront être éprouvées sous une pres-
« sion double seulement de la pression effective. On
« pourra, quelle que soit la tension de la vapeur dans
« ces chaudières, remplacer le manomètre à air libre
« par un manomètre à air comprimé, ou même par
« un thermomanomètre, gradué en atmosphères et
« parties décimales d'atmosphères ; les indications de
« ces instruments devront être facilement lisibles et
« placées en vue du chauffeur. On pourra se dispen-
« ser d'adapter auxdites chaudières un flotteur d'a-
« larme, et il suffira qu'elles soient munies d'un tube
« indicateur en verre, convenablement paclé.

« ART. 49. Indépendamment des timbres relatifs
« aux conditions de sûreté, toute locomobile recevra
« une plaque portant le nom du propriétaire.

« ART. 50. Aucune locomobile ne pourra fonc-
« tionner à moins de cent mètres de distance de tout
« bâtiment, *sans une autorisation spéciale donnée*
« *par le maire de la commune.* En cas de refus, la
« partie intéressée pourra se pourvoir devant le
« préfet.

« ART 51. Si l'emploi d'une locomobile présente
« des dangers, soit parcequ'il n'aurait pas été satis-
« fait aux conditions de sûreté ci-dessus prescrites,
« soit parce que la machine n'aurait pas été entrete-
« nue en bon état de service, le préfet, sur le rapport
« de l'ingénieur des mines, ou à son défaut, de l'in-
« génieur des ponts et chaussées, *pourra suspendre*
« *ou même interdire l'emploi de cette machine.*

Section II.

Des Machines locomotives.

« Art. 52. — Les machines à vapeur locomotives
« sont celles qui, en se déplaçant par leur propre
« force, servent au transport des voyageurs, des mar-
« chandises, ou des matériaux.

« Art. 53.—Les dispositions de l'article 48 sont
« applicables aux chaudières et autres pièces de ces
« machines, sauf l'exception énoncée en l'article ci-
« après.

« Art. 54. — Les soupapes des machines locomo-
« tives pourront être chargées au moyen de ressorts
« disposés de manière à faire connaître, en kilo-
« grammes et en fractions décimales de kilogrammes,
« la pression qu'ils exerceront sur les soupapes.

« Art. 55. — Aucune machine locomotive ne
« pourra être mise en service, sans un permis de
« circulation délivré par le préfet du département
« où se trouve le point de départ de la locomotive.

« Art. 56. — La demande du permis contiendra
« les indications comprises sous les numéros 1 et 3
« de l'article 5 de la présente ordonnance, et fera
« connaître, de plus, le nom donné à la machine lo-
« comotive et le service auquel elle sera destinée. Le
« nom de la locomotive sera gravé sur une plaque
« fixée à la chaudière.

« Art. 57. — Le préfet, après avoir pris l'avis de
« l'ingénieur des mines, et, à son défaut, de l'ingénieur

« des ponts et chaussées, délivrera, s'il y a lieu, le
« permis de circulation.

« Art. 58. — Dans ce permis seront énoncés :
« 1° le nom de la locomotive et le service auquel elle
« sera destinée ; 2° la pression maximum (en nombre
« d'atmosphères) de la vapeur dans la chaudière et
« les numéros du timbre dont la chaudière et les cylin-
« dres auront été frappés ; 3° le diamètre des soupapes
« de sûreté ; 4° la capacité de la chaudière ; 5° le dia-
« mètre des cylindres et la course des pistons ; 6° en-
« fin, le nom du fabricant et l'année de la construc-
« tion.

« Art. 59. — Si une machine locomotive ne satis-
« fait pas aux conditions de sûreté ci-dessus prescri-
« tes, ou, si elle n'est pas entretenue en bon état de
« service, le préfet, sur le rapport de l'ingénieur des
« mines, ou à son défaut, de l'ingénieur des ponts et
« chaussées, *pourra en suspendre ou même en inter-*
« *dire l'usage.*

« Art. 60. — Les conditions auxquelles sera assu-
« jettie la circulation des locomotives et des convois,
« en tout ce qui concerne la sûreté publique, seront
« déterminées par arrêtés du préfet du département
« où sera situé le lieu du départ, après avoir entendu
« les entrepreneurs, et en ayant égard, tant aux ca-
« hiers des charges des entreprises, qu'aux disposi-
« tions des règlements d'administration publique
« concernant les chemins de fer.

TITRE V.

De la surveillance administrative.

« ART. 61. — Les ingénieurs des mines, et, à leur
« défaut, les ingénieurs des ponts et chaussées sont
« chargés, sous l'autorité des préfets, de la surveil-
« lance des machines et des chaudières à vapeur.

« ART. 62. — Ces ingénieurs donnent leur avis sur
« les demandes en autorisation d'établir des machines
« ou chaudières à vapeur, et sur les demandes de
« permis de circulation concernant les machines lo-
« comotives ; ils dirigent les épreuves des chaudières
« et des autres pièces contenant la vapeur ; ils font
« appliquer les timbres constatant les résultats de
« ces épreuves, et poinçonner les poids et les leviers
« des soupapes de sûreté.

« ART. 63. — Les mêmes ingénieurs s'assurent, au
« moins une fois par an, et plus souvent, lorsqu'ils en
« reçoivent l'ordre du préfet, que toutes les conditions
« de sûreté prescrites sont exactement observées. Ils
« visitent les machines et chaudières à vapeur ; ils en
« constatent l'état, et ils provoquent la réparation et
« même la réforme des chaudières et autres pièces,
« que le long usage ou une détérioration acciden-
« telle leur feraient regarder comme dangereuses. Ils
« proposent également de nouvelles épreuves, lors-
« qu'ils les jugent indispensables pour s'assurer que
« les chaudières et les autres pièces conservent une
« force de résistance suffisante, soit après un long

« usage, soit lorsqu'il y aura été fait des changements
« ou réparations notables.

« ART. 64. — Les mesures indiquées dans l'article
« précédent sont ordonnées, s'il y a lieu, par le pré-
« fet, après avoir entendu les propriétaires , lesquels
« pourront d'ailleurs réclamer de nouvelles épreuves,
« lorsqu'ils les jugeront nécessaires.

« ART. 65. — Lorsque par suite de demandes en
« autorisation d'établir des machines ou des chau-
« dières à vapeur , les ingénieurs des mines ou des
« ponts et chaussées auront fait, par ordre du préfet,
« des actes de leur ministère, de la nature de ceux qui
« donnent droit aux allocations établies par l'art. 89
« du décret du 18 novembre 1810 , et par l'art. 73 du
« décret du 7 fructidor an 12 , ces allocations *seront*
« *fixées et recouvrées dans les formes déterminées par*
« *lesdits décrets.*

« ART. 66. — Les autorités chargées de la police
« locale exerceront une surveillance habituelle sur
« les établissements pourvus de machines ou de
« chaudières à vapeur.

TITRE VI.

Dispositions générales.

« ART. 67. — Si, à raison du mode particulier de
« construction de certaines machines ou chaudières
« à vapeur, l'application à ces machines ou chau-
« dières d'une partie des mesures de sûreté prescrites
« par la présente ordonnance se trouvait inutile, le

« préfet, sur le rapport des ingénieurs, pourra auto-
« riser l'établissement de ces machines et chaudières,
« en les assujettissant à des conditions spéciales. Si,
« au contraire, une machine ou chaudière paraît
« présenter des dangers d'une nature particulière, et
« s'il est possible de les prévenir par des mesures que
« la présente ordonnance ne rend point obligatoires,
« le préfet, sur le rapport des ingénieurs, pourra
« accorder l'autorisation, sous les conditions qui se-
« ront reconnues nécessaires. Dans l'un et l'autre cas,
« les autorisations données par le préfet seront sou-
« mises à l'approbation de notre ministre des travaux
« publics.

« ART. 68. — Lorsqu'une chaudière à vapeur sera
« alimentée par des eaux qui auraient la propriété
« d'attaquer d'une manière notable le métal de cette
« chaudière, la tension intérieure de la vapeur ne
« devra pas dépasser une atmosphère et demie, et la
« charge des soupapes sera réglée en conséquence.
« Néanmoins l'usage des chaudières contenant la va-
« peur sous une tension plus élevée sera autorisé,
« lorsque la propriété corrosive des eaux d'alimenta-
« tion sera détruite, soit par l'addition de substances
« neutralisantes, soit par tout autre moyen reconnu
« efficace. Il est accordé un délai d'un an, à dater de
« la présente ordonnance, aux propriétaires de ma-
« chines à vapeur alimentées par des eaux corrosives,
« pour se conformer aux prescriptions du présent
« article. Si, dans ce délai, ils ne s'y sont pas confor-
« més, l'usage des appareils sera interdit par le
« préfet.

« ART. 69. — Les propriétaires et chefs d'établis-
« sement veilleront : 1° à ce que les machines et chau-
« dières à vapeur et tout ce qui en dépend soient en-
« tretenus constamment en bon état de service ; 2° à
« ce qu'il y ait toujours près des machines et chau-
« dières des manomètres de rechange, ainsi que des
« tubes indicateurs de rechange, lorsque ces tubes
« seront au nombre des appareils employés pour indi-
« quer le niveau de l'eau dans les chaudières ; 3° à ce
« que lesdites machines et chaudières soient chauffées,
« manœuvrées et surveillées suivant les règles de l'art.
« Conformément aux dispositions de l'art. 1384 du
« Code civil, *ils seront responsables des accidents et*
« *dommages résultant de la négligence ou de l'inca-*
« *pacité de leurs agents.*

« ART. 70. — Il est défendu de faire fonctionner les
« machines et les chaudières à vapeur à une pression
« supérieure au degré déterminé dans les actes d'au-
« torisation, et auquel correspondront les timbres
« dont ces machines et chaudières seront frappées.

« ART. 71. — En cas de changement ou de répara-
« tions notables qui seraient faites aux chaudières ou
« aux autres pièces passibles des épreuves, *le proprié-*
« *taire devra en donner avis au préfet,* qui ordonnera,
« s'il y a lieu, de nouvelles épreuves, ainsi qu'il est
« dit aux art. 63 et 64.

« ART. 72. — Dans tous les cas d'épreuves, les ap-
« pareils et la main-d'œuvre seront fournis par les
« propriétaires des machines et chaudières.

« ART. 73. — Les propriétaires de machines ou

« chaudières autorisées seront tenus d'adapter aux-
« dites machines et chaudières *les appareils de sûreté*
« *qui pourraient être découverts par la suite et qui*
« *seraient prescrits par des règlements d'administra-*
« *tion publique.*

« ART. 74. — En cas de contravention aux dispo-
« sitions de la présente ordonnance, les permission-
« naires *pourront encourir l'interdiction de leurs ma-*
« *chines ou chaudières, sans préjudice des peines et*
« *dommages et intérêts qui seraient prononcés par les*
« *tribunaux.* Cette interdiction sera prononcée par
« arrêté des préfets, sauf recours à notre ministre des
« travaux publics. *Ce recours ne sera pas suspensif.*

« ART. 75. — En cas d'accident, l'autorité chargée
« de la police locale se transportera, sans délai, sur
« les lieux, et le procès-verbal de la visite sera trans-
« mis au préfet, et, s'il y a lieu, au procureur du roi.
« L'ingénieur des mines, ou, à son défaut, l'ingénieur
« des ponts et chaussées, se rendra aussi sur les lieux,
« pour visiter les appareils à vapeur, en constater
« l'état et rechercher la cause de l'accident. Il adres-
« sera, sur le tout, un rapport au préfet. En cas d'ex-
« plosion, les propriétaires d'appareils à vapeur ou
« leurs représentants ne devront ni réparer des
« constructions, ni déplacer ou dénaturer les frag-
« ments de la chaudière ou machine rompue, *avant*
« *la visite et la clôture du procès-verbal de l'ingénieur.*

« ART. 76. — Les propriétaires d'établissements
« aujourd'hui autorisés se conformeront, dans le
« délai d'un an, à compter de la publication de la

« présente ordonnance, aux prescriptions de la sect. 3
« du tit. 2, art. 22 à 32 inclusivement. Quant aux dis-
« positions relatives à l'emplacement des chaudières,
« énoncées dans la section 4 du même titre, art. 33 à
« 43 inclusivement, les propriétaires des établisse-
« ments existants qui auront accompli toutes les obli-
« gations prescrites par les ordonnances des 29 oc-
« tobre 1823, 7 mai 1828, 23 septembre 1829 et
« 25 mars 1830, sont provisoirement dispensés de s'y
« conformer. Néanmoins, quand ces établissements
« seront une cause de danger, le préfet, sur le rap-
« port de l'ingénieur des mines, ou, à son défaut, de
« l'ingénieur des ponts et chaussées, et après avoir
« entendu le propriétaire de l'établissement, pourra
« prescrire tout ou partie des mesures portées en
« la présente ordonnance, dans un délai dont le
« terme sera fixé suivant l'exigence des cas.

« ART. 77. —Il sera publié par notre ministre se-
« crétaire d'Etat au département des travaux publics
« une nouvelle instruction sur les mesures de précau-
« tion habituelle à observer dans l'emploi de ces
« machines et des chaudières à vapeur. Cette instruc-
« tion sera affichée à demeure dans l'enceinte des
« ateliers.

« ART. 78. — L'établissement et la surveillance
« des machines et appareils à vapeur qui dépendent
« des services spéciaux de l'Etat, sont régis par des
« dispositions particulières, sauf les conditions qui
« peuvent intéresser les tiers, relativement à la sûreté

« et à l'incommodité, *et en se conformant aux pre-*
« *scriptions du décret du* 15 *octobre* 1810.

« ART. 79. — Les attributions données aux préfets
« des départements par la présente ordonnance, *se-*
« *ront exercées par le préfet de police* dans toute
« l'étendue du département de la Seine, et dans les
« communes de Saint-Cloud, Meudon et Sèvres, du
« département de Seine-et-Oise.

« ART. 80. — Les ordonnances royales des 29
« octobre 1823, 7 mai 1828, 23 septembre 1829,
« 25 mars 1830 et 22 juillet 1839, concernant les
« machines et chaudières à vapeur, *sont rappor-*
« *tées* (1). »

63. — On vient de voir quelles sont, sous l'empire
de l'ordonnance de 1843, les formalités à remplir
pour l'établissement des machines et des chaudières
à vapeur,—les précautions indispensables à prendre,
dans l'intérêt de la sûreté publique,—l'incessante surveillance commandée aux agents de l'autorité locale,
—et finalement, l'énorme responsabilité qu'assu-
ment sur eux les entrepreneurs.

Il nous reste une étude non moins importante à
faire encore à ce sujet : c'est celle des contestations
qu'à fait naître jusqu'à présent l'exploitation de cette
merveilleuse branche d'industrie, et de la part que
le conseil d'Etat a faite, en définitive, aux préten

---

(1) Duvergier, *Collection des lois, décrets,* etc., année 1843,
p. 449 et suivantes.

tions opposées des fabricants, de l'administration, et des tiers intéressés.

64. — Le premier débat qui s'est ouvert a porté sur le point de savoir si *le bruit* d'une machine à vapeur est pour les voisins un moyen légitime d'opposition.

Le sieur Selligue, imprimeur à Paris, avait établi dans ses ateliers une machine à vapeur, dont le bruit continuel incommodait deux voisins, les sieurs Fossard et Gallois.

Ils formèrent opposition à l'arrêté du préfet de police qui avait autorisé l'établissement, et le conseil de préfecture fit droit à leurs plaintes par une décision du 20 avril 1828, ainsi motivée :

« Considérant que, si l'industrie mérite toute fa-
« veur, ce ne peut être qu'autant qu'elle peut s'exer-
« cer sans nuire à autrui ;

« Considérant qu'il est constant que les presses
« mues par la machine à vapeur établie par le sieur
« Selligue, produisent un bruit et des secousses con-
« tinuelles qui se font ressentir d'une manière insup-
« portable, jour et nuit, dans l'appartement qu'oc-
« cupe le sieur Gallois, et par conséquent nuisent au
« repos, à la santé et à l'usage du droit des voisins ;

« Qu'il en doit résulter aussi une incommodité
« pour d'autres, et notamment pour le sieur Fossard,
« autre propriétaire voisin, qui a adhéré à la plainte
« du sieur Gallois ;

« Que dès lors, la machine à vapeur et les presses
« qu'elle fait mouvoir *doivent être interdites*. »

13.

Le sieur Selligue en appela au conseil d'Etat.

Là il soutint que le conseil de préfecture avait excédé ses pouvoirs. L'administration, disait-il, a épuisé sa mission, en déclarant que la machine litigieuse ne pouvait nuire aux voisins, *ni sous le rapport de la fumée, ni sous le rapport de l'explosion et de l'incendie.* Quant à l'incommodité qui pouvait résulter *du bruit,* c'était une question à part, *dont l'application était réservée aux tribunau x*

En résultat, ce système fut accueilli par une ordonnance du 8 novembre 1829 ; elle porte :

« Considérant que les machines à feu à haute pres
« sion n'ont été classées au nombre des établisse
« ments dangereux, insalubles et incommodes, *que*
« *sous le rapport de la fumée et des dangers d'explo*
« *sion et d'incendie;* que dès lors, l'incommodité ré
« sultant du bruit produit par la machine, *n'était*
« *pas au nombre des motifs d'opposition susceptibles*
« *d'être portés devant le conseil de préfecture;*

« Art. 1er. — L'arrêté du conseil de préfecture du
« département de la Seine, du 20 avril 1828, *est*
« *annulé.* »

Une semblable décision est-elle en parfaite harmonie avec les principes? Il faut bien le dire, nous ne le pensons pas.

Pour qu'un établissement industriel puisse être toléré auprès des habitations, ce n'est pas assez qu'il ne soit ni *dangereux,* ni *insalubre;* le décret du 15 octobre 1810 exige, en outre, que l'exploitation en soit organisée de manière *à ne causer aucune incommodité aux voisins*.

La règle est générale, absolue, et s'applique indistinctement à toutes les branches d'industrie comprises dans la deuxième classe.

Or, conçoit-on rien de plus incommode qu'une mécanique fonctionnant de manière *à produire un bruit insupportable et des secousses continuelles, qui troublent, jour et nuit, le repos des voisins et compromettent leur santé*?

Telle était pourtant, d'après les informations recueillies et constatées par le conseil de préfecture, la machine à vapeur dont se plaignaient les sieurs Gallois et Fossard.

Leur opposition était donc parfaitement fondée; de sorte qu'en l'accueillant, et en révoquant la permission accordée au sieur Selligue par le préfet de police, le conseil de préfecture n'avait fait qu'appliquer à cet acte les dispositions littérales du décret de 1810.

Le conseil d'Etat prétend que les machines à vapeur n'ont été classées *que sous le rapport de l'inconvénient de la fumée et du danger de l'explosion et de l'incendie !*

Le fait est qu'il n'y a pas un mot de cela dans l'ordonnance de classement du 29 octobre 1823, et qui se réfère tout simplement au décret organique du 15 octobre 1810.

Le sieur Selligue se fondait sur ce que, dans le tableau général des ateliers dangereux ou insalubres, *la fumée et le danger de l'explosion figurent seuls parmi les motifs qui ont déterminé le classement des machines à vapeur.*

Mais qu'est-ce donc que ce tableau général ? Rien autre chose qu'une table alphabétique destinée à faciliter les recherches de celui qui le consulte, en lui indiquant sommairement l'objet des diverses ordonnances dont se compose le système de la législation sur la matière.

Cette table, à l'article des machines à vapeur, ne fait mention que du danger de *l'explosion* et du désagrément de *la fumée ;* d'accord.

Mais s'ensuit-il , qu'au moyen de la satisfaction donnée sur ces deux points aux voisins, ils doivent passer condamnation sur tout le reste ? Évidemment non, ou bien le décret du 15 octobre 1810 ne serait plus qu'une lettre morte.

L'ordonnance rendue en faveur du sieur Selligue vient elle-même en aide à notre opinion, quand elle pose en fait que les machines à vapeur n'ont été classées qu'à raison de *la fumée,* du danger de *l'explosion* et de L'INCENDIE.

Il faut savoir, en effet, que, dans le tableau général de classement, *il n'est pas plus question de l'incendie que du bruit.*

Or, si, de l'aveu du conseil d'État, *le danger de l'incendie* est néanmoins, pour les habitants du voisinage, un motif légitime de s'opposer à l'établissement d'une machine à vapeur, il n'y a pas de raison pour qu'il en soit autrement de *l'incommodité causée par le bruit ;* car on ne saurait rien dire de l'un, qui ne s'applique parfaitement à l'autre.

Nous croyons, pour nous résumer, que l'ordonnance royale du 8 novembre 1829 est allée trop loin en proclamant d'une manière absolue que, lorsqu'il s'agit de machines à vapeur, l'administration ne doit pas s'arrêter au moyen d'opposition tiré du bruit qu'elles produisent.

A notre avis, le mérite d'une opposition ainsi motivée dépend uniquement de la gravité du mal : c'est-à-dire du point de savoir si le bruit dont se plaignent les voisins est assez intense pour leur causer une véritable incommodité, dans le sens du décret de 1810 ; auquel cas , l'administration est certainement en droit de refuser à l'entrepreneur l'autorisation qu'il demande, ou de la lui retirer.

Pendant que nous tracions ces lignes, elles recevaient d'avance une sanction formelle de la part du conseil d'Etat, appelé à se prononcer une seconde fois sur une semblable question ; voici dans quelles circonstances :

Par arrêté du préfet de police, du 20 septembre 1842, les sieurs Béthune et Plon, imprimeurs à Paris, avaient obtenu l'autorisation de placer dans leur établissement, rue Saint-Georges, une machine à vapeur de la force de treize chevaux, affectée à l'impression du journal *la Presse.*

La machine ne fut pas établie dans les six mois, ainsi que le veut le décret organique du 15 octobre 1810. En conséquence, par suite de l'opposition

de divers voisins, et après une information contradictoire, la permission fut révoquée.

Le nouvel arrêté préfectoral reposait sur ce motif,
qui faisait la principale base de l'opposition : « Que
« la machine à vapeur augmenterait *le bruit* déjà fort
« incommode produit par les presses. »

Les sieurs Béthune et Plon se pourvurent au conseil
d'Etat ; ils s'appuyaient particulièrement sur l'ordonnance royale rendue le 8 novembre 1829 en faveur de l'imprimeur *Selligue*, et qui avait posé en
principe que *le bruit* d'une machine à vapeur *ne
constitue pas un motif suffisant pour en empêcher
l'établissement.*

Le comité consultatif des arts et manufactures,
ainsi que le ministre du commerce se prononcèrent
pour le maintien de cette jurisprudence.

Mais l'ingénieur en chef des mines, la commission
centrale des machines à vapeur, et le ministre des
travaux publics, exprimèrent une opinion contraire,
à laquelle le conseil d'Etat finit par se rallier lui-
même.

L'ordonnance royale qui s'ensuivit est du 14 décembre 1844; elle porte :

« Considérant que les établissements de la deuxième
« classe ne peuvent être autorisés, qu'autant qu'on a
« acquis la certitude qu'ils ne pourront *ni incommo-*
« *der les propriétaires du voisinage,* ni leur causer des
« dommages;

« Considérant qu'il résulte de l'instruction qu'une
« machine à vapeur, dans les ateliers d'imprimerie

« des sieurs Béthune et Plon, présenterait, à raison de
« l'exiguïté du local et de sa position contiguë avec
« les propriétés voisines , des conditions de danger *et*
« *d'incommodité telles qu'il n'y a pas lieu de l'au-*
« *toriser.*

   « La requête des sieurs Béthune et Plon *est rejetée.* »

65. — En thèse générale , quels que soient les
moyens d'opposition articulés contre l'établissement
d'une machine à vapeur, l'administration ne saurait,
en bonne justice, les admettre et s'en faire un motif
pour refuser l'autorisation qu'on lui demande , s'il
est constant, qu'au prix de certaines prescriptions
imposées à l'entrepreneur , les dangers et les inconvénients de l'exploitation pourraient être facilement
combattus et neutralisés.

En 1837, les sieurs Liboreau et compagnie , pro-
propriétaires d'une filature hydraulique dans les environs de Nantes , demandèrent au préfet l'autorisation d'y établir une pompe à feu de la force de quinze
chevaux.

Elle fut refusée, à la sollicitation de quelques voisins, par le motif « que la manufacture se trouvait au
« pied d'un coteau ; de sorte qu'il était impossible de
« donner assez d'élévation à la cheminée, pour mettre
« les habitations situées sur la pente du coteau à l'abri
« des atteintes de la fumée. »

Devant le conseil d'Etat, où ils se pourvurent, les
sieurs Liboreau se firent fort d'ôter aux habitants du
voisinage tout juste motif de crainte ; ils déclarèrent,
en conséquence , prendre le double engagement de

porter leur cheminée à une hauteur telle que personne ne pût être incommodé par la fumée, et d'y
adapter un appareil fumivore.

Le ministre des travaux publics fut consulté; et
après avoir pris l'avis du comité consultatif des arts
et manufactures, il répondit : « que les inconvénients
« auxquels pouvaient se trouver exposés les voisins
« de l'établissement projeté ne lui paraissaient pas
« assez graves pour balancer le tort qu'un refus d'au-
« torisation ferait à l'industrie de la compagnie Li-
« boreau , au grand détriment de la population ou-
« vrière de la commune. » Par suite, il concluait
à l'annulation de l'arrêté préfectoral , *tout en propo-
sant diverses mesures, propres à concilier l'intérêt des
opposants avec celui des usiniers.*

Le conseil d'Etat adopta ces conclusions qui firent
la base d'une ordonnance royale , en date du 5 septembre 1838, dont les dispositions sont utiles à connaître. Les voici :

« Considérant qu'il résulte de l'instruction que
« l'autorisation sollicitée par les sieurs Liboreau
« peut, *à certaines conditions*, leur être accordée,
« sans qu'il en naisse de dommage pour les proprié-
« tés voisines de leur établissement;

« Art. 1ᵉʳ. — L'arrêté du préfet de la Loire-infé-
« rieure, du 21 mars 1837, *est annulé.*

« Art. 2. — Les sieurs Liboreau et compagnie sont
« autorisés à établir dans leur propriété une machine
« de la force de quinze chevaux , à la charge par eux
« d'élever la cheminée de ladite machine à une hau-

« teur de 25 mètres et de faire usage d'un procédé fu-
« mivore qui sera reconnu par notre ministre du com-
« merce et des travaux publics comme le plus propre
« à brûler la fumée. Ils seront tenus, en outre :

« 1° D'afficher dans l'enceinte du lieu où seront
« les chaudières, et de placer sous les yeux du chauf-
« feur, l'instruction du 19 mars 1834;

« 2° D'ouvrir un registre où seront consignées les
« observations de l'ingénieur des mines, à chacune
« de ses visites; de faciliter l'examen de l'appareil, et
« de faire éprouver de nouveau, et à leur frais, les
« chaudières et le cylindre, quand l'ingénieur le ju-
« gera nécessaire.

« 3° Il seront soumis enfin à toutes les conditions
« de sûreté prescrites par les lois, ordonnances et rè-
« glements intervenus sur le fait des chaudières et
« machines à vapeur. »

Voilà comment l'administration supérieure s'applique à tenir la balance entre deux intérêts rivaux;
attentive à écarter les entraves que l'égoïsme et les
préjugés apportent trop souvent aux progrès de l'industrie, elle ne montre pas moins de sollicitude à
protéger la propriété privée et la sûreté des personnes
contre les hasards que pourrait quelquefois leur
faire courir l'inexpérience ou la témérité des fabricants.

66. — Pour achever le compte des décisions intervenues sur les machines à vapeur, il nous reste à en
faire connaître trois. Mais il importe que l'on sache
qu'elles ont été rendues sous l'empire de l'ordon-

nance du 25 mars 1830, et qu'elles sont relatives à des machines à basse pression rangées par cette ordonnance dans la troisième classe.

Ces décisions, bien qu'elles ne puissent plus être invoquées à titre de précédent, puisque tous les établissements mus par la vapeur font maintenant partie de la seconde classe, contiennent cependant des enseignements de nature à être utilisés. C'est pourquoi nous ne croyons pas devoir les passer sous silence.

1re ESPÈCE. Par un arrêté du 30 mai 1831, le sous-préfet de Saint-Etienne, département de la Loire, autorisa les sieurs Fonthieure et compagnie à établir dans l'enceinte de la ville une machine à vapeur, qui avait pour destination de mettre en jeu un moulin à farine, ainsi que des meules à forer et aiguiser les armes. Diverses obligations étaient imposées aux concessionnaires, et notamment celle de ne brûler que de la houille épurée ou du coke.

Des fabricants de rubans, établis dans le voisinage, formèrent opposition devant le conseil de préfecture. Ils alléguaient pour motif que la fumée sortant de la machine à vapeur ferait un tort considérable à leur entreprise; mais ils échouèrent.

En appel, ils élevèrent d'abord une exception de forme; suivant eux, la machine contentieuse, *qui ne brûlait pas sa fumée,* rentrait, par cette raison, dans la catégorie des établissements de première classe, de sorte qu'il fallait une ordonnance du roi pour en autoriser la formation.

Au fond, les appelants ne faisaient que reproduire les moyens proposés en première instance.

Une ordonnance royale, du 11 juin 1833, repoussa également l'exception de forme et les moyens du fond ; elle est conçue en ces termes :

« Considérant que l'ordonnance du 25 mars 1830 « a rangé les chaudières à basse pression, sous le « rapport de l'autorisation dont elles doivent être « l'objet, dans la troisième classe des ateliers insa- « lubres, dangereux et incommodes, *sans distinguer* « *celles qui brûlent de celles qui ne brûlent pas* « *leur fumée ;* que dès lors, aux termes des décret et « ordonnance des 15 octobre 1810 et 14 janvier « 1815, le sous-préfet de Saint-Étienne avait qualité « pour autoriser l'établissement de celle dont il s'agit;

« Considérant qu'il résulte de l'instruction, et no- « tamment des avis de la commission des machines à « vapeur et du conseil général des mines, que les « mesures de précaution prescrites par l'arrêté du « 30 mai 1831, présentent, pour les intérêts des re- « quérants, des garanties suffisantes;

« ART. 1ᵉʳ. — Le pourvoi des sieurs Royer, Des- « cours et consorts *est rejeté.* »

2ᵉ ESPÈCE. Le sieur Sapia, imprimeur à Paris, de- mandait à établir une machine à vapeur de la force de trois chevaux, pour le service de ses presses, dans une maison située rue du Doyenné, près du Louvre; il s'offrait, d'ailleurs, à remplir toutes les conditions prescrites par l'ordonnance du 25 mars 1830.

Toutefois, le préfet de police refusa l'autorisation, en donnant pour motif la proximité du Louvre et le danger que pourraient courir les précieuses collections qu'il renferme.

A son tour, le conseil de préfecture vit les choses du même œil, et par arrêté du 11 novembre 1837, il confirma la décision préfectorale.

Le sieur Sapia se pourvut au conseil d'Etat.

Sa requête fut communiquée au ministre du commerce, qui, après avoir pris l'avis du comité consultatif des arts et manufactures, et conformément à cet avis, estima qu'il n'y aurait aucun danger à craindre pour les propriétés, soit publiques, soit privées, si l'entrepreneur *ne laissait échapper ni fumée, ni vapeur, au dehors de son établissement.*

Le conseil d'Etat partagea pleinement cette opinion, que consacra, en définitive, sous la date du 18 juillet 1838, l'ordonnance qui suit :

« Considérant, qu'au moyen des conditions pro-
« posées par notre ministre du commerce, d'après
« l'avis du comité consultatif des arts et manufactu-
« res, les propriétés publiques ou privées qui avoisi-
« nent la maison dans laquelle le sieur Sapia se pro-
« pose d'établir sa machine à vapeur, seront suffisam-
« ment garanties des inconvénients qui pourraient
« résulter de ce voisinage, et que dès lors il y a lieu
« de lui accorder l'autorisation qu'il demande, *en*
« *l'obligeant à remplir lesdites conditions.*

Art. 1er. — L'arrêté du conseil de préfecture de la
« Seine, du 11 novembre 1837, *est annulé.*

« Art. 2. — Le sieur Sapia est autorisé à établir,
« dans ses ateliers, rue du Doyenné, une machine à
« vapeur de la force de trois chevaux, à basse pression
« et à condensation, *à la charge par lui de ne laisser*
« *échapper au dehors aucune fumée ni vapeur ap—*
« *parentes.* »

3e espèce.   Dans le mois de juin 1824, le préfet de
police permit au sieur Anquetil d'établir une machine
à basse pression, à la charge « de n'alimenter le four-
« neau qu'avec *du charbon épuré*, dans le cas où il
« ne parviendrait pas à rendre son appareil assez fu-
« mivore pour ne causer aucune incommodité aux
« voisins. »

En 1835, ceux-ci élevèrent des réclamations, qui
motivèrent un second arrêté du préfet de police *pre-*
scrivant l'emploi exclusif du charbon épuré.

Le sieur Anquetil se pourvut au conseil de préfecture, devant lequel il échoua.

Cette décision fut déférée au conseil d'Etat; l'appelant prétendait :

« 1° Qu'à l'époque où l'autorisation lui avait été
« accordée, le coke était fort cher à Paris; et qu'il
« n'avait pas pu entrer dans la pensée du préfet de
« police d'en prescrire l'usage pour une machine de
« la force de douze chevaux ;

« 2° Que le coke était, de sa nature, impropre à
« l'alimentation des machines à vapeur; que l'obli-
« gation de s'en servir faisait perdre tout l'avantage

« d'économie que la vapeur présentait comme force
« motrice ;

« 3º Qu'en droit, aucune loi n'autorisant l'admi ·
« nistration à imposer l'obligation d'alimenter les
« machines à vapeur avec du coke, *il y avait illégalité*
« *à imposer cette condition.* »

En résultat, la requête du sieur Anquetil fut écar-
tée par une ordonnance royale datée du 31 décembre 1838, et dont les motifs sont :

« Que par sa demande adressée au préfet de police,
« le 6 décembre 1823, le sieur Anquetil annonçait
« que la machine à vapeur qu'il se proposait de re-
« construire brûlerait sa fumée ; que conformément
« à cette demande, l'arrêté du 22 juin 1824 n'a au-
« torisé la construction, dans les ateliers du sieur An-
« quetil, *que d'une machine brûlant sa fumée*, et sous
« la condition expresse que ce fabricant *n'alimente—*
« *rait son fourneau qu'avec du charbon de terre épuré*,
« dans le cas où il ne parviendrait pas à le rendre
« assez fumivore pour que la fumée ne pût incom-
« moder le voisinage ;

« *Qu'il appartenait à l'administration de soumettre*
« *l'établissement de la machine du sieur Anquetil à ces*
« *conditions*, et qu'il résulte de l'instruction que c'est
« avec raison qu'elles lui ont été imposées. »

67. — Il n'y a pas à se méprendre sur la pensée qui
a présidé à toutes les décisions rendues sur les ateliers
mus par la vapeur, tant à celles antérieures qu'à
celles postérieures à l'ordonnance de mai 1843.
Elles apprennent à l'administration qu'elle doit s'ap-

pliquer, dans toute occasion, à favoriser l'établissement des machines à vapeur, en cherchant à apla-
nir les obstacles que peut rencontrer le développement de ce moyen puissant d'action, qui a déjà rendu
des services immenses à l'industrie et lui en promet
encore d'incalculables.

68. — Passons aux établissements dont se compose
la troisième classe.

On verra que, malgré la faveur marquée dont le
législateur a voulu les entourer dans le décret du 15
octobre 1810, ils sont encore, presque partout,
l'objet d'une défiance et d'une sorte d'antipathie,
dont les administrations locales elles-mêmes ne sa-
vent pas toujours se défendre, et qui seraient souvent
fatales à l'industrie, si le conseil d'État, supérieur
aux préjugés de l'ignorance et de la routine, n'était
pas là pour tendre aux entrepreneurs une main
secourable.

CHAPITRE IV.

Des Etablissements de troisième classe.

SOMMAIRE.

---

69. — Dans la troisième classe viennent se ranger les établissements industriels dont le voisinage n'offre pas de danger proprement dit, et qui, par cette raison, peuvent rester sans inconvénient auprès des habitations, mais qu'on a jugé prudent de soumettre à la police locale, et qui dès lors ne peuvent être formés sans autorisation (1).

A leur égard, l'art. 8 du décret du 15 octobre 1810 contient la disposition suivante :

« Les manufactures et ateliers ou établissements « portés dans la troisième classe, ne pourront se for- « mer que *sur la permission du préfet de police à* « *Paris, et sur celle des maires dans les autres villes.* « S'il s'élève des réclamations contre la décision prise « par le préfet de police ou les maires, sur une de- « mande en formation de manufacture ou d'atelier « compris dans la troisième classe, *elles seront ju-* « *gées par le conseil de préfecture.* »

Plus tard est venue l'ordonnance royale du 14 janvier 1815, qui a modifié cette disposition, en ce sens qu'elle a transféré *aux sous-préfets* la mission d'abord dévolue aux maires ; il y est dit, art. 3 :

---

(1) Art 1er du décret du 15 octobre 1810.

« Les permissions nécessaires pour la formation
« des établissements compris dans la troisième classe
« seront délivrées dans les départements, conformé-
« ment aux art. 2 et 8 du décret du 15 octobre 1810,
« *par les sous-préfets*, après avoir préalablement
« pris l'avis des maires et de la police locale (1). »

Les formes à suivre, déjà simplifiées à l'égard des
établissements appartenant à la deuxième classe, sont
encore plus simples alors qu'il s'agit de ceux compris
dans la troisième.

Pour la formation de ces derniers, il n'est besoin
ni d'affiche, ni d'enquête ;

Le fabricant adresse tout uniment sa demande au
sous-préfet de l'arrondissement dans lequel doit-être
placée l'usine. Celui-ci consulte le maire de la commune, ainsi que la police du lieu ; après quoi, soit
qu'il s'élève ou ne s'élève pas de réclamation, il rend
sa décision.

Quand l'autorisation est accordée, les tiers qui
croiraient avoir à s'en plaindre ont la faculté de former opposition à l'arrêté du sous-préfet ; *elle est portée devant le conseil de préfecture.*

70.—Dans l'hypothèse contraire, *la même voie est
ouverte au fabricant,* si le refus qu'il a essuyé lui paraît injuste.

Par arrêté du 2 mars 1820, le sous-préfet d'Alt-

______

(1) Dans le département de la Seine et dans les communes de
Saint-Cloud, de Meudon et de Sèvres, du département de Seine-et-
Oise, c'est au préfet de police, à Paris, qu'il faut s'adresser.

kirch (Haut-Rhin) refusa au sieur Nausé l'autorisation d'établir une huilerie.

Ce dernier se pourvut au conseil de préfecture, qui accueillit son opposition, et autorisa la construction de l'usine.

Le ministre de l'intérieur déféra cette décision au conseil d'Etat, *comme empreinte d'un excès de pouvoir.*

Mais le conseil d'Etat en jugea autrement; et par suite intervint, à la date du 29 août 1821, l'ordonnance largement motivée qu'on va lire :

« Considérant, *sur la compétence,* que les huileries « sont rangées dans la troisième classe;

« Qu'aux termes de l'art. 3 de l'ordonnance de « 1815, les permissions pour les établissements de « troisième classe doivent être délivrées par les sous- « préfets, après avoir pris l'avis des maires et de la « police locale, en conformité des art. 2 et 3 du dé- « cret de 1810;

« Que d'après l'art. 8 dudit décret, s'il s'élève des « réclamations contre la décision prise sur une de- « mande en formation de manufactures ou d'ateliers « compris dans la troisième classe, *elles seront jugées* « *par le conseil de préfecture ;*

« Que ledit art. 8 ne fait aucune distinction entre « les réclamations *des requérants* et celles *des oppo-* « *sants ;*

« Qu'ainsi le conseil de préfecture du département « du Haut-Rhin *était compétent pour connaître de l réclamation faite par le sieur Nausé contre la décision prise par le sous-préfet d'Altkirch.* »

Le conseil d'Etat vient de se prononcer tout récemment dans le même sens, et d'une manière encore plus explicite, s'il est possible; voici à quelle occasion :

Le sieur Bresson voulait établir un fourneau pour fondre les métaux *au creuset*, dans une des rues de la ville d'Angers.

Le préfet de Maine-et-Loire, statuant comme sous-préfet de l'arrondissement, refusa l'autorisation, à raison du voisinage de la poudrière.

Bresson se pourvut au conseil d'Etat, qui repoussa le recours comme incompétemment formé.

L'ordonnance approbative du rejet est du 30 mars 1844, et est ainsi conçue :

« Considérant que les fonderies au c reuset sont « rangées par l'ordonnance du 14 janvier 1815 dans « la troisième classe des établissements dangereux, « insalubres ou incommodes;

« Considérant qu'aux termes de l'article 8 du dé- « cret du 15 octobre 1810, les réclamations formées « contre les arrêtés rendus sur la demande en auto · « risation d'établissements compris dans la première « classe doivent être portées devant le conseil de « préfecture; que dès lors l'arrêté du préfet, dans « la disposition relative à cette fonderie, ne peut « nous être déféré directement;

« ART. 1er. — La requête du sieur Bresson est re- « jetée. »

71. — Le décret du 15 octobre 1810 n'exprime pas que les arrêtés des conseils de préfecture, relativement aux établissements de troisième classe, seront passibles de l'appel au conseil d'Etat.

De là était né un instant le doute si ces arrêtés ne constituaient pas des décisions en dernier ressort, qui ne laissaient plus de recours possible à la partie condamnée.

Toute incertitude a été levée à l'occasion de l'affaire suivante.

Le sieur Miller avait, avec l'autorisation du sous-préfet, établi une brasserie à Montbrison, département de la Loire.

Divers voisins se rendirent opposants et échouèrent devant le conseil de préfecture.

En appel, le sieur Miller proposait préjudiciellement un moyen de forme. Il disait : « Puisque les « fabricants ne sont pas astreints à obtenir l'auto-« risation du gouvernement pour les établisssements « de troisième classe, *le pourvoi au conseil d'Etat en* « *ces matières est inadmissible.* »

Les opposants répondaient avec raison, que les conseils de préfecture ne sont que des tribunaux de première instance; de sorte, qu'en toute matière, leurs décisions ressortissent nécessairement par appel au conseil d'Etat, *à moins que la loi n'en ait autre-ment ordonné.*

Ce système de défense obtint un plein assentiment, et une ordonnance royale, qui porte la date du 18 avril 1821, repoussa l'exception de forme par le motif :

« Que l'article **8** du décret du 15 octobre 1810 « *n'interdit pas le recours contre les arrétés des conseils* « *de préfecture*, relatifs aux établissements de troi- « sième classe, et que les recours *ont toujours été ad-* « *mis en pareil cas.* »

72. — Distinguons néanmoins :

Les arrêtés des conseils de préfecture ressortissent au conseil d'Etat, dans la supposition, bien entendu, qu'ils statuent par voie de décision sur le recours de l'entrepreneur ou des opposants contre l'arrêté du sous-préfet, qui a refusé ou accordé l'autorisation.

La thèse changerait sans nul doute, ainsi que nous l'avons expliqué au sujet des ateliers de deuxième classe, si le conseil de préfecture n'avait fait que ré- pondre, *sous forme d'avis*, à une communication officieuse.

Sa réponse, en ce cas, ne serait au procès qu'un des éléments de l'instruction destinée à former l'opi- nion du sous-préfet. Ce ne serait pas une décision.

Mettons encore l'exemple à côté du précepte.

Le sieur Letort exploitait, dans la ville de Tours, une brasserie qu'il tenait à ferme du sieur Holland.

Pour donner à son industrie un plus grand déve- loppement, il créa, du consentement du propriétaire, une succursale dans une rue voisine, la rue Rabelais.

Le sieur Letort avait négligé de se pourvoir d'une autorisation préalable ; aussi, sur la plainte d'un voisin, le maire de Tours lui fit-il défense de continuer l'exploitation de son nouvel établissement, avant d'en avoir fait régulariser l'existence.

Le fabricant adressa une pétition en conséquence au préfet, qui renvoya l'affaire au conseil de préfecture (1).

Celui-ci, dans une délibération, en date du 20 août 1822, s'exprima en ces termes :

« Considérant que l'établissement, dans une rue « très étroite, d'une usine alimentée par le feu et par « les procédés décrits, soit dans la demande du sieur « Letort, soit dans le procès-verbal des experts, peut « être insalubre et incommode ;

« Considérant qu'il doit être regardé comme un « établissement nouveau, et non, ainsi que l'expose « la demande, comme faisant partie de la brasserie « du faubourg Saint-Eloi ; que la maison, rue Rabe-« lais, est éloignée de plus de mille mètres de cette « brasserie, située dans un local vaste et susceptible « d'admettre ce supplément d'industrie, sans aucun « des inconvénients qui existeraient dans la rue Ra-« belais ;

« Est d'avis qu'il y a lieu de refuser au sieur Le-« tort l'autorisation par lui demandée. »

Les sieurs Letort et Holland formèrent opposition.

---

(1) Les fonctions du sous-préfet sont remplies par le préfet dans l'arrondissement du chef-lieu.

Mais, dans une seconde délibération du 14 septembre de la même année, le conseil de préfecture déclara *maintenir son premier avis*.

Sur l'appel, interjeté par les deux fabricants, intervint finalement l'ordonnance suivante, qui porte la date du 19 mars 1823 :

« Considérant que les brasseries sont comprises « dans la troisième classe des établissements qui peu- « vent rester sans inconvénient auprès des habitations « particulières, et pour la formation desquels il est « nécessaire de se munir d'une autorisation, aux ter- « mes des articles 2 et 8 du décret du 15 octobre « 1810, et de l'article 3 de notre ordonnance du 14 « janvier 1815 ;

« Considérant que, dans l'instruction de cette af- « faire, le conseil de préfecture d'Indre-et-Loire s'est « écarté des formalités prescrites ;

« Considérant néanmoins que les délibérations du- « dit conseil, *ayant été prises en forme d'avis, ne sont « pas susceptibles d'être attaquées par la voie conten- « tieuse ; mais qu'elles ne font pas obstacle à ce que « les formalités prescrites pour les établissements de « la troisième classe soient exactement observées ;*

« ART. 1er. — La requête des sieurs Holland et Le- « tort, tendant à l'annulation des avis du conseil de « préfecture du département d'Indre-et-Loire, des « 20 août et 14 septembre 1822, est rejetée.

« ART. 2. — Lesdits sieurs *se retireront par-devant « l'administration pour obtenir, s'il y a lieu, la permis-*

« sion exigée pour les établissements de troisième
« classe. »

73. — La plupart des autres règles suivant lesquelles se gouvernent les établissements rangés dans la
troisième classe, sont empruntés à la deuxième, avec
cette différence que les établissements de troisième
classe peuvent être plus aisément autorisés dans le
voisinage des habitations.

Il n'est cependant pas sans exemple que l'autorisation leur soit refusée.

Nous citions tout à l'heure l'ordonnance rendue
dans l'affaire Nausé , et qui a jugé que le conseil de
préfecture était compétent pour statuer sur l'opposition à l'arrêté du sous-préfet, n'importe qu'elle fût
formée par les voisins ou fabricants.

A côté de la question de compétence était la question du fond, c'est-à-dire celle de savoir si l'établissement litigieux serait ou ne serait pas autorisé ; or,
voici dans quels termes elle a été résolue par une ordonnance postérieure, du 18 juin 1823 :

« Considérant qu'il résulte du dernier procès-ver-
« bal, que l'huilerie projetée par le sieur Nausé serait
« établie dans une rue étroite, et au premier étage
« d'une maison entourée d'édifices plus ou moins
« remplis de matières faciles à enflammer ; que sous
« ce rapport, les secours, en cas d'incendie, seraient
« difficiles à administrer ;

« Considérant *qu'il est d'une bonne police d'éloigner,*
« *autant que possible, des habitations, les établisse-*
« *ments à odeur incommode ou insalubre ;*

« L'arrêté compétemment pris par le conseil de
« préfecture du Haut-Rhin, le 23 mai 1820, *est an-*
« *nulé au fond.* En conséquence, l'arrêté du sous-
« préfet d'Altkirch, du 2 mars 1820, portant refus
« d'autoriser l'huilerie projetée par le sieur Nausé,
« sera exécuté suivant sa forme et teneur (1). »

74. — La loi garantit à chaque citoyen la libre et
paisible jouissance de sa propriété. Aussi, parmi les
moyens d'opposition à faire valoir, il n'en est pas de
plus légitime et de plus pressant que celui qui aurait
pour motif l'incompatibilité démontrée de l'établissement projeté avec l'existence d'une usine déjà en
activité; nul, en effet, ne doit le sacrifice de sa chose
qu'aux exigences de l'utilité publique.

Le sieur Potrais possédait à Angers, sur la rivière
du Maine, un établissement de bains.

En 1823, le sieur Caussin, propriétaire d'une maison située à peu de distance, et en amont, y établit un
atelier de teinture, dont les eaux et les résidus allaient
se perdre dans la rivière, *à deux mètres de la pompe
qui alimentait les bains.*

Le sieur Potrais se plaignit d'une entreprise qui,
par suite du changement qu'elle apportait dans la
qualité des eaux de la rivière du Maine, ne tendait
à rien moins qu'à la ruine de son établissement.

Or, pendant que le maire de la ville procédait à
une information, le sieur Caussin obtenait du préfet

---

(1) V. dans le même sens, ordonnance royale du 20 juillet 1836.

l'autorisation de continuer son exploitation, avec cette clause : « Sauf aux parties à traiter de gré à gré de la « garantie de leurs intérêts respectifs, ou à les régler « par les voies de droit. »

Potrais forma opposition devant le conseil de préfecture, qui se récusa par ce motif singulier : « Qu'aucune loi, ordonnance ou décret n'attribuait « aux conseils de préfecture le droit de statuer sur les « arrêtés des préfets, et que M. le préfet de Maine- « et-Loire *ne précisait point, dans son arrêté du* 27 « *octobre* 1823, *que ledit arrêté eût été pris par lui* « *comme sous-préfet de l'arrondissement d'Angers.* »

L'opposant interjeta appel, sur lequel il fut statué par une ordonnance en date du 17 août 1825, dont les motifs sont précieux à recueillir ; elle porte :

« Considérant que les teintureries sont rangées « dans la troisième classe des établissements incom- « modes et insalubres ; qu'aux termes du décret de « 1810 et de l'ordonnance de 1815, les autorisations « pour les établissements de cette classe sont données « par les sous-préfets ; et que s'il y a des réclama- « tions, elles sont jugées par les conseils de préfec- « ture ;

« Considérant que l'arrêté du 27 octobre 1823, « portant autorisation d'établir une teinturerie, a « été pris par le préfet *comme faisant les fonctions* « *de sous-préfet de l'arrondissement du chef-lieu,* et « que le conseil de préfecture aurait dû statuer sur « la réclamation portée devant lui ;

« Au fond : — Considérant que l'établissement du

« sieur Potrais *existait longtemps avant la teinturerie*
«*projetée par le sieur Caussin;* qu'il est établi par
« tous les rapports que cette teinturerie verse ses eaux
« et ses résidus à deux mètres en amont de la pompe
« des bains du sieur Potrais,

    « *Qu'il en résulte de graves inconvénients pour cet*
«*établissement, et que les autres moyens d'écoule-*
«*ment proposés par le sieur Caussin ont été recon-*
«*nus impraticables;*

    « Considérant, *qu'il n'est pas juste de troubler la*
«*jouissance antérieurement acquise à l'établissement*
«*des bains;*

    « Art. 1ᵉʳ.—L'arrêté du conseil de préfecture de
« Maine-et-Loire, du 12 janvier 1824, *est annulé.*

    « Art. 2.—L'arrêté pris, le 27 octobre 1823, par
«le préfet du département de Maine-et-Loire, *fai-*
«*sant fonctions de sous-préfet,* à l'effet d'autoriser
« l'établissement de teinturerie du sieur Caussin, est
« annulé (1). »

    75.—De ce que sur un emplacement il existe, de-
puis plus ou moins longtemps, des établissements
appartenant à la première ou à la seconde classe, il
ne s'ensuit pas nécessairement qu'il faille accorder
l'autorisation de leur en accoler un de la troisième.

    Le nouvel établissement projeté serait-il dangereux
ou incommode? Voilà, dans tout état de cause, la
question que l'administration doit se proposer, et

---

(1) **V.** dans le même sens, ordonnance royale du 7 mai 1828.

dont la solution fait la base obligée de sa détermination.

Or, il est facile de comprendre qu'un établissement de troisième classe, qui, à le prendre isolément, serait sans danger réel, pourrait fort bien perdre son innocuité native, lorsque les légers inconvénients, dont son exploitation ne saurait être tout à fait exempte, viendraient à se compliquer des inconvénients déjà occasionnés par d'autres exploitations d'une classe supérieure.

Le sieur Basire, propriétaire à Rouen, obtint du préfet la permission de construire, sur la route de Neufchâtel, un four à plâtre, qui ne devait fonctionner que pendant un mois dans tout le cours de l'année.

L'exploitation ne tarda pas à faire naître des oppositions; et, par suite, deux arrêtés successifs du conseil de préfecture ordonnèrent la suspension des travaux.

Devant le conseil d'Etat, le sieur Basire tirait son moyen principal de la situation de l'usine contentieuse, qui se trouvait *tout près et presque au milieu de trois fours permanents*, et appartenant comme tels à la deuxième classe.

« On ne conçoit pas, disait-il, comment un four « dans lequel on ne peut travailler qu'un mois par « an, pourrait nuire, *quand trois autres fours voi-« sins, travaillant toute l'année, ne nuisent pas.* »

L'objection fit peu d'impression sur le conseil d'E-tat, qui partagea l'opinion du conseil de préfecture, et dont l'avis fut approuvé par une ordonnance royale du 22 décembre 1824; on y lit :

« Considérant que les trois fours à plâtre ancien-
« nement établis au boulevard Beauvoisine de Rouen,
« ont été maintenus par l'art. 11 du décret du 15 oc-
« tobre 1810; *Mais que ce n'est pas un motif d'auto-*
« *riser la construction d'un quatrième four, dont l'in-*
« *commodité a été reconnue.*

« ART. 1ᵉʳ.—La requête du sieur Basire *est rejetée.*»

76. — Lorsqu'un entrepreneur se propose de fa-briquer, dans le même local, des produits apparte-nant à des genres divers, la nocuité d'une partie de l'exploitation projetée est-elle un motif suffisant pour refuser d'une manière absolue l'autorisation de-mandée ?

Non sans doute.

Pour être juste envers chacun, l'administration doit évidemment se borner à interdire les opérations qui seraient nuisibles, et laisser un libre cours à celles qui n'offrent aucun danger.

Le conseil d'Etat a fait, dans l'espèce que nous al-lons rapporter, une application remarquable de ce principe de justice distributive.

En 1835, le préfet du Rhône refusa purement et simplement au sieur Gianelli, l'autorisation qu'il sol-licitait d'ouvrir, à Lyon, dans un local situé à l'extré-mité du faubourg Serin, une fabrique de *potasse*, de *sel de soude* et de *sous-carbonate de soude.*

Sur l'opposition du fabricant, intervint un arrêté du conseil de préfecture, qui l'autorisait à former son établissement, en lui imposant d'ailleurs certaines conditions.

Les opposants interjetèrent appel ; ils avaient déjà pour auxiliaires le maire de la ville et le conseil de salubrité.

Plus tard, le comité consultatif des arts et manufactures se déclara également en leur faveur et conclut à l'annulation de la décision attaquée.

Mais le conseil d'Etat ne crut pas devoir se montrer aussi sévère. Il se partagea entre l'industriel et les opposants ; et. conformément à son avis, une ordonnance, datée du 22 août 1838, statua en ces termes :

« Considérant que l'emplacement de la fabrique
« du sieur Gianelli est situé au pied de la côte dite
« la Belle-Allemande ; que toutes les maisons de
« plaisance et de santé dont ce coteau est couvert
« se trouveraient au niveau et même au-dessus des
« cheminées de son usine, et dans la direction où les
« vents qui règnent le plus habituellement rejette-
« raient la fumée et les émanations de cette fabrique ;
« que dans cette situation, le sieur Gianelli ne peut
« être autorisé à établir en ce lieu une fabrique de
« *sel de soude* et de *sous-carbonate de soude ;* mais
« que la fabrication de *la potasse* et de *l'alun* peut y
« être autorisée, sous les conditions et réserves impo-
« sées par le conseil de préfecture ;

« ART. 1er. — L'arrêté du préfet du Rhône, en
« date du 19 septembre 1825, est considéré comme
« non avenu *dans la partie qui refuse au sieur Gia-*

15

« *nelli l'autorisation de se livrer, dans son établisse-*
« *ment, à la fabrication de la potasse et de l'alun.*

« ART. 2. — L'arrêté du conseil de préfecture du
« Rhône, en date du 22 juillet 1836, est annulé, *en*
« *ce qu'il accorde au sieur Gianelli l'autorisation de*
« *fabriquer, dans son établissement, le carbonate ou*
« *sous-carbonate de soude.*

« ART. 3.—Le sieur Gianelli est autorisé à se livrer,
« dans son établissement, situé faubourg de Serin,
« *à la fabrication de la potasse et de l'alun,* sous les
« conditions et réserves imposées par l'arrêté du con-
« seil de préfecture du Rhône, du 22 juillet 1836. »

77. — De même que dans la première et dans la
seconde classe, on compte aussi dans la troisième
divers établissements qui, à raison du caractère particulier de leur exploitation, ont un régime administratif spécial et qui vient aggraver celui que leur imposent déjà le décret du 15 octobre 1810 et l'ordonnance du 14 janvier 1815. Tels sont les chantiers de
bois, les petits appareils domestiques pour fabriquer
le gaz hydrogène, les brasseries, les vacheries et les
ateliers pour le raffinage du sel marin.

Des chantiers de bois.

78. — Les chantiers de bois sont spécialement régis
par une ordonnance de police du 27 ventôse an 10,
à laquelle le ministre de l'intérieur donna son approbation le 30 germinal suivant, et qui contient, entre
autres dispositions, celles que nous allons rappeler :

« ART. 1er. — Tous les bois de chauffage qui arri-

« vent pour l'approvisionnement de Paris, et qui sont
« destinés à être vendus, *doivent être déposés dans
« des chantiers.*

« Art. 2. — Les chantiers seront établis hors des
« anciennes limites de Paris, et, autant que faire se
« pourra, sur des terrains *peu éloignés de la Seine.* —
« En conséquence, il n'en sera formé que dans les
« cinq arrondissements ci-après désignés et limités :
« arrondissements *Saint - Antoine, Saint-Bernard,*
« *Louviers, Saint-Honoré, La Grenouillère* (c'est-à-
« dire le Gros-Caillou (1).

« Art. 10. — Il ne pourra être établi des chan-
« tiers que sur des terrains *éloignés des maisons* et
« assez étendus pour que les bois puissent y être ran-
« gés en piles, *séparés suivant leurs qualités,* et que
« la dessiccation du bois puisse s'y faire aisément et
« *sans danger pour le voisinage.*

« Art. 29. — Dans les chantiers, les bois seront
« placés *à 8 mètres au moins de distance de tous
« bâtiments et des rues, ruelles ou passages publics et
« à 4 mètres au moins de toutes autres clôtures.* — Il
« est défendu de déposer dans lesdits espaces des
« planches, harts, ou autres débris de trains ou de
« bateaux, bois de charpente ou d'ouvrage, et enfin
« de faire usage de tout ou partie desdits espaces.

« Art. 31. — Les bois seront empilés solidement,

---

(1) Le nombre des arrondissements a été augmenté par deux ordonnances postérieures, des 18 mars 1832 et 15 octobre 1834.

« *avec grenons de deux longueurs de bûches à chaque*
« *encoignure*. —Les théâtres et piles ne pourront être
« élevés *à plus de* 10 *mètres* 40 *centimètres*.

« ART. 49.—Il est défendu de fumer dans les chan-
« tiers et d'y porter du feu, même *dans des chau-*
« *drons grillés*. — Dans le cas où pendant la nuit les
« marchands seraient obligés d'aller dans les chan-
« tiers, ils pourront y porter de la lumière, *mais*
« *seulement dans des lanternes fermées*. »

Il n'existait pas d'autre règlement sur la matière, quand survint une ordonnance royale du 9
février 1825, qui rangea les chantiers de bois parmi
les établissements dangereux, insalubres ou incommodes, et les comprit dans la troisième classe.

A partir de cette époque, la formation en a donc
été subordonnée à l'accomplissement des formalités
prescrites par le décret du 15 octobre 1810 et l'ordonnance complémentaire du 14 janvier 1815.

79. — Mais si les habitants du voisinage sont en
droit de s'opposer à l'établissement d'un chantier de
bois, ce n'est qu'autant que, par des raisons tirées
de la disposition des lieux ou du mode d'exploitation, il y aurait péril pour leur sûreté ou pour leur
repos; des motifs puisés en dehors de ces considérations ne sauraient, en aucun cas, faire refuser à un
entrepreneur l'autorisation préalable dont il a besoin.

Le conseil d'Etat a fait plus d'une fois l'application
de ce principe; elle est particulièrement remarquable dans l'espèce que nous allons rapporter.

En 1833, un marchand de bois nommé Brincart,

qui occupait un chantier dans la rue Neuve-des-Mathurins, demanda à le transférer sur un emplacement voisin, longeant la rue Castellane.

Il s'éleva une seule opposition ; elle provenait d'une dame Bodimont, propriétaire d'une maison contiguë au chantier projeté.

La demande fut successivement communiquée au contrôleur général des chantiers, au conseil de salubrité, à l'architecte de la préfecture, et au commissaire de police de l'arrondissement ; tous furent d'avis qu'il n'y avait nul inconvénient à permettre le nouvel établissement du sieur Brincart.

Cependant le préfet de police refusa l'autorisation.

Les motifs dont il appuyait son refus étaient : que depuis la publication du règlement du 27 ventôse an 10, le quartier avait changé de face; qu'on l'avait percé de plusieurs rues ; qu'il s'était enrichi d'un grand nombre de somptueuses habitations ; et que ce serait le dégrader, que d'y tolérer un chantier de bois. Le préfet de police insistait, en outre, sur l'inconvenance qu'il y aurait à donner un pareil voisinage au magnifique temple de la Madelaine, auquel on mettait alors la dernière main.

Le sieur Brincart ne réussit pas mieux auprès du conseil de préfecture, qui confirma le refus d'autorisation, par les mêmes motifs qui lui servaient de base.

Mais il fut plus heureux devant le conseil d'Etat, où il fit réformer la décision des premiers juges. L'ordonnance approbative, qui est du 25 avril 1834, statue dans les termes suivants :

« Considérant que l'emplacement du chantier de
« bois projeté par le sieur Brincart est situé dans le
« quatrième arrondissement assigné par le règlement
« de police du 27 ventôse an 10 pour la formation
« des chantiers ; et que, tant qu'il n'aura été apporté
« par l'administration aucune modification à la cir-
« conscription dudit arrondissement, *le refus d'au-*
« *torisation ne pouvait être motivé que sur des circon-*
« *stances particulières et spéciales à l'emplacement*
« *indiqué;*

« Considérant qu'il résulte du procès-verbal d'en-
« quête, du rapport de l'architecte commissaire de
« la petite voirie, et du rapport du conseil de salu-
« brité, que l'emplacement choisi par le sieur Brin-
« cart *ne présente aucun inconvénient qui soit de na-*
« *ture à motiver le refus d'autorisation ;*

« Considérant que les craintes manifestées par la
« dame Bodimont sont détruites, *soit par les obliga-*
« *tions auxquelles se soumet le sieur Brincart, soit*
« *par les prescriptions que le conseil de salubrité pro-*
« *pose d'y ajouter ;*

« Considérant que dès lors il n'existe aucune objec-
« tion fondée contre l'établissement dont il s'agit ; et
« qu'en effet, les arrêtés du préfet et du conseil de
« préfecture *ne sont motivés sur aucune considéra-*
« *tion de danger, d'insalubrité ou d'incommodité;*

« ART. 1er. — Les arrêtés du préfet de police, du
« 30 mai 1833, et du conseil de préfecture de la
« Seine, du 6 juillet suivant, *sont annulés.*

« ART. 2. — Le sieur Brincart est autorisé à établir

« un chantier de bois à brûler sur sa propriété, rue
« Castellane, à la charge par lui de remplir les obli-
« gations par lui souscrites : 1° de planter et entrete-
« nir une ligne de peupliers parallèlement au mur
« qui borde la propriété de la dame Bodimont ; 2° de
« placer ses bureaux de recette dans l'emplacement
« le plus voisin de ladite propriété ; 3° de paver, à ses
« frais, la rue Castellane, dans toute la portion qui
« doit être mise à la charge de sa propriété ; et à la
« charge, en outre, de se conformer au règlement de
« police du 27 ventôse an 10, et aux autres mesures
« d'ordre et de salubrité applicables à tous les établis-
« sements de ce genre (1). »

De deux choses l'une :

Ou le chantier qu'un marchand de bois se propose
d'ouvrir, dans l'un des arrondissements déterminés
par les règlements, est reconnu par l'instruction
n'offrir aucun des inconvénients prévus par le décret
de 1810 et l'ordonnance de 1815, et alors il n'y a pas
de motif pour refuser l'autorisation demandée ;

Ou bien, l'administration a des raisons de craindre
que l'établissement ne soit de nature à faire courir
des risques ou supporter des incommodités aux voisins : dans cette hypothèse, elle n'a que le choix entre
un refus *absolu*, et une autorisation *conditionnelle*,
c'est-à-dire, à la charge par le demandeur de se

---

(1) V. dans le même sens, ordonnances royales des 24 février
1830, 10 janvier 1834 et 21 avril 1836.

conformer à toutes les prescriptions jugées nécessaires pour rendre son exploitation tout à fait inoffensive.

Voilà la règle générale.

80. — Mais l'administration ne pourrait-elle pas, dans certaines circonstances, prendre un terme moyen, qui serait d'accorder une autorisation provisoire et pour un temps donné, passé lequel, la concession resterait comme non avenue, ou deviendrait définitive, selon que l'épreuve aurait été favorable ou contraire à l'entrepreneur?

Cette importante question s'était présentée une première fois, en 1835, à l'occasion d'un établissement de seconde classe, et ne fut pas résolue (1).

Elle s'est reproduite quelques années après, au sujet d'un chantier de bois; voici dans quelles circonstances.

Par arrêté du 6 avril 1841, le préfet de police autorisa le sieur Chardon à ouvrir un chantier de bois, *mais en limitant à trois années la durée de la concession.*

Le sieur Chardon se pourvut sans succès au conseil de préfecture; *la restriction fut maintenue.*

Il réussit mieux auprès du conseil d'Etat; une ordonnance royale, portant la date du 18 mars 1843, a réformé la décision des premiers juges, en ces termes : « Considérant que l'emplacement du chantier « projeté par le sieur Chardon est situé dans la cir- « conscription fixée par l'ordonnance de police du

---

(1) V. ci-dessus, n° 48.

« 15 octobre 1834 pour la formation des chantiers ;

« Considérant qu'il résulte des rapports de l'in-
« specteur principal des bois et charbons , et de l'ar-
« chitecte-commissaire de la petite voirie , du procès-
« verbal d'enquête, et du rapport du conseil de sa-
« lubrité, que le local choisi par le sieur Chardon n'a
« présenté aucun inconvénient qui ait été de nature à
« motiver le refus d'autorisation ; et que le préfet de
« police, en limitant à trois années la durée de la
« permission, *ne s'est fondé sur aucune considération*
« *de danger, d'insalubrité et d'incommodité ;*

« ART. 1er. — L'arrêté du conseil de préfecture de
« la Seine, en date du 19 juin 1841, *est annulé,* —
« ensemble, l'arrêté du préfet de police, du 6 avril
« 1841, *dans la disposition qui fixe à trois ans la*
« *durée de la permission accordée pour l'ouverture du*
« *chantier dont il s'agit.* »

Ainsi, la condition restrictive imposée au sieur
Chardon était expressément infirmée ; mais pourquoi ?

Par cette seule raison, que la restriction *n'était*
fondée sur aucune considération de danger, d'insalu-
brité ou d'incommodité ; ce sont les termes de l'ordonnance.

D'où il semble résulter que le conseil d'Etat n'entendait pas désavouer le principe de la limitation de
temps, mais seulement l'application qu'en avaient
faite le préfet de police et le conseil de préfècture,
application qu'il ne trouvait pas suffisamment justifiée dans les arrêtés attaqués par le sieur Chardon.

*Des petits appareils domestiques pour la fabrication
du gaz hydrogène.*

81. — Dans le chapitre 3, consacré aux établissements de la deuxième classe, nous avons parlé d'un
appareil inventé par le sieur Lépine, pour la fabrication à volonté, soit en petit, soit en grand, du
gaz hydrogène.

A côté de cet appareil, existe encore *l'appareil
domestique*, dont le nom indique assez la destination,
et servant à fabriquer du gaz pour les besoins d'une
consommation journalière.

Une ordonnance royale du 26 avril 1838 a mis cet
appareil au rang des établissements de troisième
classe; elle dispose dans les termes suivants :

« Sur le rapport de notre ministre secrétaire
« d'Etat au département des travaux publics, de
« l'agriculture et du commerce; vu le décret du 15
« octobre 1810 et l'ordonnance du 14 janvier 1815,
« portant règlement sur les établissements dange-
« reux, insalubres ou incommodes ; vu l'ordonnance
« du 20 août 1824, concernant spécialement les éta-
« blissements d'éclairage par le gaz hydrogène ; no-
« tre conseil d'État entendu, etc. ;

« ART. 1er. — Les petits appareils domestiques
« pour fabriquer le gaz hydrogène, destinés à fournir
« *au plus à dix becs d'éclairage*, et tout gazomètre
« en dépendant, *d'une capacité de sept mètres cubes
« au plus*, sont rangés dans *la troisième classe* des

« établissements dangereux, insalubres ou incom-
« modes.

« **ART. 2.** — *Aucune matière animale ne pourra*
« *être employée à la fabrication du gaz inflammable*
« *dans cet appareil.*

« **ART. 3.** — Les établissements d'éclairage au gaz
« de troisième classe ne pourront être autorisés qu'en
« se conformant aux mesures de précaution prescrites
« *dans l'instruction annexée à la présente ordonnance,*
« et à toutes celles qui pourraient intervenir sur ces
« établissements (1).

« **ART. 4.** — La surveillance de la police locale éta-
« blie par l'ordonnance du 20 août 1824 pour les
« usines d'éclairage au gaz, est applicable aux gazo-
« mètres et petits appareils d'éclairage domestique
« par le gaz.

---

(1) *Instruction ministérielle pour les établissements d'éclairage*
au gaz de troisième classe. — § 1er. — Le gazomètre dourra être
« placé dans un lieu couvert ou en plein air. Si le local est cou-
« vert, il devra être aéré, pour ne point y permettre l'accumulation
« du gaz, inconvénient qui, s'il avait lieu, pourrait occasionner une
« détonation, avec les accidents qui en sont la suite ; *le gazomètre*
« *ne pourra être établi dans une cave.*

« § 2. — La cuve du gazomètre pourra être construite en maçon-
« nerie dans le sol, ou simplement en bois ou en métal à sa surface.
« Les plus grands soins seront pris pour empêcher l'eau fétide
« qu'elle renferme de s'extravaser ; car, en s'infiltrant dans le sol,
« *elle gâterait l'eau des puits environnants.*

« § 3. — Le gaz dans le gazomètre devra toujours *être plus com-*
« *primé que l'air extérieur :* c'est-à-dire que le poids du gazomètre,
« dégagé de l'eau de la cuve ou immergé, devra constamment être
« plus grand que son contre-poids. Si cette précaution était négli-

« Art. 5. — Notre ministre secrétaire d'Etat au
« département des travaux publics, de l'agriculture
« et du commerce est chargé de l'exécution de la pré-
« sente ordonnance. »

Des brasseries.

82. — Elles sont régies par une ordonnance de police, du 7 septembre 1813, dont voici les dispositions:

« Art. 1ᵉʳ—Conformément à l'article 11 du décret
« impérial du 15 octobre 1810, les brasseries actuel-
« lement existantes dans le ressort de la préfecture de
« police, sont maintenues. — Il ne pourra en être
« établi de nouvelles sans notre permission.

« Art. 2. — Dans un mois à compter de la pu-
« blication de la présente ordonnance, les brasseurs
« seront tenus de se faire inscrire à la préfecture de
« police et de justifier de leur patente.

« gée, l'air atmosphérique pourrait s'introduire dans le gazomètre
« et produire une explosion.
« § 4.—Le gazomètre sera muni d'un tube de trop plein, ou sim-
« plement d'un trou d'un ou deux centimètres de diamètre, placé à
« 8 ou 10 centimètres de son bord inférieur, de manière que, lors-
« que ce trou se trouvera plongé dans la couche d'eau déprimée
« par l'excès de pression du gaz, celui-ci puisse s'échapper en
« bouillonnant dans l'eau environnante, sans jamais permettre l'en-
« trée de l'air dans le gazomètre.
« § 5.—Autant qu'il sera possible, l'appareil de production du gaz
« et le gazomètre *seront isolés soit des habitations voisines, soit des*
« *bâtiments du propriétaire de l'appareil.*
« § 6.—Les propriétaires devront toujours tenir l'appareil et le
« local qui le renferme dans le plus grand état de propreté, et enle-
« ver les résidus de la distillation, de manière qu'aucune mauvaise
« odeur ne puisse se répandre au dehors. »

« Art. 3. — Les brasseurs feront inscrire en gros
« caractères, au-devant de la principale porte d'en-
« trée de leurs maisons, *leur nom et les lettres ini-*
« *tiales de leurs prénoms.*

« Art. 4. — Les brasseurs qui suspendront les tra-
« vaux de leur brasserie, *seront tenus d'en faire*
« *sans délai la déclaration à la préfecture de police.*
« — Ceux qui céderont leur établissement seront pa-
« reillement tenus d'en faire la déclaration, *dans la*
« *huitaine,* à la préfecture. *Les cessionnaires se fe-*
« *ront inscrire dans le même délai.* — Les brasseurs
« qui fermeront définitivement leur brasserie de-
« vront en faire la déclaration, *dans le mois qui sui-*
« *vra la cessation de leur commerce.*

« Art. 5. — Aux termes des articles 8 et 13 du
« décret impérial du 15 octobre 1810, toute brasse-
« rie qui aura été fermée plus de six mois, *ne pourra*
« *être remise en activité sans notre permission.*

« Art. 6. — Il est défendu de vendre et de débiter
« de la bière falsifiée, ou contenant des mixtions nui-
« sibles à la santé, *sous les peines portées par les ar-*
« *ticles* 318 *et* 475 *du Code pénal.* — Il est aussi dé-
« fendu aux charretiers et à leurs aides d'altérer par
« des mixtions quelconques la bière qui leur sera
« confiée, *sous les peines portées par les articles* 387
« *et* 475 *du même Code.* »

Des vacheries.

83. — L'ordonnance de police qui a réglementé

ce genre d'exploitation est du 25 juillet 1822; elle porte :

« Considérant que les vacheries formées dans l'in-
« térieur de Paris présentent des inconvénients qui
« ont déterminé nos prédécesseurs à en diminuer suc-
« cessivement le nombre ; que la santé des vaches et
« la bonté du lait dépendent en partie des dispositions
« bien ou mal entendues du local où elles sont pla-
« cées, et qu'il importe de régler pour l'avenir le
« mode suivant lequel devront être examinées les de-
« mandes qui nous sont présentées dans le but de
« former de pareils établissements, ainsi que les prin-
« cipales conditions auxquelles doivent être assujettis
« les nourrisseurs, dans leur propre intérêt, *non*
« *moins que dans l'intérêt de la salubrité et de la*
« *sûreté publique;*

« Ordonnons :

« ART. 1er. — Aucune vacherie ne pourra être éta-
« blie, à l'avenir, à Paris, *que dans les faubourgs si-*
« *tués au delà des boulevards intérieurs.*

« ART. 2. — Les emplacements destinés à l'exploi-
« tation des vacheries devront être situés dans des
« rues larges et bien percées, *et contenir une cour et*
« *un puits.*—L'écoulement des eaux devra s'effectuer
« facilement *jusqu'à l'égout le plus voisin*, par un
« ruisseau pavé, ayant la pente convenable.

« ART. 3. —Les vacheries ne pourront avoir *moins*
« *de deux mètres et demi de hauteur.* — La longueur
« desdites vacheries sera proportionnée au nombre
« des vaches, de manière que les étables affectées au

« placement de quatre vaches, *aient au moins quatre*
« *mètres et demi de longueur*, et ainsi progressivement.
« —La largeur des étables ne pourra être *au-dessous*
« *de trois mètres trente-trois centimètres.*

Art. 4. — Il sera pratiqué dans les étables de la
« dimension de trois mètres jusqu'à huit, une fenêtre
« assez grande *et à la hauteur d'un mètre environ*,
« pour que l'air puisse se renouveler et circuler libre-
« ment. —Cette fenêtre sera placée, autant que le
« local le permettra, *du côté opposé à la porte d'en-*
« *trée ;* si la vacherie est isolée, *deux fenêtres seront*
« *placées aux deux extrémités, en face l'une de l'au-*
« *tre.* — Dans les étables de quinze à vingt mètres et
« au-dessus, *il sera établi trois fenêtres au moins.*

« Art. 5. — Lorsque les étables seront entourées
« de bâtiments, de manière à ce qu'il ne puisse être
« établi de fenêtres latérales, il sera pratiqué dans le
« plancher, au-dessus de la crêche, aux extrémités et
« au milieu, selon l'étendue de l'étable, trois ouver-
« tures qui communiqueront par un tuyau en po-
« terie jusqu'au delà du toit, et qui serviront de ven-
« tilateurs.

« Art. 6. — Les étables seront pavées en pente, au
« moins derrière les vaches, et avec un ruisseau pour
« faciliter l'écoulement des eaux.

« Art. 7. —Les nourrisseurs seront tenus de faire
« enlever le fumier tous les jours, *à 5 heures du matin*
« *en été, et à 8 heures en hiver.*

« Art. 8. — Il seront tenus pareillement de laver
« avec soin, *une fois par jour en hiver et deux fois*

« *par jour en été*, le ruisseau derrière les vaches, les
« ruisseaux de la cour, et d'en faire écouler l'eau dans
« la rue.

« Art. 9. — Le plancher haut des étables devra
« être hourdé en plâtre (1).

Art. 10. — Les dépôts de fourrages devront être
« séparés des étables *par un mur en maçonnerie*, s'ils
« sont placés à côté, *et par un plancher recouvert d'un*
« *aire en salpêtre ou d'un carrelage*, s'ils sont établis
« immédiatement au-dessus ; et dans ce dernier cas,
« *il ne pourra être placé ni cheminée, ni poêle, ni four-*
« *neau dans la pièce destinée au dépôt des fourra-*
« *ges* (2).

« Art. 11. — Les nourrisseurs tiendront leurs va-
« cheries dans le plus grand état de propreté ; ils se
« conformeront exactement à toutes les précautions
« de sûreté et de salubrité qui leur seront prescrites
« dans les permissions qu'ils auront obtenues.

« Art. 12. — Les vacheries qui sont établies dans
« le centre de Paris, et en deçà des limites détermi-
« nées par l'article 1er, seront fermées, dès que l'ex-

---

(1) Il suffit de faire hourder en plâtre les *entrevous* des étables.
(Nouvelle décision du préfet de police, du 18 octobre 1827.)

(2) Sans préjudice des dispositions de l'ordonnance du 21 décembre 1819, relative *aux incendies*, portant, art. 9 : Qu'il est enjoint d'avoir, dans les écuries, des lanternes fixes pour prévenir les
accidents du feu, et qu'il est défendu d'y entrer, ainsi que dans les
endroits où il y a du foin, de la paille, etc., avec des pipes allumées, et d'y fumer.

« ploitation cessera, par suite de l'abandon ou du
« décès des titulaires actuels.

ART. 13. — Les contraventions à la présente or-
« donnance *seront poursuivies devant les tribunaux.* »

Ces mesures sanitaires, indépendamment de leur
sagesse, se recommandent surtout par leur extrême
simplicité, qui les rend d'une exécution tout à la fois
facile et peu dispendieuse.

Elles sont d'ailleurs rassurantes pour la sécurité
publique, sous cet autre rapport qu'elles ne laissent
à la mauvaise foi aucun moyen possible de tromper
la surveillance, et que le nourrisseur qui se hasarde-
rait à éluder les prescriptions de la police se trouverait bientôt pris en flagrant délit.

Des ateliers pour le raffinage du sel marin.

84. — Le 26 juin 1830, il est intervenu, sur cette
matière, une ordonnance du roi ainsi conçue :

« D'après le compte qui nous a été rendu des
« dangers qui peuvent résulter de l'emploi des chau-
« dières et autres ustensiles et appareils *en cuivre*,
« pour la fabrication ou le raffinage du sel marin ;
« voulant prévenir ces dangers, en accordant toute-
« fois aux fabricants les délais nécessaires pour se
« conformer aux mesures qu'il convient de prescrire
« *dans l'intérét de la sûreté publique;*

« ART. 1er. — A l'avenir, il ne pourra être fait
« usage de chaudières et autres ustensiles et appareils
« *en cuivre,* pour la fabrication ou le raffinage du sel
« marin.

16

« ART. 2. — Il est accordé aux fabricants et raffi-
« neurs de sel un délai d'un an à partir de la publi-
« cation de la présente ordonnance, pour substituer
« l'emploi du fer, de la fonte, ou de toute autre ma-
« tière que le plomb, le cuivre ou leurs alliages, dans
« la composition des chaudières et autres ustensiles
« ou appareils servant à la fabrication ou au raffi-
« nage du sel.

« ART. 3. — Cette mesure ne sera obligatoire pour
« le remplacement du corps de pompe et des robinets
« en cuivre actuellement existants dans les raffineries
« ou fabriques, qu'un an après l'expiration du délai
« qui est accordé par l'article précédent.

« ART. 4. — Les contrevenants seront poursuivis
« conformément aux lois. »

85. — Nous ferons, en terminant ce chapitre, une observation qui nous semble n'être pas sans intérêt.

Plus de trente ans se sont écoulés depuis la promulgation du décret du 15 octobre 1810 ; et dans ce long intervalle, la jurisprudence du conseil d'État nous offre à peine deux ou trois exemples d'un établissement appartenant *à la troisième classe*, dont il ait défendu la formation.

C'est qu'en effet les établissements rangés dans cette catégorie ne sont, à vrai dire, *ni dangereux, ni insalubres*, et qu'il ne peut guère résulter de leur exploitation d'autre inconvénient que de causer parfois aux voisins *de l'incommodité*.

Mais il doit arriver fort rarement que l'incommodité soit telle que l'art ou l'expérience ne fournisse pas un moyen quelconque de lui ôter toute gravité.

Or ce n'est jamais que dans le cas contraire, c'est-à-dire en présence d'un mal reconnu irremédiable, qu'il peut y avoir, pour l'administration, motif réel de repousser un entrepreneur qui demande à former un établissement de *troisième classe*.

CHAPITRE V.

Règles communes aux trois classes.

SOMMAIRE.

86.—L'autorisation de former un établissement industriel ne peut pas être refusée par d'autres motifs que ceux tirés du danger, de l'insalubrité ou de l'incommodité de l'établissement.

87.—Lorsqu'un établissement a été inscrit sur le tableau de classement, à raison d'un inconvénient qui y est désigné, comme le bruit ou la fumée, l'autorisation peut-elle lui être refusée par un autre motif de danger, d'insalubrité ou d'incommodité?

88.—Des formalités à remplir par le fabricant qui veut transférer son établissement d'un lieu dans un autre.

89.—Des formalités à remplir pour la formation des établissements dans le rayon des douanes ou sur le cours des rivières.

90.—Des établissements placés sur le cours des rivières.

91.—Des établissements placés dans le rayon des douanes.

92.—De la déchéance à laquelle s'expose le fabricant qui n'exécute pas les conditions imposées à son autorisation.

93.—Quelle est l'autorité compétente pour prononcer cette déchéance à l'égard des établissements de première classe ?

94.—Dans le cas où le préfet la prononcerait, sa décision ne pourrait être déférée qu'au ministre du commerce.

95.—Quelle est l'autorité compétente pour prononcer cette déchéance à l'égard des établissements de seconde classe ?

96.—Pour cette classe, le droit de prononcer la révocation appartient-il au conseil de préfecture?

97.—*Quid*, à l'égard des établissements de troisième classe.

98.—Du cas où, sans s'écarter des conditions sous lesquelles l'établissement a été autorisé, le fabricant change son système d'exploitation ou modifie ses appareils ; distinction.

99.—Quelle est l'autorité compétente pour statuer sur les réclamations des voisins, à raison de modifications apportées par le fabricant aux conditions de son autorisation?

100.—Du cas où des établissements classés viennent à se former, sans avoir été préalablement autorisés : distinction.

101.—Lorsqu'un particulier s'est volontairement établi dans le voisinage d'un établissement insalubre, il ne peut être admis à en solliciter l'éloignement, à quelque classe qu'appartienne l'établissement.

I.

86. — Le décret du 15 octobre 1810 est un véritable règlement *sanitaire*, conçu dans l'unique pensée de mettre la vie et la santé des citoyens à l'abri des atteintes auxquelles pourrait les exposer le voisinage de certains établissements industriels, dangereux, insalubres ou incommodes de leur nature.

Toutes les fois qu'un fabricant demande l'autorisation de former un établissement de ce genre, les voisins qui croiraient avoir à s'en alarmer sont, sans contredit, en droit de s'y opposer ; mais c'est à la condition seulement que les moyens dont ils excipent sont tirés du danger, de l'insalubrité ou de l'incommodité de l'exploitation.

L'opposition qui se fonderait sur des motifs étrangers à l'objet spécial du décret du 15 octobre 1810, ou à celui de l'ordonnance du 14 janvier 1815, serait par cela même *non recevable*, à quelque classe qu'appartînt l'usine projetée.

Ce principe, qui se déduit clairement du texte

même du décret, reçoit de la jurisprudence du conseil d'Etat une consécration nouvelle.

Par ordonnance royale du 14 août 1816, le sieur Morel avait été autorisé à former, dans la commune de Bois-Guillaume, département de la Seine-Inférieure, deux manufactures de verre (1re classe).

Divers habitants du voisinage se pourvurent en révocation, par des motifs empruntés à la *forme* et au *fond*.

En la forme, ils se plaignaient de ce que, dans le cours de l'instruction préliminaire, le conseil de préfecture n'avait pas été consulté.

Au fond, les opposants argumentaient *du tort immense que le nouvel établissement devait faire à leur industrie personnelle et du dommage qui en rejaillirait infailliblement sur la contrée entière.*

Une seconde ordonnance, datée du 22 juillet 1818, repoussa les deux moyens d'opposition, en ces termes :

« Considérant que, d'après le décret du 15 octobre
« 1810 et notre ordonnance du 14 janvier 1815, les
« conseils de préfecture ne sont appelés à donner leur
« avis sur les oppositions formées à l'établissement
« des manufactures comprises dans la première classe
« du tableau annexé à ce décret, *que lorsque ces op-*
« *positions sont fondées sur l'insalubrité ou l'incom-*
« *modité des manufactures projetées ;*

« Considérant que les formalités prescrites par
« les lois, décrets et ordonnances, et notamment par
« notre ordonnance du 14 août 1816, sont remplies ;

« Considérant que les moyens présentés par les
« sieurs de Girancourt et autres, comme des motifs
« d'utilité publique et d'intérêt général, *ne sont pris*
« *que dans leur intérêt personnel et d'autres intérêts*
« *également privés ;*

« ART. 1er. — La requête des sieurs de Girancourt
« et consorts *est rejetée.* »

Déjà, sous le gouvernement impérial, la même
doctrine avait reçu une première application en matière d'établissements de deuxième classe, dans une
espèce à laquelle les circonstances qui l'accompa-
gnèrent donnent un intérêt tout particulier.

Dans le mois de mai 1811, le préfet de la Nièvre
refusa au sieur Seuly l'autorisation de remettre en
activité une fabrique de faïence qui ne fonctionnait
plus depuis longtemps.

Il soumit sa décision à l'approbation du ministre
de l'intérieur, qui, à la date du 27 juillet de la même
année, répondit par les observations suivantes :

« Votre arrêté est basé : 1° sur un arrêt du con-
« seil d'État, du 3 avril 1743, qui fixe à onze les ma-
« nufactures de faïence à Nevers ; 2° sur ce qu'aucune
« loi ne l'a révoqué ; 3° sur ce que la manufacture
« Champrond, inactive depuis dix ans, est périmée,
« aux termes de la loi du 21 avril 1810.

« Il semble extraordinaire d'exciper d'un arrêt
« aussi ancien et aussi contraire à notre législation
« actuelle, que l'est celui de 1743, pour interdire à
« un homme actif et laborieux le moyen de tirer
« parti de son industrie.

« Cet arrêt est tombé en désuétude; il est même
« indirectement abrogé par les lois qui régissent
« aujourd'hui notre industrie, notamment par celle
« du 17 mars 1791.

« *Le gouvernement a pour principe d'accorder une*
« *protection égale à toutes les entreprises industrielles*
« *dont l'exploitation n'est nuisible ni à la salubrité*
« *publique, ni aux droits d'autrui.*

« S'il agissait autrement, des plaintes s'élèveraient
« de toutes parts contre nos plus beaux établisse-
« ments; et, pour vous citer un exemple des incon-
« vénients qu'il y aurait à limiter le libre exercice du
« travail, je vous parlerai d'un fait particulier à la
« manufacture de Sèvres.

« Cette manufacture avait obtenu de l'ancien gou-
« vernement un privilége exclusif; pour quelle fût
« autorisée à faire revivre ce privilége, il faudrait
« faire fermer les vingt-trois manufactures du même
« genre qui existent dans Paris.

« L'arrêt de 1743 ne peut donc être regardé comme
« étant en vigueur; et je ne saurais, en conséquence,
« donner mon approbation à votre arrêté du 30 mai,
« qui est établi sur ses dispositions.

« De cette décision, le sieur Seuly aurait tort de
« conclure qu'il n'est pas tenu de solliciter une nou-
« velle permission pour reprendre les travaux de sa
« manufacture; la section 9 de mon instruction pour
« l'exécution de la loi sur les mines est opposée à
« cette prétention. Toute usine qui resterait inactive,
« dit cette loi, sans cause légitime, au delà du temps

« ordinaire de la fériation, ne pourra être remise en
« feu qu'en vertu d'une nouvelle permission.

« Or l'usine Champrond est sans activité depuis dix
« ans ; il faut donc, pour lui rendre cette activité,
« une nouvelle autorisation du gouvernement, dans
« les formes voulues par la loi du 21 avril 1810 »(1).

Le sieur Seuly sollicita une seconde fois l'autorisation. — Les oppositions recommencèrent ; l'affaire
arriva au conseil de préfecture, qui, dans sa séance du
28 janvier 1812, déclara la demande inadmissible.

Sur le recours au conseil d'Etat, introduit par le
sieur Seuly, les opposants firent principalement valoir comme moyen de défense : « Que le commerce
de faïence de Nevers était détruit par la formation
des nombreux établissements qui, à l'instar de celui de Champrond, fabriquaient des faïences connues sous le nom de terre anglaise. »

Un décret, qui porte la date du 5 janvier 1813,
mit fin au débat ; voici comment il est conçu :

« Considérant que le décret du 15 octobre 1810,
« relatif à l'établissement ou à la remise en activité
« d'établissements regardés comme insalubres, ou
« pouvant occasionner des accidents dangereux,
« *n'appelle pas les conseils de préfecture à prononcer*
« *sur les intérêts du commerce ;* qu'il leur est enjoint,
« au contraire, d'appuyer leurs décisions *unique-*
« *ment sur l'intérêt de la police :*

« Que l'arrêté du conseil de préfecture du dépar-

---

(1) V. *suprà*, n° 37.

« tement de la Nièvre, contre lequel réclame le sieur
« Seuly, *n'exprime, en aucune manière, que la manu-*
« *facture qu'il veut remettre en activité soit insalubre,*
« *ou puisse occasionner des dangers ;*

« Que d'ailleurs les pièces produites prouvent que
« l'établissement que veut former le sieur Seuly,
« *n'est ni insalubre, ni dangereux ;*

« ART. 1er. — L'arrêté du conseil de préfecture du
« département de la Nièvre, du 28 janvier 1812, *est*
« *annulé.*

« ART. 2. — Le sieur Seuly est autorisé à mettre en
« activité la fabrique de faïence qu'il se propose d'éta-
« blir dans la maison qu'il a acquise du sieur Cham-
« prond. »

Depuis lors, sont intervenues deux ordonnances
royales qui ont statué tout à fait dans le même sens.

L'une est du 23 juin 1819 ; elle avait pour objet
une poterie, dont quelques fabricants voulaient empêcher la formation, sous le prétexte *de la concur-*
rence ruineuse dont elle menaçait leurs établissements
préexistants.

L'autre est relative à un four à chaux, contre lequel
on objectait que son exploitation aurait pour résultat
prochain *de rendre impraticables les chemins vici-*
naux d'alentour ; elle porte la date du 3 février 1830.

Il ne paraît pas que, jusqu'à présent, la question
se soit encore élevée à l'occasion d'un établissement
rangé dans la troisième classe.

Si par événement elle se présentait, il n'est guère
possible assurément, qu'après les décisions souverai-

nement rendues au sujet des deux premières classes, et que nous venons de citer, elle reste un seul instant en suspens.

II.

87.—Peut-on, pour empêcher la formation d'une usine, exciper d'un inconvénient réellement attaché à son exploitation, *mais différent de ceux qui ont motivé le classement de cet établissement?*

En d'autres termes : lorsqu'un établissement a été inscrit sur le tableau de classement à raison, par exemple, de sa mauvaise odeur ou du danger du feu, les voisins sont-ils recevables à donner pour fondement à leur opposition *une autre cause d'incommodité, comme serait le bruit ou la fumée?*

La jurisprudence offre, à cet égard, des variations singulières, qui nous déterminent à revenir sur la question, dont nous avons déjà dit quelques mots en traitant des ateliers de deuxième classe (1).

Une première ordonnance rendue, le 8 novembre 1829, en faveur du sieur Selligue, imprimeur, contre les sieurs Gallois et Fossard, décida positivement que *le bruit* provenant du jeu d'une machine à vapeur *n'était pas une cause légitime d'opposition*, attendu que les établissements de ce genre n'avaient été rangés parmi les exploitations dangereuses ou incommodes, *qu'à cause du désagrément de la fumée, et du double danger de l'explosion et de l'incendie.*

---

(1) N° 64.

Quelques années après, la même difficulté se présenta de nouveau, dans les circonstances suivantes :

Le sieur Nougaillon avait obtenu du préfet de la Haute-Garonne, l'autorisation de former à Toulouse une fabrique de carton.

Un voisin nommé Cathala forma opposition à l'arrêté, par le motif que *le bruit du pilotage ébranlait les portes et les croisées de sa maison.*

Le conseil de préfecture accueillit ce moyen, et enjoignit au fabricant de déplacer son atelier de pilotage.

En appel, le ministre du commerce, consulté par le comité du contentieux, fut d'avis que l'opposition était *non recevable.* Il disait : « Les fabriques de « carton n'ayant été classées au nombre des établis- « sements dangereux, insalubres ou incommodes, « qu'à raison de ce qu'elles répandent un peu, d'o- « deur désagréable, comme les parchemineries, *l'in- « commodité du bruit produit par les pilons n'est pas « au nombre des motifs d'opposition susceptibles d'être « portés devant le conseil de préfecture.* C'est au « préfet que le sieur Cathala devait s'adresser pour « obtenir des modifications à l'établissement du sieur « Nougaillon. »

Le conseil d'Etat ne partagea pas l'opinion du ministre, et, par ordonnance du 6 avril 1836, la décision du conseil de préfecture *fut confirmée*, en ces termes :

« Considérant que les fabriques de carton sont pla- « cées dans la deuxième classe des établissements in- « commodes ou insalubres, *et que toutes les causes*

« *qui ont pu motiver ce classement, doivent être prises*
« *en considération pour déterminer l'autorisation à ac-*
« *corder à ces fabriques et les conditions auxquelles*
« *cette autorisation peut être donnée ;*

« Qu'il résulte de l'instruction que la fabrique du
« sieur Nougaillon *produit un bruit incommode pour*
« *le sieur Cathala,* en raison de la proximité à laquelle
« les pilons sont situés du mur en briques qui sépare
« sa propriété de celle du sieur Cathala ;

« Qu'il est possible, en conservant la fabrique,
« mais en déplaçant les pilons, de concilier l'intérêt
« de l'industrie avec les intérêts de la propriété voi-
« sine ;

« Que c'est avec raison que le conseil de préfecture
« a ordonné le déplacement en principe, en laissant
« au préfet, comme administrateur, le soin de dési-
« gner sur les lieux les changements qui seraient in-
« troduits dans l'usine du sieur Nougaillon.

« ART. 1ᵉʳ. — La requête du sieur Nougaillon *est*
« *rejetée.* »

Le conseil d'Etat, néanmoins, retourna bientôt à
sa première opinion.

Un sieur Ghéerbrant, qui avait obtenu du préfet
du Pas-de-Calais la permission d'établir une tannerie (deuxième classe), lui substitua, de son autorité
privée, un moulin à huile (troisième classe).

Le sieur Leuillieux se plaignit de ce que *le bruit* occasionné par les presses à coin dont on se servait dans
l'usine faisait déserter les locataires de sa maison. Il
demandait que l'établissement fût éloigné, ou tout

au moins qu'on assujettît l'entrepreneur à remplacer ses presses à coin par des presses muettes.

Ce dernier se mit alors en devoir d'obtenir l'autorisation spéciale dont il avait négligé de se pourvoir, et qui lui fut accordée par le sous-préfet de son arrondissement.

Sur l'opposition formée par le sieur Leuillieux, arrêté du conseil de préfecture qui maintint l'établissement, mais à la condition que l'entrepreneur *n'y emploierait que des presses muettes, au lieu des presses à coin dont il faisait usage.*

Recours au conseil d'Etat; le sieur Ghéerbrant puisait son principal moyen d'appel dans le précédent consacré par l'ordonnance du 8 novembre 1829, en faveur du sieur Selligue.

A cette autorité le défendeur opposait la décision contraire portée par l'ordonnance du 6 avril 1836, dans l'affaire Nougaillon.

En définitive, ce dernier système fut écarté; l'ordonnance royale en date du 18 novembre 1838, qui donna gain de cause à l'industriel est ainsi conçue :

« Considérant que les presses à coin employées par « le sieur Ghéerbrant *ne produisent aucun des incon-* « *vénients qui ont fait classer les moulins à tordre* « *l'huile parmi les établissements insalubres ou in-* « *commodes* ; — Que d'ailleurs il résulte de l'instruc- « tion qu'ils n'occasionnent point aux voisins dudit « sieur Ghéerbrant une gêne qui rende leur rempla- « cement nécessaire par des presses muettes ;

« ART. 1er. — L'arrêté du conseil de préfecture du

« département du Pas-de-Calais , du 14 août 1837 ,
« *est annulé.* »

Mais cette doctrine a été abandonnée une seconde
fois , dans l'affaire du journal *la Presse*, dont nous
avons déjà parlé, n° 64. Une ordonnance royale du
11 décembre 1844 a positivement refusé aux imprimeurs de cette feuille l'autorisation d'établir, pour
leur tirage quotidien , une machine à vapeur de la
force de trois chevaux, et cela, à raison *du bruit* occasionné par cette machine et dont se plaignaient les
voisins.

Dans le dernier état de la jurisprudence, il demeure
donc souverainement reconnu que les opposants à un
établissement sont parfaitement recevables à exciper
d'autres inconvénients que ceux énumérés dans l'ordonnance de classement de cet établissement; moyennant, bien entendu, que l'opposition se renferme
toujours dans le cercle tracé par le décret du 15 octobre 1810 et l'ordonnance complémentaire du 14
janvier 1815, savoir *le danger, l'insalubrité* ou *l'incommodité* résultant de l'exploitation.

III.

88. — Chacune des industries que régit le décret
du 15 octobre 1810 , porte avec elle sa nocuité. Mais
un établissement est plus ou moins nuisible aux propriétés qui l'environnent, suivant qu'il se trouve
dans des conditions plus ou moins favorables au genre
d'opérations qui s'y pratique.

On comprend, par exemple, qu'une usine d'où s'exhalent des odeurs méphitiques, ou une épaisse fumée, présente bien moins d'inconvénients sur un emplacement vaste, élevé et laissant à l'air un libre accès, que si elle était dans un endroit bas, resserré, et qui offrirait peu d'issues aux émanations provenant des fourneaux.

Ajoutons qu'il est tel emplacement sur lequel certains ateliers de deuxième classe seraient d'une innocuité parfaite, tandis qu'on ne pourrait y admettre d'autres établissements appartenant à la troisième classe qu'avec certaines précautions pour la sûreté des voisins.

Le choix de l'emplacement est donc d'une importance extrême ; l'administration y a toujours égard, soit pour accorder ou pour refuser la demande, soit pour imposer à l'entrepreneur des restrictions qui gênent plus ou moins le développement de son industrie.

Aussi est-il de principe qu'un fabricant qui a obtenu l'autorisation de former un établissement, ne peut légalement s'en servir que dans le local désigné par l'acte constitutif. S'il veut transférer ailleurs le siége de son exploitation, le bénéfice de la concession lui échappe et il lui faut en solliciter une nouvelle ; c'est-à-dire, en d'autres termes, que, suivant qu'il s'agit d'un atelier de *première*, de *deuxième*, ou de *troisième classe*, il faut, qu'avant toutes choses, il obtienne une ordonnance royale, une décision du préfet, ou un arrêté du sous-préfet, en observant d'ailleurs exactement les mêmes formalités qu'il a remplies une première fois.

L'article 13 du décret de 1810 ne laisse aucune incertitude quant au principe. On va voir comment la jurisprudence du conseil d'Etat en règle l'application.

1re CLASSE. — Le sieur Robert qui exploitait une fabrique à Metz, dans la rue Sainte-Marie, demanda au conseil de préfecture l'autorisation de transporter son établissement dans la rue Saint-Arnould ; elle lui fut refusée par arrêté du 9 janvier 1821.

Le demandeur n'interjeta pas appel ; mais il insista auprès du conseil de préfecture, à l'effet d'obtenir une *autorisation provisoire*.

Pendant que le conseil de préfecture délibérait, le préfet prit, *proprio motu*, deux arrêtés, en date des 5 et 16 février 1822, par lesquels il déclarait s'opposer à la translation demandée, attendu : 1° que l'établissement contentieux était de nature à ne pouvoir pas être toléré dans l'intérieur de la ville; 2° que le conseil de préfecture, qui s'était déjà prononcé dans l'arrêté du 9 janvier 1821, ne pouvait pas revenir sur sa décision.

Le sieur Robert se pourvut au conseil d'Etat; il objectait, d'une part, que l'arrêté de 1821 ne faisait aucunement obstacle à ce que le conseil de préfecture statuât sur la seconde demande, puisqu'elle différait entièrement de la première; d'autre part, qu'en supposant que le conseil de préfecture fût réellement in-

17

compétent, c'était à lui seul qu'il appartenait de déclarer son incompétence ; que cela ne regardait le préfet en aucune manière.

Le 31 juillet 1822 , intervint sur ce recours l'ordonnance royale qui suit :

« Considérant qu'il résulte des pièces, que l'établis-
« sement du sieur Robert, sur lequel il a été statué par
« les arrêtés dont est appel, est une chandellerie avec
« fonderie de suif à feu nu ;

« Que les établissements de cette nature sont, par
« notre ordonnance du 14 janvier 1815 , placés dans
« les établissements de première classe ; que s'il y a
« des oppositions auxdits établissements , les conseils
« de préfecture *doivent décider, sauf recours à notre*
« *conseil d'Etat;* que s'il n'y a pas d'oppositions, la
« permission doit être accordée, s'il y a lieu, *sur*
« *l'avis du préfet et le rapport de notre ministre de*
« *l'intérieur ;*

« Que, dans l'espèce, les oppositions à l'établisse-
« ment du sieur Robert *ont été jugées par le conseil*
« *de préfecture*, sans appel de sa part ;

« Que, quant à la *translation provisoire* ultérieure-
« ment demandée par le sieur Robert, *le préfet était*
« *compétent pour en connaître*, *sauf recours devant*
« *notre ministre de l'intérieur ;*

« Que dès lors *c'est devant notredit ministre que*
« *le sieur Robert doit se pourvoir*, s'il y a lieu, contre
« les arrêtés des 5 et 16 février 1822 ;

« Art. 1er. — La requête du sieur Robert *est re-*
« *jetée.* »

Il y a, ce nous semble, plus d'une observation à faire sur cette ordonnance.

Et d'abord il est certain, ainsi que nous l'avons établi plus haut, qu'en matière d'ateliers de première classe, le décret du 15 octobre 1810 n'investit les conseils de préfecture d'aucune sorte de juridiction; ils n'ont absolument *qu'un avis* à exprimer sur les oppositions formées à la demande du fabricant, et dont l'appréciation *est exclusivement réservée au pouvoir royal.*

Or nous avons peine à nous expliquer comment, dans l'ordonnance que nous venons de transcrire, on a pu reconnaître la validité de l'arrêté par lequel le conseil de préfecture de la Moselle, statuant sur les oppositions soulevées par le projet du sieur Robert, avait formellement décidé que la translation demandée n'aurait pas lieu.

La vérité est que le sieur Robert avait fort mal à propos porté sa demande en autorisation devant le conseil de préfecture, qui était sans qualité pour en connaître *autrement que par forme d'avis et sur le renvoi que lui en aurait fait le préfet;* de sorte que son arrêté du 9 janvier 1821 était véritablement empreint d'un grave excès de pouvoir qui semblait ne pouvoir pas échapper à la censure du conseil d'Etat.

En second lieu, la même observation s'applique aux arrêtés ultérieurs du préfet.

Ce magistrat n'était pas saisi de la demande en autorisation; et déjà, sous ce rapport, ce n'était pas à lui à la juger.

17.

Mais, en tout cas, il ne pouvait *que donner son avis* sur la translation projetée, et adresser ensuite les pièces au ministre de l'intérieur pour en faire l'objet d'un rapport au roi, seul compétent pour accorder ou refuser l'autorisation.

Nous nous faisons donc étrangement illusion, ou bien, au lieu de rejeter le pourvoi du sieur Robert, le conseil d'Etat devait, au contraire, infirmer les arrêtés préfectoraux des 5 et 16 février 1822, comme incompétemment rendus, et renvoyer l'appelant devant le préfet du département, pour y procéder, s'il le jugeait convenable, dans la forme prescrite par les art. 3, 4 et 5 du décret du 15 octobre 1810.

2ᵉ Classe. — Le sieur Malteau exploitait, dans la ville d'Elbeuf, une fabrique de gaz hydrogène, composée de deux appareils, dont l'un servait à décomposer l'huile, et l'autre à la décomposition des rebuts de filature et de débourrage des cardes.

Il forma, dans les premiers mois de 1834, le projet de changer son établissement de place. Mais il rencontra des oppositions, si bien que le préfet, auquel il avait adressé sa demande, lui refusa l'autorisation.

Le sieur Malteau en appela au conseil d'Etat. Il tirait son principal moyen de recours de cette circonstance, que le nouvel emplacement était situé d'une manière plus favorable à l'exploitation que l'ancien, puisqu'il se trouvait à une plus grande distance des habitations.

Le conseil d'Etat soumit la question au comité consultatif des arts et manufactures, qui répondit : qu'à son avis il n'y avait pas d'inconvénient à autoriser le déplacement, moyennant qu'on assujettît l'entrepreneur à n'employer que de l'huile dans sa fabrication.

Le sieur Malteau, en souscrivant à cette condition, trancha la difficulté, et, par suite, une ordonnance royale, du 25 juillet 1834, fit droit à son appel dans les termes suivants :

« Considérant que les fabriques de gaz hydrogène « sont rangées par l'ordonnance du 14 janvier 1815, « dans la deuxième classe des établissements incom- « modes et insalubres (1);

« Qu'aux termes de l'art. 1er du décret du 15 oc- « tobre 1810, les ateliers compris dans cette classe « ne sont pas au nombre de ceux dont l'éloignement « des habitations est rigoureusement exigé ; mais « qu'il importe néanmoins de n'en permettre la for- « mation qu'après avoir acquis la certitude que les « opérations qu'on y pratique sont exécutées de ma- « nière à ne pas incommoder les propriétaires du « voisinage, ni à leur causer aucun dommage ;

« Considérant que si le genre d'exploitation auquel « se livre le sieur Malteau a fait naître un grand nom- « bre d'oppositions, il résulte de l'avis du comité con-

---

(1) Il y a là une légère erreur ; les fabriques de gaz n'ont été classées que par l'ordonnance du 20 août 1824.

« sultatif des arts et manufactures, que son établisse-
« ment ne donnerait lieu à aucune plainte fondée, si ce
« fabricant se bornait à extraire le gaz de l'huile,
« comme le lui prescrivait l'arrêté du préfet en date
« du 23 juin 1819;

« ART. 1er. — Le sieur Malteau est autorisé à trans-
« férer son établissement rue de la Bague, au lieu in-
« diqué dans le plan, à la charge par lui de n'em-
« ployer que de l'huile, à l'exclusion de toute
« matière animale, et de remplir strictement les obli-
« gations prescrites par l'ordonnance du 20 août
« 1824, ainsi que celles qui pourraient lui être im-
« posées par le préfet. »

Le conseil d'État, on le voit, ne fait aucune différence entre la *création* d'un établissement et sa
translation d'un lieu dans un autre.

Ce sont toujours les mêmes formalités à remplir,
les mêmes épreuves à subir par le fabricant; c'est
enfin, pour l'administration, le même problème à
résoudre, celui de savoir si, dans le nouveau local,
l'exploitation peut ou ne peut pas se concilier avec la
sûreté des habitants du voisinage.

La conciliation est-elle impossible? L'autorisation
ne saurait être accordée; cela va sans dire.

Mais dans le cas contraire, il est évident que l'administration n'a pas plus de motifs pour défendre le
déplacement, qu'elle n'en a eu pour empêcher l'établissement de se former.

3e CLASSE. — La doctrine ne change pas à l'égard

des industries rangées dans cette classe, témoin l'ordonnance royale du 25 avril 1834, que nous avons rapportée en parlant des *chantiers de bois.*

Il s'agissait d'un chantier que l'entrepreneur désirait transférer de la rue Neuve-des-Mathurins dans la rue Castellane.

Le préfet de police, et après lui le conseil de préfecture, avaient refusé l'autorisation.

En appel, il fut démontré qu'au prix de quelques prescriptions acceptées par le demandeur, le déplacement ne devait entraîner aucun inconvénient ; et il n'en fallut pas davantage au conseil d'Etat pour lever l'interdit.

IV.

89. — L'ordonnance réglementaire du 14 janvier 1815 se termine par cette disposition :

« L'accomplissement des formalités établies par
« le décret du 15 octobre 1810 et par notre présente
« ordonnance, ne dispense pas de celles qui sont
« prescrites pour la formation des établissements qui
« seront placés dans le rayon des douanes , ou sur
« une rivière, qu'elle soit navigable ou non ; les rè-
« glements à ce sujet continueront à être en vigueur. »

90.—Parlons d'abord *des rivières.*

Les eaux, en général, sont placées sous la surveillance spéciale de l'administration ; rien de ce qui

----

(1) N° 79.

peut accélérer, ralentir ou altérer en aucune manière leur cours, ne saurait lui rester indifférent.

Or, comme il n'est guère possible d'établir une usine sur une rivière, sans que le régime primitif de celle-ci en éprouve quelque changement, il est de principe que l'établissement ne peut se former qu'en vertu d'une autorisation expresse; et cette autorisation, l'administration ne la donne qu'après s'être assurée qu'il n'en résultera aucun dommage, soit sous le rapport de l'intérêt public, soit par rapport à l'intérêt privé.

Maintenant, par qui l'autorisation doit-elle être délivrée?

A ne consulter que les principes généraux du droit, il y aurait tout naturellement une distinction à faire entre le cas où la rivière dont il s'agit est *navigable* ou *flottable*, et celui où elle n'est ni l'un ni l'autre.

Pour une rivière navigable ou flottable, point de difficulté : l'autorisation ne pourrait émaner que du pouvoir royal, auquel ressortissent essentiellement toutes les questions d'intérêt général.

Ne s'agit-il, au contraire, que d'une petite rivière? Une décision de l'autorité départementale devrait suffire, puisqu'il n'y a alors que des intérêts ou des convenances de localité à apprécier.

Mais, par suite du système de centralisation qui, sous le gouvernement impérial, a envahi toutes les parties de l'administration, et dont les gouvernements ultérieurs ont obstinément conservé la tradition, il est passé en principe que l'établissement d'une

usine *sur une rivière quelconque* ne peut être autorisé QUE PAR LE ROI, sur le rapport du ministre, précédé de l'avis du préfet.

On chercherait vainement un texte de loi qui
pût servir de base à cette doctrine; l'usage seul la
consacre, et le conseil d'Etat en a fait littéralement
l'application aux établissements que régit le décret
du 15 octobre 1810.

Dans le mois de juillet 1832, le sous-préfet de
Grasse autorisa le sieur Augier à construire *un moulin à huile et à ressence,* sur un cours d'eau appelé
le Vivier, en imposant d'ailleurs au concessionnaire
l'obligation d'user des eaux sans les consommer, les
arrêter, ni les altérer.

Le sieur Augier, dont cette restriction contrariait
les vues, se pourvut au conseil de préfecture pour la
faire supprimer.

Des oppositions s'élevèrent de la part de plusieurs
riverains, qui, entre autres moyens, excipèrent de
l'illégalité de l'arrêté du sous-préfet; l'usine litigieuse, disaient-ils, doit être établie sur un cours
d'eau ; *il n'appartient, dès lors , qu'au pouvoir royal
d'en autoriser la construction.*

Par arrêté du 2 avril 1832, le conseil de préfecture
maintint l'autorisation accordée au sieur Augier,
en tant qu'un moulin à ressence était sans danger
pour la salubrité publique. Mais, en même temps,
il réserva aux opposants leurs droits quant au préjudice matériel que pourrait leur causer l'exploitation ; et encore *quant à la nécessité d'une ordonnance*

*royale pour autoriser la prise d'eau et régler la hau-
teur du déversoir.*

Les riverains interjetèrent appel au Conseil d'Etat.
Là, ils soulevèrent de nouveau l'exception d'incompétence; et attendu que nul établissement ne pouvait
subsister sur un cours d'eau qu'autant qu'il aurait
été autorisé *par le roi*, ils demandèrent que le moulin du défendeur *fût mis en chômage*, jusqu'à ce que
cette autorisation eût été obtenue.

En résultat, ces conclusions, furent accueillies par
une ordonnance du 12 juillet 1837, dans les termes
suivants :

« Considérant que l'autorisation accordée par le
« sous-préfet et le conseil de préfecture, en exécution
« du décret du 15 octobre 1810 et de l'ordonnance
« du 14 janvier 1815, ne pouvait conférer au sieur
« Augier le droit de construire, *sans autorisation*
« *spéciale*, son usine sur un cours d'eau ;

« *Qu'il n'appartenait qu'à nous de donner cette*
« *autorisation ;*

« Art. 1er. — L'arrêté du conseil de préfecture du
« département du Var *est annulé* dans celle des dis-
« positions qui dispense le sieur Augier de l'accom-
« plissement des conditions imposées par le sous-pré-
« fet, de ne point arrêter et consommer les eaux du
« Vivier, ni les salir par des versures et infiltration.

« En conséquence, les moulins à huile et à ressence
« du sieur Augier, en tant qu'ils sont rangés dans la
« troisième classe des établissements insalubres et in-

« commodes , *ne sont autorisés que sous ces condi-*
« *tions.*

« ART. 2. — Le sieur Augier est renvoyé devant
« qui de droit, *pour obtenir, s'il y a lieu, l'autorisa-*
« *tion nécessaire pour l'établissement de ses moulins*
« *sur un cours d'eau.*

« Jusqu'à ce qu'il ait été statué, lesdits moulins
« *seront mis et resteront en chômage.*

Résumons-nous.

Lorsque l'établissement projeté appartient à la *pre-*
mière classe, il est évident que le fabricant n'a pas
besoin de se pourvoir d'une autorisation particulière
et spéciale du roi, pour placer son usine sur un cours
d'eau , puisque l'usine elle-même ne peut être autorisée que par une ordonnance royale , qui en détermine expressément le siége.

Cette autorisation spéciale devient indispensable
pour les établissements rangés dans les deux autres
classes, attendu que le préfet ou le sous-préfet , res-
pectivement saisis de la demande originaire, ne peuvent en connaître que sous le rapport de *l'insalubrité*
et de *l'incommodité*, de sorte que l'autorisation qu'ils
accordent laisse entièrement indécise la question relative à *l'emplacement* sur un cours d'eau.

Le fabricant s'exposerait donc infailliblement à
voir son exploitation suspendue, et peut-être supprimée sans retour, s'il passait outre, avant d'avoir obtenu l'ordonnance royale, qui doit former le complément obligé de l'autorisation.

Or il n'a , pour cela , qu'à adresser une demande

au préfet de son département, qui, après avoir pris tous les renseignements que comportent la nature et l'importance du cours d'eau, la transmet, avec son avis, au ministre des travaux publics.

Le ministre, lorsque l'instruction de l'affaire est complète, fait un rapport au roi, qui prononce défi-nitivement.

Ajoutons, qu'en pareil cas, l'ordonnance royale qui intervient ne laisse au fabricant aucun recours possible par la voie contentieuse. Mais les tiers inté-ressés seraient incontestablement recevables à y for-mer opposition ; pourvu cependant qu'ils n'aient pas figuré dans l'instruction, et que l'ouverture d'une enquête ne les ait pas mis en demeure de faire valoir leurs droits.

91. — Quelques mots, à présent, sur l'interven-tion de l'administration des *douanes*.

L'article 6 du décret du 15 octobre 1810 est ainsi conçu :

« S'il s'agit de fabriques *de soude*, ou si la fabrique « doit être établie *dans la ligne des douanes*, notre « directeur général des douanes *sera consulté*. »

Cette disposition est empruntée à une loi du 30 avril 1806, qui en détermine nettement l'objet, et qui porte, article 75 :

« Dans les deux myriamètres frontières, excepté « dans les villes de 2,000 âmes et plus, aucune usine, « fabrique, ou manufacture ne peut être établie sans « une autorisation du ministre des finances, délivrée « d'après l'avis du préfet et celui du directeur des

« douanes, *constatant que la position de ces établis-*
« *sements ne peut pas favoriser la fraude.* »

Ainsi c'est uniquement dans l'intérêt du fisc qu'a été conçu l'art. 6 du décret de 1810.

De plus, aux termes d'une ordonnance du 27 juin 1814, lorsque le propriétaire d'un établissement industriel situé dans le rayon des deux myriamètres frontières met en circulation des marchandises sortant de sa manufacture, il doit attester par écrit, et faire certifier par l'autorité locale, qu'elles sont bien le produit de son industrie.

Un industriel convaincu par jugement d'avoir favorisé la contrebande, pourrait être contraint par l'autorité supérieure à déplacer sa fabrique dans le délai d'une année. (Loi du 21 ventôse an XI, — art. 1 et 2.)

V.

92. — Les obligations imposées à l'entrepreneur d'un établissement insalubre, dangereux ou incommode, forment un lien d'autant plus étroit, que c'est uniquement sur la foi de la garantie qui devait en résulter pour la sécurité des habitants du voisinage, que l'autorisation a été accordée.

Or celui qui manquerait à ses engagements, en n'exécutant pas les conditions qu'il a acceptées, encourrait naturellement *la déchéance;* l'administration ne saurait faire moins que de lui retirer une concession dont il abuse d'une manière alarmante pour la sûreté publique.

93. — La déchéance toutefois n'atteindrait pas de plein droit le fabricant; il faut toujours qu'elle soit prononcée par l'autorité compétente.

Quelle est cette autorité? C'est ce que nous allons demander à la jurisprudence.

Le sieur Thinet, fabricant de chandelles à Thiers, département du Puy-de-Dôme, obtint, en 1824, l'autorisation d'ouvrir une fonderie de suif à feu nu (1re classe), *mais hors la ville*.

Il ne tint aucun compte de cette condition, et, de son autorité privée, il s'établit *dans l'enceinte de la ville*.

Plusieurs voisins en prirent occasion pour attaquer l'ordonnance royale qui avait autorisé l'établissement, et qu'ils disaient être le fruit de la surprise.

L'entrepreneur, pour toute défense, se retranchait dans une fin de non-recevoir, tirée de ce que l'ordonnance attaquée avait été régulièrement rendue, et n'offrait conséquemment aucune sorte de prise à l'opposition.

Ce système fut accueilli par le conseil d'Etat; il fut décidé qu'effectivement l'opposition n'était pas recevable, mais sans préjudice de l'action ouverte aux opposants contre le défendeur, pour s'être affranchi des conditions auxquelles était subordonnée la formation de son établissement.

Voici les termes de l'ordonnance approbative, qui porte la date du 21 décembre 1825 :

« Considérant qu'il s'agit d'un atelier de première « classe, et que, l'ordonnance royale du 1er septembre « 1824 ayant été rendue après une instruction con-

« tradictoire, les requérants sont non recevables
« dans leur pourvoi par la voie contentieuse contre
« ladite ordonnance;

 « Considérant que si l'établissement n'est pas for-
« mé en dehors de la ville, *comme le prescrivait l'or-
« donnance, c'est devant l'administration que les re-
« quérants doivent se retirer pour réclamer l'exécution
« de cette disposition;* -

« ART. 1ᵉʳ. — La requête des sieurs Fourraud et
« consorts est rejetée. »

Ainsi, en fait d'établissements compris dans *la première classe*, c'est à l'administration, c'est-à-dire au
préfet, que les voisins doivent recourir pour avoir
justice des infractions commises par le fabricant aux
conditions de l'autorisation en vertu de laquelle il
exploite.

Est-ce à dire qu'il appartient au préfet de déclarer que l'infracteur est déchu de son privilége?

Non, sans doute; car ce serait lui reconnaître le
droit exorbitant d'annuler un acte de l'autorité
royale; acte qui ne peut être rétracté ou modifié que
par le pouvoir même dont il émane.

Le préfet, qui répond de l'ordre public et de la
sûreté de ses administrés, aurait certainement, si le
cas l'exigeait, la faculté de faire provisoirement cesser les travaux de la fabrique. Il ne pourrait, après
cela, que transmettre la réclamation des plaignants
au ministre du commerce, qui proposerait ensuite au
roi les mesures qu'il jugerait les plus convenables à
la circonstance.

94. — Lorsque le préfet a, mal à propos, ordonné la clôture d'un établissement, par le motif que l'entrepreneur lui a donné un développement qui excède les proportions déterminées dans l'acte d'autorisation, c'est au ministre que ce dernier doit se pourvoir contre la décision ; un recours direct au conseil d'Etat ne serait pas recevable.

C'est ce qui a été jugé, tout récemment, dans l'espèce suivante :

Une ordonnance royale, du 18 septembre 1833, autorisa le sieur Belu à établir une voirie et un clos d'équarrissage dans la plaine de Saint-Denis, près Paris.

Le sieur Capdeville, devenu en 1820 cessionnaire de Belu, fit à sa propriété des changements tels, qu'elle prit bientôt toute l'apparence d'un établissement-nouveau.

Mis plusieurs fois en demeure de rentrer dans les limites assignées à son prédécesseur, il n'en tint aucun compte. Finalement, le préfet de police, par arrêté du 8 juillet 1841, lui enjoignit de fermer son atelier d'équarrissage.

Le sieur Capdeville se pourvut au conseil d'Etat.

Le débat s'engagea d'abord uniquement sur le point de savoir si , au moyen des développements donnés à son établissement, l'appelant était ou n'était pas sorti des limites posées dans l'ordonnance d'autorisation du 18 septembre 1833.

Mais le conseil d'État, laissant à l'écart le fond de la contestation, et s'attachant uniquement à la forme, déclara *d'office* le pourvoi *non recevable*. Sa décision fut approuvée par une ordonnance royale, du 19 janvier 1844, conçue en ces termes :

« Considérant que l'arrêté du préfet de police, en
« date du 8 juillet 1841, lequel a ordonné la clôture
« de l'atelier d'équarrissage exploité par le sieur Cap-
« deville, comme constituant un établissement nou-
« veau, n'a été l'objet d'aucun recours devant notre
« ministre de l'agriculture et du commerce, *et qu'il*
« *n'est pas susceptible de nous être déféré directement*
« *par la voie contentieuse ;*

« ART. 1er. —. Le pourvoi du sieur Capdeville est
« rejeté. »

95. — La jurisprudence est plus explicite quand il s'agit de déterminer quelle est l'autorité compétente pour prononcer la déchéance encourue par les établissements de la deuxième classe.

Par arrêté du préfet de police, en date du 17 août 1822, le sieur Pignet fut autorisé à établir, dans Paris, rue Neuve-Saint-Médard, une fabrique de noir d'os à l'usage des raffineries, *et brûlant sa fumée.*

Indépendamment de plusieurs prescriptions relatives à la construction de l'appareil, il était enjoint au concessionnaire : « de prendre toutes les précau-
« tions nécessaires dans l'intérêt de la sûreté et de la
« salubrité publiques, et de se conformer à telles au-
« tres mesures que, dans le même but, l'administra-
« tion jugerait utile de lui prescrire pendant tout le
« temps de ses travaux dans le local indiqué. »

L'exploitation suscita des plaintes, à la suite des-

quelles il fut ordonné au sieur Watel, devenu propriétaire de la fabrique, de ne pas conserver des os
au delà de la quantité nécessaire pour deux journées
de travail, — et en outre d'établir un fourneau propre à brûler entièrement sa fumée.

Rien de tout cela ne fut exécuté, ou l'exécution ne
fut qu'imparfaite ; si bien, que les plaintes continuè-
rent, et déterminèrent le préfet de police à révoquer l'autorisation.

Cette décision, datée du 28 janvier 1840, et par
conséquent postérieure de dix-huit années à la création de l'établissement qu'elle supprimait, reposait
sur les motifs suivants :

« Attendu que les rapports du conseil de salubrité
« font connaître que les propriétaires successifs de la
« fabrique de noir d'os dont il s'agit, et dont le der-
« nier est le sieur Balloche, ne se sont pas conformés
« aux conditions qui leur ont été imposées par les ar-
« rêtés des 17 août 1822 et 13 novembre 1834, non
« plus qu'à la notification faite le 24 janvier 1833, en
« ce qui concerne l'obligation de se servir d'un four-
« neau fumivore, et de calciner les os deux ou trois
« jours, au plus tard, après qu'ils auront été recueil-
« lis dans l'établissement ;

« Attendu que la fabrique en question est fort mal
« tenue, et qu'il existe des dépôts d'os fort anciens et
« qui répandent dans le quartier une infection con-
« tinuelle ;

« Arrêtons....., etc., etc. »

Le sieur Balloche se pourvut au conseil d'Etat : il

contestait au préfet de police le droit de revenir sur son autorisation, même pour cause d'inexécution, *alors que la réserve n'en avait pas été formellement exprimée dans l'acte constitutif.* Voici l'ordonnance royale qui intervint le 27 août 1840 :

« Considérant que les ateliers de fabrication de
« noir d'os à fourneaux fumivores sont rangés par
« l'ordonnance du 14 janvier 1815 dans la deuxième
« classe des établissements insalubres ;

« « Considérant qu'aux termes de l'art. 2 du décret
« du 15 octobre 1810, et de l'art. 4 de l'ordonnance du
« 14 janvier 1815, les autorisations pour l'exploitation
« des ateliers de seconde classe sont délivrées à Paris
« par le préfet de police, *auquel il appartient, en cas*
« *d'inexécution des conditions imposées, et dans l'in-*
« *térêt de la salubrité publique, en vertu de l'art.* 23
« *de l'arrêté du* 12 *messidor an* 8, *d'ordonner la fer-*
« *meture des établissements autorisés ;*

« Considérant que, par arrêté du préfet de police,
« du 17 août 1822, une fabrication de noir d'os à
« fourneau fumivore a été autorisée, rue Neuve-St-
« Médard, sous certaines conditions, et notamment
« sous celle de se conformer à toutes les mesures que,
« dans l'intérêt de la salubrité publique, l'adminis-
« tration jugerait à propos de prescrire pendant toute
« l'exploitation ;

« Considérant qu'il résulte de l'instruction que les
« conditions de l'autorisation, et que les mesures
« prescrites dans l'intérêt de la salubrité publique,
« par arrêtés du préfet de police des 24 janvier 1833

« et 13 novembre 1834, n'ont été exécutées, ni par
« les sieurs Pignet et Watel, ni par le sieur Balloche,
« leur successeur;

« Art. 1er. — La requête du sieur Balloche *est re-*
« *jetée.* »

Il ne faut pas confondre, dans cette ordonnance,
le principe qu'elle consacre, avec le motif qui en fait
le fondement.

Le principe est incontestable.

Quant au motif, nous ne savons comment expliquer que le conseil d'Etat ait cru devoir l'aller emprunter au décret du 12 messidor an 8, qui est uniquement destiné à régler les attributions du préfet de
police, et ne s'applique, par conséquent, qu'au seul
département de la Seine, de sorte qu'il est tout à
fait en dehors de la législation particulière aux établissements insalubres ou incommodes, qui embrasse
la France entière.

Que dit d'ailleurs l'article 23 de ce décret?

Il est ainsi conçu :

« Le préfet de police assurera la salubrité de la
« ville,..... En empêchant d'établir dans l'intérieur
« de Paris des ateliers, manufactures, laboratoires
« ou maisons de santé, qui doivent être hors de l'en-
« ceinte des villes, selon les lois et règlements. »

Ainsi le préfet de police a mission d'empêcher
l'introduction dans Paris de certaines industries que
les règlements sanitaires proscrivent de l'enceinte des
villes; mais voilà tout.

C'est faire violence au texte formel du décret, que

de conclure des dispositions de l'art. 23, qu'il attribue au préfet de police le droit de supprimer ces
mêmes établissements, quand la formation en a été
légalement autorisée par des règlements postérieurs.

Un pareil droit ne saurait évidemment se tirer
que du décret du 15 octobre 1810, qui est la loi de
la matière ; et s'il ne s'y trouve pas littéralement écrit,
il nous semble s'en déduire virtuellement d'une manière très logique.

En effet, l'autorisation en vertu de laquelle un
établissement insalubre s'élève, forme une sorte de
contrat, par lequel l'administration garantit au fabricant le libre exercice de son industrie, tandis que
ce dernier s'engage à remplir fidèlement toutes les
conditions qu'elle a cru devoir mettre à la concession.

Tant que le fabricant s'exécute, le bénéfice de l'autorisation lui demeure incommutablement acquis ;
si bien, que l'administration ne pourrait l'évincer que
pour cause d'utilité publique et en l'indemnisant.

S'il vient, au contraire, à ne pas remplir ses obligations, il rompt par cela même le contrat et donne
conséquemment à l'administration le droit de reprendre l'autorisation.

Or, du moment que le décret de 1810 n'a rien
réglé quant au mode à suivre pour effectuer la résolution, il est rationnel qu'elle s'opère de la même
manière que le contrat s'était formé.

Pour les établissements de la deuxième catégorie,
l'autorisation est délivrée *par le préfet* dans les dé-

partements, et *par le préfet de police* à Paris ; c'est donc à eux que revient naturellement le droit d'en prononcer, le cas échéant, la révocation.

96.—De plus, ce droit de prononcer la révocation pour cause d'inobservation des conditions prescrites, le conseil d'Etat l'a reconnu également aux conseils de préfecture, par application des règles établies dans le décret de 1810.

Le préfet d'Indre-et-Loire, par arrêté du 7 février 1831, autorisa le sieur Alleau à fondre le suif, dans son domicile à Azay, sans cretons et à l'acide sulfurique, sous peine de voir révoquer la permission, s'il lui arrivait d'abandonner ce procédé, à moins qu'il n'y substituât la fonte au bain-marie ou à la vapeur.

Au bout de deux ans, le sieur Huré, voisin du fabricant, le dénonça comme ne se renfermant pas dans les conditions de son privilége, et demanda au préfet la suppression de l'usine.

Ce magistrat renvoya la plainte au conseil de préfecture, qui, par arrêté du 16 avril 1834, fit défense au sieur Alleau de continuer la fonte des suifs dans son atelier, à moins d'une autorisation nouvelle.

Le ministre du commerce se pourvut, dans l'intérêt de la loi, contre cette décision. Suivant lui, le conseil de préfecture, compétent seulement pour statuer sur les oppositions à la formation d'un établissement de la deuxième classe, *était sans qualité pour annuler l'autorisation par le motif que le concessionnaire n'exécutait pas les conditions prescrites.*

Mais le Conseil d'Etat ne partagea point l'opinion du ministre, dont le recours fut écarté par une ordonnance du 9 novembre 1836, dans les termes suivants :

« Considérant que le conseil de préfecture d'Indre-« et-Loire a été régulièrement saisi, par le renvoi qui « lui a été fait par le préfet, de la réclamation du « sieur Huré, *considérée comme opposition à l'établis-« sement d'un atelier insalubre de deuxième classe, « autorisé par l'arrêté du 7 février* 1831;

« Que l'instance a été liée par la contestation enga-« gée devant ledit conseil entre le sieur Huré et le « sieur Alleau, au sujet de l'exécution des conditions « imposées par ledit arrêté d'autorisation : et que, « dès lors, la décision attaquée, quel que soit son « mérite au fond, *a été rendue par le conseil de pré-« fecture dans les limites de sa compétence ;*

« ART. 1er. — Les conclusions du rapport de notre « ministre du commerce *sont rejetées.* »

Du rapprochement des décisions rendues par le conseil d'Etat sur la question qui nous occupe, il résulte donc que les demandes en suppression d'un établissement de deuxième classe sont du ressort du préfet, et que ce magistrat peut, ou y faire droit lui-même administrativement, ou renvoyer les parties devant le conseil de préfecture, pour y être statué sur le litige.

97. — Dans le mois d'octobre 1833, le préfet de police permit au sieur Bonneau d'établir à Paris, rue Château-Landon, un échaudoir pour la cuisson des têtes de mouton (3e classe).

Le concessionnaire en abusa ; les voisins se plaigni-
rent ; et par arrêté du 19 décembre 1837 , le préfet
de police lui retira l'autorisation.

Il se rendit appelant au conseil d'Etat, et fût repoussé par une ordonnance royale en date du 27 août
1840 , dans les termes suivants :

« Considérant qu'il résulte des pièces et documents
« de l'instruction, que le sieur Bonneau, nonobstant
« les sommations à lui faites par l'administration, ne
« s'est point conformé aux conditions qui lui avaient
« été imposées par l'arrêté du préfet de police , du
« 29 octobre 1833 , lequel a autorisé son établisse-
« ment *comme appartenant à la troisième classe* des
« établissements insalubres et incommodes ;

« Que de plus , il s'est livré à des opérations autres
« que celles déterminées dans l'autorisation à lui ac-
« cordée par ledit arrêté , notamment à la fonte du
« suif brun ;

« Que le requérant n'aurait été en droit de se li-
« vrer auxdites opérations , qu'autant qu'il aurait
« été pourvu d'une autorisation accordée dans les
« formes voulues pour les établissements de première
« classe ;

« Que dès lors, c'est avec raison que, par la décision
« attaquée, le préfet de police, révoquant l'autorisa-
« tion résultant de l'arrêté précité du 29 octobre
« 1833, *a ordonné la fermeture de l'établissement du*
« *sieur Bonneau.*

« ART. 1er. — La requête du sieur Bonneau *est re-*
jetée. »

Cette ordonnance ne nous paraît pas être à l'abri d'une juste critique.

Puisque l'usine projetée en 1833 par le sieur Bonneau appartenait à *la troisième classe*, la formation n'avait pu en être autorisée qu'en vertu des articles 8 du décret du 15 octobre 1810, et 3 et 4 de l'ordonnance royale du 14 janvier 1815.

En accordant l'autorisation, le préfet de police avait donc agi *comme faisant fonctions de sous-préfet*.

Par conséquent, c'était seulement *comme sous-préfet* qu'il avait pu connaître de la réclamation élevée par les voisins et ordonner la suppression de l'établissement.

Il suit de là que son arrêté du 19 décembre 1837 ne ressortissait nullement par appel au conseil d'Etat ; le sieur Bonneau devait se pourvoir d'abord *au conseil de préfecture*, sauf à la partie qui succomberait à recourir ultérieurement au conseil d'Etat, s'il y avait lieu.

En vain on dirait que, dans son arrêté du 19 décembre 1837, le préfet de police procédait, non point en vertu et par application du décret de 1810 et de l'ordonnance de 1815, mais bien en vertu de l'arrêté consulaire du 12 messidor an 8.

Nous répondrions d'abord, qu'en vertu de l'arrêté consulaire de l'an 8, le préfet de police n'avait pas plus qualité pour supprimer un établissement de troisième classe dûment autorisé, qu'un établissement qui aurait appartenu à la première ou à la deuxième.

En second lieu, la suppression de l'établissement contentieux, en la supposant opérée en exécution de l'arrêté consulaire de messidor an 8, n'aurait plus été qu'une mesure ordinaire de police, régie par les principes généraux du droit administratif; de sorte que, suivant l'ordre hiérarchique, le sieur Bonneau n'aurait pu en appeler qu'au ministre, dont la décision seule eût été passible de recours au conseil d'État.

Sous tous les rapports, l'ordonnance intervenue sur l'appel du sieur Bonneau nous paraît donc également illégale, en ce sens que le conseil d'État avait été incompétemment saisi, qu'il aurait dû conséquemment se récuser et renvoyer l'appelant soit devant le conseil de préfecture, soit devant le ministre du commerce.

98.—Il peut arriver que, sans chercher à s'affranchir des conditions sous lesquelles son établissement a été autorisé, un fabricant prenne sur lui d'introduire des changements dans son système d'exploitation ou des modifications dans ses appareils.

Certes, il est blâmable d'avoir agi de son propre chef et sans l'aveu de l'administration; au demeurant, l'important est de savoir quelles sont, par rapport à la sûreté publique, les conséquences des innovations effectuées.

Si, au lieu d'améliorer la condition des voisins, elles tendaient à l'aggraver, l'administration ne pourrait évidemment que placer le concessionnaire dans l'alternative de revenir immédiatement aux erre-ments primitifs, ou de se voir enlever l'autorisation.

Au commencement de 1813, le sieur Raparlier avait obtenu du préfet du Nord l'autorisation d'éta-blir à Cambrai un moulin à huile.

L'exploitation était soumise à quelques conditions, qui ne furent pas respectées.

Un négociant de Cambrai, nommé Dehollain, se plaignit; mais un arrêté du conseil de préfecture au-torisa l'entrepreneur à continuer sa fabrication.

Recours au conseil d'Etat.

L'appelant demandait que le sieur Raparlier fût condamné à exécuter strictement les obligations qui lui avaient été imposées; il concluait subsidiairement à la suppression de l'usine.

Une ordonnance, du 3 février 1819, fit pleinement droit à ces conclusions; elle porte :

« Considérant que le sieur Raparlier a volontaire-« ment et sans autorisation apporté des changements « au mécanisme qu'il avait projeté; qu'il reconnaît « avoir renoncé aux procédés par lui indiqués, et « qu'il est revenu à l'ancienne méthode des béliers « ou étampes;

« Considérant d'ailleurs que le sieur Raparlier peut, « à l'instar de plusieurs fabricants d'huile, se servir « de presses muettes ou de tout autre procédé analo-« gue, ainsi qu'il en avait d'avance contracté l'obli-« gation ;

« Art. 1er. — L'arrêté du conseil de préfecture du

« département du Nord, du 27 octobre 1817, *est*
« *annulé.*

« Art. 2. — Le sieur Raparlier *se conformera à*
« *l'autorisation à lui accordée par l'arrêté du 19 fé-*
« *vrier* 1813; en conséquence, il substituera à l'em-
« ploi des béliers ou étampes, un système quelconque
« de presses muettes ou tout autre mécanisme équi-
« valent, *si mieux il n'aime renoncer au bénéfice de*
« *ladite autorisation, et en solliciter une nouvelle.* »

Supposons maintenant que les changements effec-
tués dans l'usine soient habilement conçus, et qu'ils
offrent à la sécurité publique les mêmes garanties
que les combinaisons précédentes. Où trouver une
raison plausible pour les proscrire et pour ramener
l'entrepreneur à l'exécution littérale de l'acte de concession?

Une telle exigence, qui n'aboutirait qu'à grever
le concessionnaire d'une dépense plus ou moins oné-
reuse, sans qu'il en résultât aucun avantage pour
personne, ne serait évidemment qu'une tracasserie,
aussi indigne de l'administration que contraire à
l'esprit du décret du 15 octobre 1810.

C'est ainsi, au surplus, que la question a été envi-
sagée par le conseil d'Etat, dans l'affaire Pauwels,
que nous avons déjà citée.

Les plaignants reprochaient, entre autres choses,
à cet industriel de n'avoir pas suivi les instructions
administratives dans la construction des hottes et du
tuyau de tirage de son usine, et de les exposer ainsi

davantage au double inconvénient de la mauvaise odeur et de la fumée.

La contravention était avérée; mais le conseil d'Etat n'y attacha aucune importance. Rappelons les termes de l'ordonnance royale :

« Considérant, en ce qui concerne la construction « des hottes et du tuyau de tirage, que la compagnie « d'éclairage ne s'est pas exactement conformée aux « prescriptions de l'article 3 du premier paragraphe « de l'instruction du 20 août 1824 ; mais qu'il ré- « sulte de l'instruction de l'affaire *que l'appareil* « *exécuté par cette compagnie repose sur les mêmes* « *principes et offre les mêmes garanties, et qu'ainsi* « *il y a lieu de le maintenir* (1). »

Le décret du 15 octobre 1810, il faut bien s'en convaincre, n'a eu d'autre objet que de rendre toutes les industries possibles, en conciliant leur existence avec les nécessités de l'ordre public.

Lorsqu'un établissement industriel se trouve dans des conditions qui satisfont à ce premier besoin, la loi n'en demande pas davantage. L'administration ne saurait donc, en aucun cas, se montrer plus exigeante sans dépasser le but et méconnaître le véritable caractère de sa mission.

99. — Nous achèverons cette section en faisant connaître la décision qu'a reçue récemment une question de compétence fort grave qui se rattache au cas

______

(1) V. *suprà*, n° 58.

où le fabricant modifie les conditions de son autorisation.

Les réclamations qui s'élèvent à cet égard, de la part des voisins, sont-elles du ressort de l'autorité judiciaire, et peuvent-elles être portées, par voie de poursuites, devant les tribunaux de police, ou bien l'autorité administrative a-t-elle seule compétence pour les apprécier ?

Au mois de juin 1843, le sous-préfet de Milhau, département de l'Aveyron, autorisa le sieur Sabde à établir dans la même ville une manufacture de cierges (3e classe).

La mauvaise odeur insolite provenant de l'établissement, souleva des plaintes. — Par ordre du sous-préfet, le commissaire de police se transporta dans les ateliers pour faire examiner par deux chimistes la nature des manipulations qui s'y pratiquaient. — Le procès-verbal constata que la matière fabriquée se composait d'une combinaison de galipot avec du suif durci au moyen de l'alun, *et dans laquelle il n'entrait que peu ou point de cire.*

Le sieur Sabde fut traduit devant le tribunal de simple police *comme ayant ouvert un atelier insalubre de deuxième classe sans y avoir été autorisé.* — Un jugement le condamna *à fermer son établissement* et à l'amende.

Devant le tribunal correctionnel, auquel en appela le fabricant, le préfet fit proposer un déclinatoire, fondé sur ce que le sieur Sabde avait été autorisé par arrêté du sous-préfet à établir une fabrique de cierges, et qu'aux termes de l'article 8 du décret du 15 octobre 1810, les réclamations qui pouvaient s'élever au sujet de cet acte, *étaient du ressort du conseil de préfecture.*

Néanmoins, le tribunal passa outre ; son jugement porte la date du 17 janvier 1844, et repose sur les motifs suivants :

« Attendu que le sieur Sabde avait été autorisé par « un arrêté de M. le sous-préfet à établir dans sa « maison une fabrique de cierges et de bougies ;—que « les établissements de cette nature rentrent dans les « établissements de troisième classe, d'après le décret « du 15 octobre 1810 ;

« Attendu qu'il résulte des pièces produites, et no-« tamment du rapport des experts chimistes, que les « matières employées par le sieur Sabde pour la fa-« brication de ces prétendus cierges, n'étaient autre « chose que du galipot et du suif fondu.—Que s'il s'y « trouvait de la cire, elle devait y être en si petite « quantité qu'elle échappait à leur investigation ;

« Attendu que la fabrication réelle et effective du « sieur Sabde ne consistait donc pas à faire des « cierges, puisqu'il ne s'y trouvait pas de cire, mais « bien une substance composée de galipot et de suif « fondu.

« Attendu qu'un établissement de cette nature « rentre dans les établissements de deuxième classe « énoncés dans le décret précité.—Que pour pouvoir « faire et établir de pareilles fabrications, il faut l'au-

« torisation de M. le préfet, qui ne peut la donner
« qu'après l'observation des formalités légales ;

« Attendu que, dans l'espèce, cette autorisation
« manque, en fait, au sieur Sabde ;

« Attendu que si l'indépendance des pouvoirs judi-
« ciaire et administratif est d'ordre public, et procla-
« mée par nos lois, il faut déclarer, qu'en fait et dans
« l'instance actuelle, il n'y a pas eu empiétement sur
« le pouvoir administratif, *puisqu'il n'a été statué*
« *que sur un fait pour lequel le sieur Sabde n'était pas*
« *autorisé.* »

Le préfet, informé du sort qu'avait eu son déclinatoire, éleva aussitôt le conflit d'attribution ; son arrêté en exposait ainsi les motifs :

« D'après la jurisprudence du conseil d'Etat, c'est
« à l'administration à juger si les propriétaires d'é-
« tablissements insalubres remplissent les conditions
« qui leur ont été imposées, ou se sont restreints, pour
« l'exploitation, dans les termes et les limites de l'au-
« torisation. Dans l'espèce, sous l'apparence d'une
« contravention, on voit clairement l'opposition des
« voisins du sieur Sabde, qui ont intéressé à leur
« cause le commissaire de police, pour faire suppri-
« mer par les tribunaux un établissement autorisé
« par l'administration, seule compétente en cette
« matière ; et si ces particuliers, au lieu d'engager
« leur action devant l'administration, ont, par une
« voie détournée et en se mettant à l'écart, trouvé
« le moyen de faire porter l'affaire devant les tribu-
« naux, l'irrégularité de cette action ne saurait être

« un motif de déroger à la juridiction établie par
« la loi, et de refuser de reconnaître cette juridiction,
« *sous prétexte de prononcer sur une contravention.*

« Au surplus, le sieur Sabde reconnaît lui-même
« qu'il emploie le suif et le galipot pour la fabrication
« des cierges. Mais il se prétend suffisamment auto-
« risé à la manipulation de ces matières par l'arrêté
« d'autorisation; *ainsi, il y a contestation sur le sens*
« *et les effets de cet arrêté.* En déclarant que la per-
« mission d'employer le suif et le galipot manque,
« en fait, au sieur Sabde, *le tribunal de Milhau s'est*
« *livré à l'interprétation d'un acte administratif dont*
« *la portée, l'étendue et les conséquences, ne peuvent*
« *être expliquées que par l'autorité administrative.*

« Il y a donc là une question préjudicielle *à juger*
« *par l'administration;* et par conséquent, le tribunal
« ne pouvait connaître, dans tous les cas, de la con-
« travention reprochée au sieur Sabde, *qu'après que*
« *cette question aurait été jugée.* »

Le dernier paragraphe de l'arrêté préfectoral résu-
mait nettement la question et ne comportait véritablement pas de réplique. Aussi est-ce là que le conseil d'Etat a puisé ses motifs pour proposer au roi
l'approbation du conflit; l'ordonnance définitive, qui
est du 12 avril 1844, est conçue en ces termes :

« Considérant que, par un arrêté du sous-préfet de
« l'arrondissement de Milhau, le sieur Basile Sabde
« a été autorisé à établir une fabrique de cierges,
« comprise dans la troisième classe des établissements
« dangereux, insalubres et incommodes, et que, aux

« termes du décret du 15 octobre 1810 et de l'or-
« donnance royale du 14 janvier 1815, *c'est à l'au-*
« *torité administrative qu'il appartient d'apprécier les*
« *réclamations qui peuvent s'élever quant à l'inexé-*
« *cution des conditions imposées à cet établissement*
« *par l'acte d'autorisation ;*

« Art. 1er. — L'arrêté de conflit pris, le 30 janvier
« 1844, *est confirmé.* »

« Art. 2. — Sont considérés comme non avenus :
« l'assignation du 17 juin 1843, le jugement du tri-
« bunal de police du 23 juin 1843, et le jugement
« du tribunal de police correctionnelle du 2 février
« 1844. »

Cet exemple nous montre qu'en matière de contravention aux conditions de l'autorisation, il y a, relativement à la compétence, une distinction essen-
tielle à faire.

S'agit-il d'un fait dont l'entrepreneur conteste uniquement la matérialité ou l'exactitude? un pareil débat tombe dans le domaine de la justice ordinaire et
doit se vider devant le tribunal de simple police, conformément à la loi du 28 avril 1832 (1).

---

(1) C'est au surplus ce qui résulte d'une circulaire du ministre du
commerce aux préfets, en date du 8 août 1833, et qui se termine
ainsi : « Je saisis cette occasion de vous faire remarquer, monsieur
« le préfet, que le § 13 du nouvel article 471 du Code pénal (Loi
« du 28 avril 1832) contient des dispositions qui peuvent être invo-
« quées et appliquées pour la répression des infractions en fait
« d'établissements insalubres; il rend passibles des peines de simple
« police ceux qui auront contrevenu aux règlements légalement

Que si, au contraire, la contestation s'engage sous le point de vue de la légalité; c'est-à-dire, si l'entrepreneur, tout en avouant le fait articulé, lui dénie le caractère d'une contravention; s'il se défend, en un mot, de s'être écarté des conditions auxquelles son établissement a été autorisé, la question alors change nécessairement de face. Pour l'éclaircir, il faut forcément recourir à l'acte d'autorisation, le discuter, en expliquer et en interpréter, au besoin, les dispositions. Or cette mission préjudicielle est exclusivement réservée au pouvoir administratif, sauf ensuite, dans le cas où la contravention serait déclarée constante, à en poursuivre la répression par les voies judiciaires.

VI.

100. — On a pu remarquer qu'il n'est fait nulle mention dans le décret du 15 octobre 1810, ni dans l'ordonnance du 14 janvier 1815, des établissements qui pourraient venir à se former *sans avoir été* préalablement autorisés. N'est-ce pas la preuve indubitable que l'administration reste libre de prendre à leur égard, selon les circonstances, tel parti qu'elle juge convenable ?

« faits par l'autorité administrative; ce qui lève tous les doutes sur
« la poursuite des contraventions en matière d'ateliers et d'établis-
« sements réputés dangereux, insalubres ou incommodes, et qui
« sont soumis au régime du décret du 15 octobre 1810 et de l'or-
« donnance du 14 janvier 1815. »

19.

L'essentiel est de savoir si les voisins *sont ou ne sont pas incommodés par l'exploitation.*

Au premier cas, rien de plus juste que de faire fermer l'établissement au plus vite, ou tout au moins de forcer le propriétaire à modifier les conditions de sa fabrication.

Dans la seconde hypothèse, une semblable mesure serait évidemment injustifiable; elle n'aboutirait en effet qu'à ruiner sans nécessité l'entrepreneur, à appauvrir la commune en lui enlevant une industrie plus ou moins favorable à sa prospérité, et à ravir le pain aux malheureux dont l'atelier employait les bras.

C'est aussi dans ce sens que le conseil d'Etat a interprété le silence des règlements.

Après une enquête *de commodo et incommodo,* le sieur Soutra, sans attendre l'autorisation du sous-préfet, avait construit une tuilerie sur le territoire de la ville de Vic, département des Hautes-Pyrénées.

Un voisin, nommé Maignet, dénonça l'établissement au conseil de préfecture, qui en ordonna la suppression.

Le sieur Soutra se pourvut contre cette décision, qui fut réformée par une ordonnance contradictoire du 8 août 1821 ; elle porte :

« Considérant que, sur le nombre de cent douze « habitants entendus dans l'enquête, deux seulement, « dont le sieur Maignet, fabricant de tuiles, se sont « déclarés opposants; qu'il résulte des faits de l'en-« quête que l'établissement de l'exposant n'est pas

« nuisible aux habitants; et que, sous ce rapport, *il*
« *n'y avait pas lieu d'en ordonner la destruction;*

« ART. 1ᵉʳ. — Les arrêtés du conseil de préfecture
« du département des Hautes-Pyrénées, des 25 juin
« et 22 novembre 1819, *sont annulés*. »

Il ne s'agissait là que d'une industrie de la troisième classe.

Mais, à la place d'une *tuilerie*, qu'on suppose un
établissement compris dans l'une des deux autres
classes, et réunissant les mêmes conditions d'innocuité, où seraient, pour l'administration, les motifs de se montrer moins indulgente et moins facile?

Elle n'en aurait évidemment aucun; l'instruction
du procès ne comporterait donc pas, de sa nature,
une issue différente.

VII.

101. — L'article 9 du décret du 15 octobre 1810,
après avoir dit que l'emplacement des manufactures
et ateliers rangés dans la *première classe* serait indiqué par l'autorité locale, ajoute :

« Tout individu qui ferait des constructions dans
« le voisinage de ces manufactures et ateliers, après
« que la formation en aura été permise, *ne sera plus*
« *admis à en solliciter l'éloignement.* »

Rien de plus rationnel et de plus équitable qu'une
pareille disposition, qui n'est d'ailleurs qu'un em-
prunt fait à cette sage maxime de droit, aussi ancienne que le droit lui-même : *Volenti non fit injuria.*

On comprend, en effet, que celui qui serait allé spontanément s'établir à côté d'une manufacture dangereuse, insalubre ou incommode, en pleine activité, aurait mauvaise grâce à se plaindre des inconvénients d'un voisinage entièrement de son choix.

Mais que s'ensuit-il? que le principe proclamé par l'article 9 du décret de 1810 ne s'applique pas aux ateliers de première classe exclusivement.

Indépendamment des raisons de droit et d'équité qui militent également en faveur des trois classes, il y a, pour en juger ainsi, cette considération puissante qu'il y va positivement du sort de l'industrie; car, à quelque classe qu'appartienne un établissement, où serait l'entrepreneur assez imprudent pour en faire les frais, s'il courait le risque d'être expulsé par le premier venu auquel il prendrait fantaisie de se construire une habitation près de lui?

Telle est, au surplus, la manière dont l'article 9 du décret de 1810 est entendu au conseil d'Etat, comme on va le voir dans l'espèce suivante.

Le sieur Cartelet exploitait, depuis plusieurs années, une tannerie à Châlons, département de la Marne. C'était un établissement de deuxième classe.

Dans les derniers temps, le sieur Durand bâtit une maison sur un terrain adjacent, et ne tarda pas à demander le déplacement de l'usine, dont les exhalaisons l'incommodaient.

Le conseil de préfecture le repoussa, par application de l'article 9 du décret du 15 octobre 1810.

Sur l'appel au conseil d'Etat, la décision fut confirmée par une ordonnance du 16 janvier 1828, motivée dans le même sens ; on y lit :

« Considérant que la tannerie exploitée par le sieur « Cartelet est d'une origine très ancienne, et que la « maison voisine appartenant au sieur Durand a été « bâtie sur un terrain qui dépendait autrefois de la « tannerie en litige;

« Que le sieur Durand ou ses auteurs se sont volontairement établis dans le voisinage de ladite « tannerie, *et qu'aux termes de l'art. 9 du décret* « *du 15 octobre 1810, le propriétaire actuel ne peut* « *être admis à en solliciter l'éloignement;*

« ART. 1er. — La requête du sieur Durand *est* « *rejetée.* »

CHAPITRE VI.

Des Établissements antérieurs au décret de 1810, et de la suspension de l'exploitation pendant six mois.

SOMMAIRE.

102.—Les dispositions du décret de 1810 ne s'appliquent pas aux établissements antérieurs.

103.—En cas de contestation, c'est au fabricant à justifier de l'antériorité.

104.—Pour pouvoir continuer à être exploités sans autorisation, les établissements antérieurs au décret de 1810 ne doivent recevoir ni extension ni modification.

105.—Exceptions à la règle de l'art. 11 du décret de 1810.

106.—En cas de graves inconvénients, les établissements de première classe antérieurs au décret de 1810 peuvent être supprimés par ordonnance royale : incompétence des préfets à cet égard.

107.—L'ordonnance royale rendue dans ce cas n'est susceptible d'aucun recours.

108.—L'art. 12 du décret de 1810, relatif à la suppression des établissements antérieurs, n'est pas applicable aux établissements des deux dernières classes.

109.—Une nouvelle autorisation est nécessaire au fabricant dont l'établissement est resté inactif pendant six mois.

110.—Quelle est l'autorité compétente pour statuer sur le point de savoir si un établissement est réellement resté inactif pendant six mois ?

111.—En cas de suspension de travaux pendant six mois, la nécessité d'une nouvelle autorisation pour la remise en activité de l'établissement s'applique aux établissements postérieurs au décret de 1810 comme aux établissements antérieurs.

112.—Il y a lieu de refuser l'autorisation de remettre un établissement en activité, après une suspension d'exploitation pendant six mois, lorsque, pendant cette suspension, un autre
établissement s'est formé, auquel la remise en activité de
l'établissement porterait préjudice.

113.—Il faut que le fait matériel du chômage soit établi d'une manière irréfragable.

114.—*Quid juris,* dans le cas où un fabricant abandonne le siége de
son exploitation, enlève ses appareils et vide complétement
les lieux, puis vient, avant l'expiration de six mois, remon-
ter son établissement ? Une nouvelle autorisation est-elle
nécessaire.

---

102. — L'art. 11 du décret du 15 octobre 1810 porte :

« Les dispositions du présent décret n'auront point
« d'effet rétroactif. En conséquence, *tous les établis-*
« *sements qui sont aujourd'hui en activité continueront*
« *à être exploités librement,* sauf les dommages dont
« pourront être passibles les entrepreneurs de ceux
« qui préjudicieraient aux propriétés de leurs voi-
« sins, lesquels dommages seront arbitrés par les tri-
« bunaux. »

Ainsi le fabricant dont l'établissement existait à
l'époque où fut proclamé le décret de 1810, est parfaitement le maître d'en continuer l'exploitation,
sans avoir besoin d'une autorisation quelconque;
voilà la règle.

103. — Mais, en cas de contestation, c'est à lui à
justifier de l'antériorité dont il excipe.

La dame Chatelet avait établi à Lisieux une fabrique de colle végeto-animale, servant à la confection
des étoffes de laine (3ᵉ classe).

En 1816, les habitants du voisinage élevèrent des réclamations; et pour y mettre promptement un terme, elle demanda au sous-préfet l'autorisation de son établissement.

L'autorisation fut refusée.

Cependant l'exploitation continua. Aussi les plaintes ne tardèrent pas à se renouveler. L'affaire arriva au conseil de préfecture, qui, par arrêté du 18 janvier 1817, ordonna la fermeture de l'usine.

La dame Chatelet se pourvut au conseil d'Etat. A l'entendre, sa fabrique existait bien avant l'année 1810; de sorte que le conseil de préfecture n'avait pas pu en interdire l'exploitation, sans contrevenir à l'art. 11 du décret du 15 octobre.

Une ordonnance royale, en date du 24 décembre 1818 repoussa ce système, et confirma la décision attaquée, en ces termes :

« Considérant qu'aux termes de l'art. 11 du décret
« du 15 octobre 1810, le fourneau de la dame Chate-
« let pour la fabrication de la colle, n'aurait pu être
« conservé dans la ville de Lisieux, qu'autant que sa
« construction aurait été antérieure à la publication
« dudit décret.

« Considérant que ladite dame *n'a pas justifié de*
« *l'ancienne existence de son fourneau*, et que, dès
« lors, elle a été soumise aux autres formalités pre-
« scrites par ledit décret et par notre ordonnance du
« 14 janvier 1815;

« Considérant que le sous-préfet, qui, aux termes
« de l'art. 5 de ladite ordonnance, est chargé d'ac-

« corder les permissions relatives aux établissements
« de troisième classe, a rejeté la demande faite par la
« dame Chatelet, et qu'ainsi la fabrique de cette dame
« n'a pas été autorisée;

« ART. 1er. — La requête de la dame Chatelet est
« *rejetée.* »

104. — Il va sans dire que les établissements antérieurs au décret du 15 octobre 1810, ne peuvent
continuer à être exploités librement sans autorisation que sur le même pied où ils étaient, avant la
promulgation du décret.

L'entrepreneur ne doit rien changer au mode de
sa fabrication, et toute extention qu'il donnerait à
son industrie devrait être supprimée. On conçoit
qu'autrement ce ne serait plus continuer l'ancienne
exploitation, mais se livrer sans autorisation à une
exploitation nouvelle.

La dame de Calvimont est propriétaire, à Bordeaux,
d'une maison sise rue des Palanques, et où se trouve
une parcheminerie antérieure au décret de 1810.

Mais postérieurement elle a donné à cet établissement de grands développements, et à la parcheminerie précédemment existante elle a réuni un atelier
pour la préparation des cuirs.

Par arrêté du 29 juin 1839, le préfet de la Gironde
ordonna la suppression complète de l'établissement,
et le ministre du commerce confirma cet arrêté par
une décision du 23 mai 1830.

La dame de Calvimont se pourvut au conseil
d'Etat.

Sur son pourvoi intervint, le 30 décembre 1842, l'ordonnance suivante :

« Considérant qu'il résulte de l'instruction, qu'au « moment où a été promulgué le décret du 15 octo- « bre 1810, une parcheminerie était établie dans la « maison sise à Bordeaux rue des Palanques et appar- « tenant à la dame de Calvimont ;

« Considérant qu'il résulte de l'instruction que « des additions importantes y ont été faites sans au- « torisation ;

« ART. 1er.—La décision de notre ministre de l'a- « griculture et du commerce, en date du 23 mai « 1830, et les arrêtés du préfet de la Gironde rendus « pour son exécution, *sont annulés*.

« ART. 2. — L'établissement existant à Bordeaux, « rue des Palanques, à l'époque où a été rendu le dé- « cret du 15 octobre 1810, est maintenu ; sauf le « droit qui appartient à l'administration de faire sup- « primer les additions faites sans autorisation depuis « la promulgation de ce décret. »

105. — A côté du principe consacré par l'art. 11 du décret de 1810, viennent se placer deux excep- tions ; elles font l'objet des art. 12 et 13.

106. — « ART. 12 : Toutefois, en cas de graves inconvénients pour la salubrité publique, la culture ou l'intérêt général, les fabriques et ateliers de pre- mière classe qui les causent pourront être suppri- més, en vertu d'un décret rendu en notre conseil d'É- tat, après avoir entendu la police locale, pris l'avis

des préfets, reçu la défense des manufacturiers et fabricants. »

Rien de plus clair ; c'est au chef de l'Etat qu'est exclusivement réservé le droit de supprimer, s'il y a lieu, un établissement de première classe antérieur au décret de 1810.

Lorsque les circonstances l'exigent, le préfet peut bien, *par provision*, ordonner la cessation des travaux ; mais il ne saurait aller au delà sans excéder ses pouvoirs.

Sa mission, ainsi que pour une demande en autorisation, se borne à prescrire une enquête ; à prendre, au besoin, l'avis du conseil de préfecture ; à donner le sien ; et à mettre, en un mot, le ministre du commerce en mesure de provoquer l'ordonnance royale qui doit décider du sort de l'établissement.

Par ordonnance du 2 juillet 1839, la ville de Paris avait été autorisée à établir, dans la plaine des Vertus, commune d'Aubervilliers, un abattoir et un atelier d'équarrissage, destinés à remplacer le clos d'équarrissage de Montfaucon.

Le préfet de police, se fondant sur cette disposition, prit, le 19 octobre de la même année, un arrêté portant que le clos de Montfaucon demeurerait supprimé, à compter du jour où le nouvel abattoir de la plaine des Vertus serait ouvert.

Cette décision fut déférée au conseil d'Etat par le sieur Capdeville, l'un des équarrisseurs de Montfaucon ; il objectait que son exploitation, dont l'existence datait d'une époque bien antérieure au décret du 15 octobre 1810, ne pouvait, aux termes de l'art. 12, être supprimée que par un acte émané du pouvoir royal.

De son côté, le préfet de police déclina l'application de l'article 12 du décret de 1810, en disant que l'établissement litigieux, formé sur un terrain appartenant à la ville de Paris, n'existait qu'en vertu d'une pure tolérance de l'administration municipale; de sorte que, par l'arrêté attaqué, il n'avait fait qu'exercer le droit acquis à la ville d'exiger le déguerpissement des équarrisseurs lorsqu'elle le jugerait convenable.

Cette défense, appuyée par le préfet de la Seine et par le ministre du commerce, n'obtint aucun succès; une ordonnance du 25 août 1841, faisant droit au recours du sieur Capdeville, statua ainsi qu'il suit :

« Considérant qu'en déclarant supprimé le clos
« d'équarrissage exploité à Montfaucon par le sieur
« Capdeville, et en lui enjoignant de cesser l'exploi-
« tation audit lieu de l'industrie qu'il y exerce, le
« préfet de police n'a agi, et n'a pu agir comme
« exerçant les droits de propriété qui sont allégués
« au profit de la ville de Paris sur le terrain de l'ate-
« lier dudit Capdeville, droits que ladite ville de Pa-
« ris reste libre de faire valoir par toutes voies qu'il
« appartiendra; mais que par l'arrêté attaqué le pré-
« fet a entendu uniquement exécuter notre ordon-
« nance du 2 juillet 1839;

« Considérant que notre ordonnance du 2 juillet

« 1839, qui a eu pour objet d'autoriser la ville de
« Paris à établir un abattoir et un atelier d'équarris-
« sage destiné à remplacer le clos d'équarrissage de
« Montfaucon, n'a point, par cela même, prononcé
« la suppression dudit clos ;

« Considérant qu'il résulte de l'instruction que
« l'établissement dont il s'agit *existait antérieurement*
« *au décret du 15 octobre* 1810; que dès lors, aux
« termes de l'art. 12 de ce décret, la suppression du-
« dit établissement ne pouvait être prononcée que
« par nous, en notre conseil d'Etat, les parties enten-
« dues, et que le droit du préfet de police *se bornait*
« *à donner un avis et à prendre, à titre provisoire, les*
« *mesures de police convenables ;* mais que, par l'ar-
« rêté attaqué, il a prononcé la suppression définitive
« dudit établissement, *et qu'en cela, il a excédé ses*
« *pouvoirs ;*

« ART. 1ᵉʳ. — L'arrêté du préfet de police, du 19
« octobre 1839, *est annulé pour excès de pouvoir,*
« dans celle de ses dispositions qui concerne le sieur
« Capdeville (1): »

107. — Nous avons dit, dans le chapitre 2, en
traitant de la formation des ateliers de première
classe, que l'ordonnance intervenue sur la demande
du fabricant, soit qu'elle accordât ou qu'elle refusât
l'autorisation, n'était plus passible d'aucun recours
par la voie contentieuse, lorsqu'elle avait été réguliè-

____

(1) V. dans le même sens, ordonnances royales des 30 avril 1828,
18 octobre 1833 et 26 mai 1842.

rement précédée de toutes les formalités voulues par le décret du 15 octobre 1810.

Les mêmes motifs militaient évidemment pour que le principe de l'irrévocabilité s'étendît aux ordonnances ayant pour base l'art. 12 du décret de 1810; aussi la jurisprudence est-elle parfaitement uniforme dans les deux cas.

Par ordonnance du 14 novembre 1827, les sieurs Cazeneuve frères avaient été autorisés à former dans la commune de Garges, arrondissement de Saint-Denis, une fabrique de colle et de gélatine.

En 1839, l'autorisation leur fut retirée, à la demande des voisins, par une seconde ordonnance, portant la date du 19 mai.

L'un des concessionnaires se pourvut par la voie de l'opposition, et fut repoussé par une fin de non-recevoir.

Cette troisième ordonnance, datée du 10 décembre 1840, est ainsi conçue :

« Considérant que toutes les formalités exigées par
« l'art. 12 du décret du 15 octobre 1810 ont été rem-
« plies à l'égard du sieur Cazeneuve, et que les dé-
« fenses de ce fabricant ont été visées dans l'ordon-
« nance qui prononce la suppression de sa fabrique;

« Considérant que la suppression des établisse-
« ments insalubres de première classe, prononcée en
« vertu de l'art. 12 du décret du 15 octobre 1810,
« dans le cas de graves inconvénients pour la salu-
« brité publique, et après l'accomplissement des for-
« malités prescrites par cet article, est un acte d'ad-

« ministration publique, *qui n'est pas susceptible de*
« *nous être déféré par la voie contentieuse;*

« ART. 1ᵉʳ. — La requête du sieur Cazeneuve *est*
« *rejetée* (1). »

108. — L'art. 12 du décret de 1810 est clair et
précis; il n'a évidemment rapport *qu'aux seuls ate-*
liers de première classe.

Ce serait donc fausser la pensée du législateur et
dépasser le but qu'il s'est proposé, que d'attribuer
à cette disposition une plus grande portée, et d'en
faire l'application aux établissements rangés dans
les deux dernières classes.

L'exemple, au surplus, vient à l'appui du précepte.

Les raffineries de sucre ont été classées, pour la
première fois, par l'ordonnance royale du 14 janvier
1815, qui les a placées dans la seconde classe.

Antérieurement à cette époque, il existait déjà un
établissement de cette nature, à Paris, dans la rue
Hautefeuille, où il excitait les plaintes les plus vives.

Le préfet s'en émut; l'architecte de la petite voirie et le conseil de salubrité allèrent, par son ordre,
visiter les lieux. Leur rapport justifia complétement
les réclamations des voisins : il constatait que l'usine
présentait de nombreux inconvénients, et que son
exploitation compromettait gravement la sûreté
publique.

---

(1) V. dans le même sens, ordonnance royale du 9 juin 1830.

Après avoir prescrit quelques précautions d'urgence, le préfet de police proposa au ministre de l'intérieur d'en référer au conseil d'Etat, et de lui demander la suppression de l'établissement.

Le comité consultatif des arts et manufactures, dont on requit l'avis, ne se rangea pas à l'opinion du préfet de police. Il fit observer que l'art. 12 du décret du 15 octobre 1810 concernait exclusivement les ateliers de première classe *et ne pouvait conséquemment pas atteindre la raffinerie contentieuse qui appartenait à la deuxième.*

Suivant lui, la fermeture de cette usine n'était possible que *par mesure d'expropriation pour cause d'utilité publique,* c'est-à-dire au prix d'une indemnité envers le propriétaire.

Conformément à cet avis, le ministre ne donna aucune suite à la proposition du préfet de police, et force fut aux voisins de supporter le malencontreux établissement qui les désespérait, sous le bénéfice de l'action en dommages-intérêts que leur ouvrait l'article 11 du décret de 1810.

109. — Venons à l'art. 13; il y est dit :

« Les établissements maintenus par l'art. 11 cesse-
« ront de jouir de cet avantage, *dès qu'ils seront*
« *transférés dans un autre emplacement, ou qu'il y*
« *aura une interruption de six mois dans leurs tra-*
« *vaux.*

« Dans l'un et l'autre cas, ils rentreront dans la
« catégorie des établissements à former, et ne pour-

« ront être remis en activité *qu'après avoir obtenu,*
« *s'il y a lieu, une nouvelle autorisation.* »

De cette disposition ressortent deux obligations bien distinctes pour le propriétaire d'une ancienne usine.

Premièrement, il n'est pas le maître de changer le siége de son exploitation, avant d'y avoir été spécialement autorisé dans la forme prescrite par le décret du 15 octobre 1810.

Nous avons précédemment expliqué comment et pourquoi une semblable autorisation était exigée pour la translation des établissements récemment formés ; or il est facile de comprendre qu'il n'y avait pas de motif qui pût en faire dispenser ceux dont la création se trouvait antérieure au décret de 1810 (1).

En second lieu, le fabricant a également besoin d'une autorisation expresse pour reprendre l'exploitation qui, de son plein gré, serait restée interrompue *pendant six mois.*

La raison en est que, dans cet intervalle, la localité a peut-être changé de physionomie ; que, sur la foi que l'exploitation était abandonnée sans retour, il a pu s'élever des habitations dans le voisinage, ou s'y former des établissements auxquels la remise en activité de l'ancienne usine serait extrêmement préjudiciable ; et que le sort de toute une contrée ne saurait,

____

(1) V. *suprà*, n° 88.

en bonne justice, être à la merci de la convenance ou du caprice d'un seul.

110. — Mais il peut y avoir doute sur le point de savoir si une usine est réellement restée inactive pendant six mois ; et alors quelle est l'autorité compétente pour vider le débat ?

Il rentre naturellement dans les attributions du préfet, directement chargé d'assurer l'exécution du décret du 15 octobre 1810, et dont la décision, dans ce cas, ressortit par appel au ministre du commerce.

Une fabrique d'acide sulfurique, dont l'existence était de beaucoup antérieure à 1810, fut vendue par autorité de justice à un sieur Rouet.

L'acquéreur se disposa aussitôt à l'exploiter ; mais les habitants du voisinage s'y opposèrent, prétendant que la fabrication avait été interrompue pendant six mois, et qu'ainsi l'établissement se trouvait déchu du bénéfice de l'art. 11.

Le préfet de l'Hérault, saisi de la contestation, rendit, le 28 août 1835, un arrêté portant *qu'il n'y avait pas de déchéance encourue.*

Recours des opposants au ministre du commerce, qui, à la date du 9 janvier 1836, *se déclara incompétent.*

Le conseil d'Etat, auquel ils en appelèrent, ne partagea pas l'opinion du ministre; et, d'après son avis, une ordonnance, qui porte la date du 27 août 1840, statua dans les termes suivants :

« Considérant que, d'après les lois et règlements,

« il appartient à nos ministres, chacun dans les ma-
« tières qui le concernent, de statuer sur les recours
« formés contre les arrêtés des préfets; que le décret
« du 15 octobre 1810 *n'a apporté aucune dérogation*
« *à cette règle, relativement à l'application de l'art.*
« *13 dudit décret;* et que, dès lors, c'est à tort que,
« par sa décision attaquée, notre ministre du com-
« merce a refusé de prononcer sur le recours formé
« devant lui par les sieurs Castillon et consorts, con-
« tre l'arrêté du préfet de l'Hérault.

« ART. 1er. La décision de notre ministre du com-
« merce, en date du 9 janvier 1836, *est annulée* dans
« la disposition par laquelle le ministre *a refusé de*
« *statuer sur le recours contre l'arrêté du préfet.*

« ART. 2. Les parties sont renvoyées devant notre
« ministre du commerce, *pour y faire statuer sur le-*
« *dit recours* » (1).

111. — De la combinaison de l'article 13 du décret du 15 octobre 1810 avec l'article 11 auquel il
se réfère explicitement, il pouvait, au premier aspect, paraître résulter que la disposition du premier de ces articles est exclusivement applicable aux
anciens établissements, c'est-à-dire à ceux qui auraient pris naissance avant le décret de 1810.

Il n'en est rien : aucun établissement, qu'il soit
antérieur ou postérieur au décret, ne peut être remis en activité, après six mois de suspension, qu'en

---

(1) V. dans le même sens, ordonnance royale du 2 juillet 1836.

vertu d'une nouvelle autorisation. La raison est la même pour les uns que pour les autres. Aussi est-ce bien le sens de l'art. 13, quelqu'équivoque que soit sa rédaction.

Par arrêté du 14 avril 1820, le préfet de police permit au sieur Garet d'établir à Paris une fabrique de chapeaux, dans un local dépendant d'une maison sise rue saint Paul.

A quelque temps de là, le sieur Persin, ayant acquis la maison, lui intenta un procès pour qu'il eût à cesser son exploitation, sous le prétexte qu'elle détériorait sa propriété.

Un jugement du tribunal civil de la Seine, en date du 9 aôut 1823, condamna cette prétention.

Le sieur Garet, qui avait été forcé d'interrompre ses travaux pendant le cours des débats, sollicita une autorisation nouvelle pour les reprendre.

Elle lui fut refusée par un arrêté du 24 novembre 1823, qui lui faisait défense de continuer sa fabrication.

Le sieur Garet se pourvut au conseil d'Etat, et s'efforça de démontrer que le préfet de police lui avait fait une application erronée de l'art. 13 du décret du 15 octobre 1810.

En résultat, une ordonnance du 3 mars 1825 confirma le refus du préfet de police, en ces termes :

« Considérant qu'il résulte de l'article 13 du dé-
« cret du 15 octobre 1810, tel qu'il a été constam-
« ment expliqué, qu'aucun établissement ne peut être
« remis en activité, après une interruption de six

« mois, qu'après avoir obtenu une nouvelle permis-
« sion;

« Au fond, considérant qu'il résulte de l'instruc-
« tion de l'affaire que le sieur Garet n'a point satis-
« fait à toutes les conditions qui lui avaient été im-
« posées en 1820, et qu'il est reconnu que le local
« occupé par le sieur Garet s'oppose encore à l'ac-
« complissement desdites conditions ; qu'ainsi le pré-
« fet de police a eu de justes raisons de refuser la per-
« mission demandée en 1823 par le sieur Garet ;

« ART. 1er. La requête du sieur Garet est rejetée. »

112.—Lorsqu'une usine a cessé de fonctionner
pendant six mois consécutifs, il y a, par cela seul,
présomption légale qu'elle est définitivement abandonnée.

Que, dans cet état de choses, il vienne à s'ouvrir,
dans le voisinage, un autre établissement dont l'exploitation serait incompatible avec celle de l'ancienne usine, il n'en faudra pas davantage pour que cette
dernière ne puisse être remise en activité ; car, aux
termes de l'article 13 du décret du 15 octobre 1810,
six mois de chômage l'ont irrémissiblement rejetée
sous l'empire de la loi commune à tous les établissements qui ne sont encore qu'en projet. Or, suivant
la loi commune, il n'y a d'autorisation possible
qu'autant qu'il ne doit résulter de la formation de
l'établissement projeté aucun danger pour la sûreté
publique, aucune incommodité pour le voisinage,
et que d'ailleurs son exploitation ne fera pas obsta-

cle à celle d'une usine déjà autorisée et en pleine activité.

Le sieur Audiger était propriétaire d'une maison où avait jadis existé une tannerie à laquelle on ne travaillait plus depuis longues années.

Il la releva en 1826, sans en avoir demandé l'autorisation.

Mais pendant que la tannerie chômait, un sieur Belu avait établi en aval sur le même cours d'eau une teinturerie, qu'il lui fallait forcément déserter si l'établissement de son voisin était maintenu.

Il se rendit opposant, et parvint à faire ordonner la suppression de la tannerie, par application de l'art. 13 du décret du 15 octobre 1810.

Le sieur Audiger en appela au conseil d'État qui approuva la décision de l'autorité locale, et dont l'avis servit de fondement à l'ordonnance suivante, en date du 1ᵉʳ juin 1828 :

« Considérant qu'il est reconnu par le sieur Au-
« diger que, s'il existait autrefois, dans sa maison à
« Verneuil, un établissement de tannerie, cet établis-
« ment avait cessé depuis longtemps d'être en activité
« et qu'il l'a rétabli sans en avoir obtenu l'autori-
« sation préalable ;

« Considérant que la teinturerie du sieur Belu
« était en activité avant le rétablissement de la tanne-
« rie du sieur Audiger, et que de ce rétablissement
« *il résulte pour ladite teinturerie des inconvénients*
« *qui équivaudraient à une suppression* ;

« Considérant, en outre, que les opérations pré-

« paratoires du tannage seraient insalubres, ou du
« moins incommodes pour les malades traités à l'hos-
« pice de Verneuil ;

« ART. 1ᵉʳ. La requête du sieur Audiger est re-
« jetée. »

113. Toutes les mesures prohibitives, ou ayant
simplement pour objet d'imposer des restrictions ou
des limites à l'exercice d'un droit quelconque, ont
cela de commun que l'administration ne doit jamais
en faire l'application qu'avec une extrême réserve,
et en se renfermant scrupuleusement dans le cercle
tracé par le législateur.

Ainsi, l'article 13 du décret du 15 octobre veut
qu'une usine dont les travaux ont été interrompus
durant six mois consécutifs ne puisse être remise en
activité qu'en vertu d'une autorisation nouvelle ; cela
est hors de doute.

Mais, par contre, il ne saurait y avoir de déchéance encourue, qu'autant que le fait matériel du chômage et celui de sa durée sont établis d'une manière
irréfragable. Dans le doute, la première autorisation conserve toute sa force, et rien n'empêche que
le fabricant continue son exploitation.

Le conseil d'Etat a fait, tout récemment, une application fort remarquable de cette manière d'entendre l'article 13 du décret de 1810.

En 1833, le préfet de police permit au sieur Dumont d'établir, dans la commune de Belleville, une
fonderie de suif en branches (2ᵉ classe).

Dans le principe, la fabrique se trouvait entièrement isolée. Mais bientôt on se mit à bâtir à l'entour, et les habitations s'y multiplièrent à tel point que, si l'établissement n'eût pas existé, il aurait été impossible d'en autoriser la formation.

L'entrepreneur tomba en faillite au mois de février 1840 ; il reprit la direction de ses affaires dans le mois d'août de la même année, et continua paisiblement l'exploitation de sa fonderie jusqu'au 7 décembre 1841.

A cette époque, un arrêté du préfet de police, revêtu de l'approbation du ministre du commerce, lui enjoignit de cesser ses travaux, sous le prétexte, qu'après la déclaration de faillite *ils avaient éprouvé une interruption de six mois.*

Le sieur Dumont se pourvut au conseil d'Etat ; il apportait, à l'appui de son recours, un certificat du syndic de sa faillite, attestant : « qu'à son entrée en « fonctions il avait obtenu du juge-commissaire l'au- « torisation de continuer l'exploitation de la fonde- « rie ; que cette exploitation avait, en effet, continué « pendant toute la durée de l'état de faillite ; que, « durant cet espace de temps, le failli avait acheté et « fondu environ 8,000 kilogrammes de suif ; et que « ses achats avaient été, chaque mois, à peu près « de la même importance qu'avant la déclaration de « faillite. »

On opposait à l'appelant une enquête à laquelle il avait été procédé par le maire.

Il répondait en faisant observer qu'aucun témoin n'était allé jusqu'à affirmer que les travaux eussent été interrompus pendant six mois; qu'au dire des plus explicites, il s'était seulement écoulé un certain temps, de 1840 à 1841, durant lequel *ils n'avaient pas été incommodés par l'odeur de la fonte.*

Le ministre du commerce défendit sa décision. Il soutint que la réalité du chômage avait été bien et dûment constatée, en ajoutant que, si le sieur Dumont s'était livré, de temps à autre, à des travaux de fabrication, *ces travaux n'avaient pas eu pour objet la fonte des suifs en branches.*

Le conseil d'Etat ne crut pas devoir se rendre aux raisons du ministre, dont la décision fut infirmée par une ordonnance royale du 6 juillet 1843, qui porte :

« Considérant que les décisions attaquées ont or-
« donné la fermeture de l'établissement du sieur
« Dumont, par le motif que les travaux de sa fonde-
« rie *avaient été interrompus durant plus de six mois;*

« Considérant *qu'il ne résulte pas de l'instruction*
« que ladite interruption de travaux ait eu lieu ;

« ART. 1er. — L'arrêté du préfet de police du 7
« décembre 1841 et la décision approbative dudit
« arrêté *sont annulés.* »

114.—Il serait fort possible qu'un entrepreneur, au lieu de laisser sa fabrique purement et simplement inactive, abandonnât un beau jour le siége de son exploitation, enlevât ses appareils, et vidât enfin complétement les lieux. Il pourrait alors se faire que, trompés par l'aspect de la localité qui n'offrirait plus aucunes traces d'établissement dangereux ou incommode, des tiers vinssent s'établir dans le voisinage de l'ancien atelier.

Partant de cette double supposition, on s'est demandé s'il serait loisible au fabricant de remettre son usine en activité sans une autorisation nouvelle, en objectant que six mois ne se seraient pas écoulés depuis l'abandon des lieux; et l'on s'est prononcé pour la négative, par la raison que le décret du 15 octobre 1810 parle seulement d'une *interruption* de travaux, tandis qu'ici il y aurait eu *cessation* absolue *sans esprit de retour*.

Cette opinion, qui séduit au premier abord, nous semble, en y réfléchissant, fort susceptible de controverse.

L'article 13 du décret de 1810 s'exprime en termes clairs et précis. Il dit que les établissements maintenus par l'article 11 cesseront de jouir du bénéfice de cet article, *dès qu'il y aura une interruption de six mois dans leurs travaux.*

Donc, tant qu'il ne s'est pas écoulé six mois depuis le jour où l'interruption a commencé, le bénéfice de l'art. 11 demeure incommutablement acquis à l'entrepreneur; la conséquence est de rigueur.

Qu'importe qu'il ait *enlevé ses appareils*, et même *vidé les lieux;* la loi ne lui demande, à cet égard, aucun compte; personne n'est en droit de se montrer plus exigeant qu'elle.

Qu'importe encore que la localité conserve assez peu de traces de l'exploitation, pour faire présumer qu'elle a été abandonnée *sans esprit de retour.* Il se peut que telle ait été effectivement la pensée du fabricant. Mais la loi lui accorde six mois pour revenir, s'il le veut, sur sa première détermination ; il reste, par conséquent, dans la plénitude de son droit, tant que le délai de grâce n'est pas épuisé.

Vainement enfin ajoute-t-on que l'art. 13 du décret de 1810 ne transige qu'avec *l'interruption* des travaux, et que, dans le cas dont il s'agit, il n'y aurait pas simplement interruption, mais *cessation*.

C'est jouer sur les mots.

La vérité est que les travaux sont toujours censés n'être qu'interrompus, tant que l'entrepreneur conserve la faculté de les reprendre. On ne peut les considérer comme ayant cessé sans retour qu'après l'expiration des six mois de terme fatal.

Si, trop confiants dans quelques apparences, des tiers sont venus, pleins de sécurité, s'établir dans le voisinage, sans doute il est très fâcheux pour eux de se trouver exposés aux inconvénients dont ils n'avaient pas soupçonné l'existence ; mais, en définitive, ils ne doivent s'en prendre qu'à eux-mêmes de n'avoir pas recueilli des informations suffisantes. Ce n'est pas au fabricant à porter la peine de leur imprévoyance et de leur légèreté.

La question est encore à naître, mais elle peut se présenter d'un jour à l'autre ; et, dans ce cas, nous croyons fermement qu'elle devrait être résolue en faveur du fabricant, ou bien ce serait refaire l'art. 13 du décret de 1810.

CHAPITRE VII.

Des Établissements non classés.

SOMMAIRE.

115.—Dispositions de l'ordonnance du 14 janvier 1815 à l'égard des établissements non classés.
116.—Les préfets peuvent ordonner provisoirement la suspension des établissements nouveaux qui leur paraissent de nature à être placés dans la première classe.
117.—Pouvoirs des préfets à l'égard des établissements nouveaux qu'ils jugeront devoir appartenir à l'une des deux dernières classes.
118.—*Quid*, si une industrie nouvelle, autorisée par le préfet comme rentrant de sa nature dans la seconde classe, venait à être finalement rangée dans la première par ordonnance royale?
119.—Que faut-il entendre par ces mots : *Etablissement nouveau?*
120.—Lorsqu'un établissement nouveau a été formé sans autorisation, quelle est l'autorité compétente pour statuer sur les oppositions qu'il soulève ?
121.—Observations sur une décision du conseil d'Etat relative à la question qui précède.
122.—Des poudreries et autres établissements d'utilité publique : nature de ces établissements; des oppositions à leur création.

---

115. — Le décret du 15 octobre 1810 ne parle point des applications de l'industrie qui ne seraient pas prévues et classées.

Mais, en étudiant la marche progressive de l'industrie, qui s'enrichit chaque jour d'une création nouvelle, on s'aperçut bientôt qu'il y avait là une lacune, et l'ordonnance royale du 14 janvier 1815 se chargea de la remplir; elle porte, article 5 :

« Les préfets sont autorisés à faire suspendre la « formation des établissements *nouveaux*, qui, n'ayant « pu être compris dans la nomenclature précitée, se- « raient cependant de nature à y être placés. — Ils « pourront accorder l'autorisation d'établissement, « *pour tous ceux qu'ils jugeront devoir appartenir aux* « *deux dernières classes de la nomenclature*, en rem- « plissant les formalités prescrites par le décret du « 15 octobre 1810 ; sauf, dans les deux cas, à en « rendre compte à notre directeur général des ma- « nufactures et du commerce (1). »

116. — Parmi les établissements nouveaux ne figurant pas encore dans la nomenclature il y a donc une distinction à faire entre ceux que revendique *la première classe*, et ceux qui sont de nature à n'être rangés que dans *la seconde ou dans la troisième*.

Relativement aux premiers, il n'appartient pas au préfet de déterminer, ne fût-ce que par provision, le classement. Il doit en référer au ministre du commerce, et le mettre en mesure de provoquer, s'il y a lieu, une ordonnance royale, absolument indispensable pour opérer le classement.

Mais le préfet, s'il le jugeait convenable dans l'in-

____

(1) V. à cet égard, *suprà*, n° 17.

térêt de la sûreté ou de la salubrité publiques, pourrait faire suspendre soit la formation, soit l'exploitation de l'établissement, jusqu'à ce que l'autorité royale eût pris une résolution.

Par arrêté du 12 mars 1821, le préfet de police ordonna aux sieurs Guichard et Legendre, affineurs de matières d'or et d'argent, établis dans la rue Chapon, de suspendre leurs travaux, attendu que l'emploi de l'acide sulfurique dont ils faisaient usage compromettait la santé des voisins.

Le ministre de l'intérieur, avant de prendre lui-même une détermination, demanda l'avis du conseil de salubrité, qui répondit : « que la dissolution des « alliages par le moyen de l'acide sulfurique produi- « sait des vapeurs malsaines et nuisibles aux voisins, « de manière qu'il était nécessaire de suspendre les « travaux de cet atelier, jusqu'à ce que les affineurs « eussent trouvé un moyen de faire leurs opérations « sans dégagement de vapeurs acides, ou en les ab- « sorbant. »

Conformément à cet avis, le ministre donna son approbation à la décision préfectorale.

Les sieurs Guichard et Legendre se pourvurent au conseil d'Etat. Dans leur système, le préfet de police avait excédé ses pouvoirs en les obligeant à suspendre leurs travaux.

Ce magistrat soutint sa décision et se défendit d'être sorti du cercle de ses attributions, en s'étayant de l'arrêté consulaire du 12 messidor an 8, et plus parti-

culièrement *de l'article* 5 *de l'ordonnance du* 14 *jan-*
vier 1815.

En résultat, ce fut aussi dans ce sens que le conseil
d'Etat se prononça ; l'ordonnance rendue à cet égard,
en date du 19 mars 1823, est ainsi conçue :

« Considérant qu'il résulte des rapports du conseil
« de salubrité que les sieurs Guichard et Legendre
« ont substitué aux anciens procédés l'emploi de l'a-
« cide sulfurique, et que, n'étant pas encore parve-
« nus à condenser les gaz, leur établissement *se trouve*
« *appartenir à la première classe ;*

« Considérant que jusqu'à ce que lesdits affineurs
« soient parvenus à disposer ledit établissement de
« manière à le faire ranger dans la troisième classe,
« le préfet de police était autorisé par l'art. 23 de
« l'arrêté du gouvernement du 12 messidor an 8, *et*
« *par l'art.* 5 *de l'ordonnance du* 14 *janvier* 1815, *à*
« *en ordonner la suspension ;*

« Considérant d'ailleurs que cette suspension laisse
« aux sieurs Guichard et Legendre la faculté de per-
« fectionner leurs moyens d'affinage, et de les sou-
« mettre ensuite aux formalités prescrites pour ob-
« tenir l'autorisation de s'en servir ;

« ART. 1ᵉʳ. — La requête des sieurs Guichard et
« Legendre *est rejetée.* »

117. — A l'égard des *nouveaux établissements* qui
sont réputés devoir entrer dans l'une des deux dernières catégories, il dépend du préfet d'en autoriser
provisoirement la formation.

Le ministre du commerce, à la connaissance duquel la décision doit être immédiatement portée, est, de son côté, le maître de l'annuler ou de la modifier ; c'est-à-dire qu'il peut également révoquer l'autorisation préfectorale, ou bien faire passer l'établissement de la seconde classe à la troisième, *et vice versâ*.

Du reste, que le classement émané du préfet soit approuvé ou modifié par le ministre, dans un cas comme dans l'autre il ne peut devenir définitif qu'en vertu d'une ordonnance du roi.

118. — Supposons, d'après cela, qu'une industrie nouvelle, autorisée par le préfet comme rentrant de sa nature dans la deuxième classe, vienne à être finalement rangée *dans la première* par l'ordonnance royale ; que s'ensuivrait-il ?

En présence de l'ordonnance définitive, l'autorisation préfectorale, *qui était essentiellement provisoire,* serait évidemment *comme non avenue ;* et le fabricant ne pourrait continuer son exploitation, qu'en remplissant, au préalable, les formalités prescrites pour la formation des ateliers de première classe.

119. — Mais que faut-il entendre par ces mots *établissement nouveau ?*

Un établissement est *nouveau,* dans le sens de l'ordonnance du 14 janvier 1815, lorsque l'entrepreneur se propose d'y exercer une industrie jusqu'alors inconnue, ou tout au moins nouvellement empruntée à l'étranger.

La même appellation s'applique naturellement à un établissement d'ancienne création, dans lequel on introduit quelque nouveau procédé qui doit changer

le caractère primitif des opérations habituelles. Tel
est, par exemple, dans l'affinage des matières d'or
et d'argent dont nous venons de parler, l'emploi de
l'acide sulfurique, substitué à l'usage de l'acide nitrique, et qui a fait, d'une industrie à peu près inoffensive, une profession dangereuse.

Mais il suit de là qu'une industrie, parfaitement
connue, et dans l'exploitation de laquelle le fabricant
se sert uniquement des procédés ordinaires, ne peut
pas être considérée comme formant un *établissement
nouveau*, régi par l'art. 5 de l'ordonnance de 1815,
par cela seul qu'elle ne figure sur aucun tableau de
classement.

C'est, en effet, ce que le conseil d'Etat a décidé
in terminis dans les circonstances suivantes.

Le sieur Vermond, marchand de fer à Péronne, y
établit, en 1824, une forge pour la fabrication *des
enclumes et des essieux.*

Cette industrie, assurément des plus connues, et
qu'une ordonnance du 5 novembre 1826 a rangée
parmi les ateliers de deuxième classe, sous la dénomination de *forges de grosses œuvres*, ne figurait auparavant sur aucune nomenclature.

Une dame Goulliard, fort incommodée de ce voisinage, qui l'exposait d'ailleurs au danger d'être in-
cendiée, forma opposition devant le préfet de la
Somme; mais elle fut repoussée, par le motif *que*
l'établissement *n'était pas nouveau* et qu'il n'y avait
conséquemment pas lieu d'appliquer l'art. 5 du décret du 15 octobre 1810.

21.

Recours au conseil d'Etat.

Le conseil se rangea à l'opinion du préfet, dont l'arrêté fut confirmé par une ordonnance du 2 août 1826, qui porte :

« Considérant que les forges destinées à la fabrica-
« tion ordinaire des enclumes et des essieux, ne se
« trouvent comprises dans aucune des nomenclatures
« des établissements insalubres et incommodes qui ne
« peuvent être formés sans une autorisation préa-
« lable ;

« Considérant que les forges du sieur Vermond
« ne constituent pas une industrie nouvelle, et que
« dès lors les dispositions de l'art. 5 de l'ordonnance
« royale du 14 janvier 1815 ne peuvent pas leur être
« appliquées ;

« ART. 1er. La requête de la dame Delvaux-Goul-
« liard *est rejetée*.

120. — Lorsqu'un établissement non classé, mais susceptible de l'être en conformité de l'art. 5 de l'ordonnance du 14 janvier 1815, a été formé sans autorisation, les oppositions qu'il soulève autour de lui tombent-elles sous la juridiction du conseil de préfecture ?

Cette question, d'autant plus importante qu'elle est de nature à pouvoir se présenter souvent, a été résolue diversement par le conseil d'Etat dans les deux espèces que nous allons mettre sous les yeux.

1re ESPÈCE. — En 1822, plusieurs habitants de Castelnaudari, département de l'Aude, se réunirent

pour demander au préfet l'éloignement d'une minoterie que venait d'ouvrir dans la ville le meunier
Laporte.

Jusqu'alors il n'avait été fait mention de cette industrie dans aucune nomenclature. Ce n'est que par
une ordonnance royale du 9 février 1825 qu'elle a
été rangée dans la deuxième classe.

Les oppositions furent adressées par le préfet au
conseil de préfecture, qui, par arrêté du 3 avril, se
déclara incompétent et renvoya les réclamants devant
les juges ordinaires.

Le ministre de l'intérieur déféra cet arrêté au conseil d'Etat, dans l'intérêt de la loi.

Deux moyens formaient la base du recours.

Premièrement, le ministre relevait comme une
grande erreur l'opinion énoncée par le conseil de
préfecture qu'il ne pouvait connaître que des contestations relatives aux établissements compris dans la
nomenclature annexée à l'ordonnance du 14 janvier
1815, tandis que, *suivant la disposition formelle de
l'art. 5 de cette même ordonnance, sa compétence
s'étendait expressément aux établissements qui, sans
figurer dans la nomenclature, étaient pourtant de
nature à y être placés.*

Secondement, le ministre reprochait encore au
conseil de préfecture d'avoir posé en fait que le
sieur Laporte n'avait nul besoin d'une autorisation
pour former sa minoterie, puisqu'*au contraire le
même art. 5 de l'ordonnance de 1815 mettait in-*

vinciblement obstacle à ce qu'un établissement de ce genre pût exister sans l'aveu de l'administration.

Le ministre demandait, par ces motifs, l'annulation de la décision attaquée; et une ordonnance du 23 avril 1823 homologua les conclusions de son rapport en ces termes :

« Considérant qu'il résulte des pièces du dossier,
« que les moulins à farine établis dans les villes doi-
« vent être rangés dans la deuxième classe des établis-
« sements insalubres ou incommodes, et que notre
« ministre l'a décidé ainsi, sur l'avis du comité con-
« sultatif des arts et manufactures ; que dès lors, con-
« formément à notre ordonnance du 14 janvier 1815,
« le conseil de préfecture *devait connaître des oppo-*
« *sitions formées à l'établissement de la minoterie du*
« *sieur Laporte, et que c'est à tort qu'il s'est déclaré*
« *incompétent ;*

« Considérant que le pourvoi du ministre a été
« fait dans l'intérêt de la loi, et que les parties inté-
« ressées n'étant pas devant nous, il n'y a pas lieu de
« statuer en ce qui les concerne ;

« ART. 1ᵉʳ. — L'arrêté du conseil de préfecture de
« l'Aude, du 3 avril 1822, *est annulé.*

Depuis, cette doctrine a fait place à la doctrine contraire.

2ᵉ ESPÈCE. — Le sieur Derosne, propriétaire d'un vaste emplacement à Paris, dans le quartier de Chaillot, y établit, en 1835, un atelier pour la fabrication des machines à vapeur, où 100 ouvriers étaient employés, dès avant le jour, à battre le cuivre et la tôle de toute la force de leurs bras.

Les voisins, que ce bruit poursuivait sans relâche, adressèrent collectivement au préfet de police une pétition tendante à obtenir la suppression de l'établissement.

Ils le signalaient comme une *forge de grosses œuvres*, comprise dans la deuxième classe par l'ordonnance royale du 5 novembre 1826. Subsidiairement, ils demandaient qu'on lui fît l'application de l'art. 5 de l'ordonnance du 14 janvier 1815.

Le préfet commença par consulter le conseil de salubrité. Puis il fit successivement visiter les lieux par l'architecte de la préfecture, le commissaire de police et l'inspecteur de la voirie.

Tous furent également d'avis *que le bruit était intolérable à une grande distance, et que la santé des habitants du voisinage devait en souffrir.*

Il y a plus : les ateliers du sieur Derosne touchaient à une maison de santé tenue par le docteur Puzin ; on apportait la preuve que la plupart des malades *avaient été forcés de l'abandonner, y étant privés de sommeil,* et que l'établissement était à peu près désert, au grand détriment du propriétaire.

Cependant le préfet de police rejeta la réclamation par le double motif : « 1° que l'usine contentieuse n'était pas dans les conditions voulues pour caractériser *une forge de grosses œuvres*, puisqu'on n'y faisait usage d'aucun moyen mécanique pour mouvoir soit les marteaux, soit les masses soumises au travail; 2° *qu'elle n'était pas classée par les règlements au nombre des établissements dangereux, insalubres ou incommodes.*

Les pétitionnaires se pourvurent par voie d'opposition au conseil de préfecture, pour infraction à l'article 5 de l'ordonnance de 1815.

Par arrêté du 5 septembre 1835, le conseil de préfecture *se déclara incompétent;* il en donna pour raison *qu'il était seulement chargé de prononcer sur les oppositions aux ateliers autorisés; mais que, dans l'espèce, il ne s'agissait pas d'appuyer des réclamants contre une autorisation accordée par le préfet à un atelier classé parmi les établissements dangereux, insalubres ou incommodes; qu'il s'agissait de statuer sur le refus fait par le préfet d'appliquer à cet atelier la législation spéciale de ces établissements.*

Recours des opposants devant le conseil d'Etat.

Il y avait tout lieu de penser que l'arrêté du conseil de préfecture serait annulé, en ce qu'il était contraire aux principes consacrés par l'ordonnance royale du 23 avril 1823.

Il n'en fut rien cependant, et, le 2 janvier 1838, intervint l'ordonnance suivante :

« Considérant que l'établissement du sieur Deros-
« ne *n'est pas classé* par les règlements au nombre
« des établissements insalubres ou incommodes, et
« que le préfet de police s'étant refusé par ce motif à
« soumettre cet établissement aux formalités pre-
« scrites par ces règlements, c'est avec raison que le
« conseil de préfecture s'est abstenu de statuer sur

« l'opposition formée par les requérants à l'arrêté du
« préfet de police du 9 juillet 1835 ;

« ART. 1ᵉʳ — La requête du sieur Dangest et con-
« sorts *est rejetée*. »

121. — Entre ces deux décisions contraires,
nous n'hésitons pas à préférer la première, qui est,
ce nous semble, beaucoup plus conforme à l'esprit de l'art. 5 de l'ordonnance du 14 janvier 1815.
Cet article, en ce qui concerne l'autorisation des
établissements nouveaux, renvoie aux formalités prescrites par le décret du 15 octobre 1810. Or il résulte
de là que le conseil de préfecture serait compétent
pour connaître des oppositions à l'arrêté préfectoral
qui autoriserait provisoirement un établissement non
classé. Comment donc ne serait-il pas également compétent pour statuer sur les oppositions à un arrêté
rejetant les réclamations élevées contre un pareil établissement, arrêté qui, au fond, est une autorisation
tacite, et qui a les mêmes effets pour le voisinage
qu'une autorisation expresse.

122. — Quand on parle d'établissements dangereux, la pensée se porte aussitôt, comme par instinct,
sur les moulins à fabriquer la poudre et sur les magasins affectés à sa conservation, dont l'explosion,
malheureusement trop fréquente, est souvent marquée par des catastrophes épouvantables.

Nous ne voyons pourtant pas qu'il en soit fait
mention dans aucune nomenclature. Pourquoi cela?

Parce que le décret du 15 octobre 1810, ainsi que
les règlements ultérieurs qui s'y rattachent, exclu-

sivement applicables aux établissements appartenant à des particuliers, n'atteignent pas ceux qui sont destinés à un *service public* et à la formation desquels personne n'est en droit de s'opposer, quelque préjudice qu'il en doive éprouver.

Il est en effet de principe que, dans toute société politique, chacun s'engage à rendre praticable, par des sacrifices personnels, ce qui doit tourner à l'avantage de tous; l'existence du corps social est à ce prix; et l'on conçoit qu'il n'y aurait pas de gouvernement possible, si l'autorité à laquelle sont confiées les destinées du pays pouvait, à tout instant, être arrêtée ou entravée dans sa marche et ses desseins par des intérêts privés ou par des convenances de localité.

Qu'on écoute à ce sujet M. Favard de Langlade, qui fut pendant fort longtemps l'une des lumières de la Cour de cassation et du conseil d'Etat :

« S'il s'agissait, dit-il, d'un établissement *d'utilité* « *publique*, on ne pourrait, sous le prétexte de l'in-« commodité ou de l'insalubrité, invoquer les règles « qui concernent l'industrie particulière; autrement « ce serait admettre que les conseils de préfecture, « appelés à prononcer sur les oppositions, pourraient « contrarier et même paralyser des mesures d'ordre « public prescrites par le gouvernement.

« Par exemple, le voisinage d'une poudrière est « assurément incommode et dangereux; mais si par « des considérations militaires et dans l'intérêt de la « défense, le gouvernement a reconnu utile de faire « fabriquer la poudre dans telle localité plutôt que

« dans telle autre, les conseils de préfecture sont in-
« compétents pour admettre les oppositions.

« Ce n'est pas que les voisins qui se croient lésés
« par le projet de l'établissement, ne soient fondés à
« réclamer des indemnités d'expropriation ou de
« dépréciation; mais, dans ce cas, les indemnités ou
« dommages doivent être réglés d'après les formes
« prescrites par les lois et règlements sur les expro-
« priations ou dépréciations pour cause d'utilité pu-
« blique (1). »

Ces principes, hâtons-nous de le dire, ont été pleinement adoptés par le conseil d'État, dans les deux seules occasions qui lui aient été offertes d'en faire l'application, et sur lesquelles nous croyons devoir, à raison
de l'importance du sujet, entrer dans quelques détails.

1re ESPÈCE. Le gouvernement résolut, en 1821, de
transférer la poudrière d'Essonne dans un lieu appelé
Le Bouchet.

Les sieurs Delaitre et Legendre, qui possédaient
près de là, l'un un moulin, l'autre une filature, s'opposèrent à la translation; ils se fondaient sur l'im-
minence des dangers auxquels allait les exposer un
pareil voisinage; et, en outre, sur l'énorme dépréciation qui devait en résulter pour leurs usines.

---

(1) *Répertoire de la nouvelle législation,* v° *Manufactures et Ateliers incommodes.*

Par arrêté du 13 mars 1822, le conseil de préfecture de Seine-et-Oise, saisi de l'opposition, se déclara incompétent : « Attendu, porte cet arrêté, que « les poudrières ne sont pas comprises dans la no- « menclature des établissements dont parle l'ordon- « nance de 1815, et qu'il ne peut appartenir aux « conseils de préfecture d'étendre les attributions qui « leur sont données par la loi. »

Le ministre de la guerre donna son assentiment à cette décision, le 11 mai suivant, en ajoutant qu'il serait statué par lui sur les indemnités auxquelles pourrait donner lieu l'établissement contentieux.

Les opposants se pourvurent au conseil d'Etat ; voici, en substance quelle était leur argumentation :

« Sans doute, il n'appartient pas aux conseils de « préfecture d'étendre les bornes de leur compétence « et de leurs attributions ; mais ici leur compétence « est réglée par une disposition formelle de la loi. « L'article 4 du décret du 15 octobre 1810 porte « que, s'il y a des oppositions, le conseil de préfecture « donnera son avis, sauf la décision du conseil d'Etat. « Or cette disposition de la loi était évidemment « applicable à l'espèce. On dit que les poudrières « ne sont pas nominativement comprises dans la no- « menclature des établissements pour lesquels le dé- « cret du 15 octobre 1810 et l'ordonnance royale « du 14 janvier 1815 ont fixé les formes à suivre. « Mais, d'abord, cette nomenclature n'est pas restric- « tive, elle n'est qu'énonciative. C'est ce qui résulte « de la disposition de l'art. 5 de cette ordonnance,

« qui autorise les préfets à suspendre la formation
« des établissements nouveaux, qui, n'ayant pu être
« compris dans cette nomenclature, seraient cepen-
« dant de nature à y être placés. Ensuite, il était
« inutile d'y comprendre les poudrières, parce que,
« le gouvernement en ayant l'administration exclu-
« sive, il eût été inutile et même inconvenant de
« lui imposer l'obligation d'exécuter ses propres lois.
« Que si des motifs d'intérêt général et politique ont
« exigé que l'exploitation des poudres restât au pou-
« voir du gouvernement, celui-ci, à l'égard des tiers,
« ne peut avoir que les droits d'un simple particulier.
« Il est soumis aux mêmes obligations; d'où il suit que
« les tiers peuvent former opposition à un établisse-
« ment projeté par le gouvernement et qui blesse leurs
« intérêts, et que cette opposition doit être portée de-
« vant le conseil de préfecture. Autrement, il n'y
« aurait point d'autorité qui pût statuer, et le
« droit d'opposition ne serait plus qu'un droit illu-
« soire. »

En résultat, rien de tout cela ne prévalut contre
l'autorité des principes exposés par M. Favard de
Langlade ; une ordonnance royale du 20 novembre
1822 déclara les appelants non recevables dans les
termes suivants :

« Considérant, sur la compétence, que les dispo-
« sitions prises par le gouvernement, pour la for-
« mation des établissements qui intéressent la sûreté
« ou la défense du territoire, *ne peuvent devenir*
« *l'objet d'une opposition par la voie contentieuse ;*

« Art. 1ᵉʳ. — La requête des sieurs baron Delaitre
« et Legendre *est rejetée*, sauf auxdits sieurs à se
« pourvoir, ainsi qu'ils aviseront, *pour obtenir, s'il*
« *y a lieu, les indemnités auxquelles ils prétendent*
« *avoir droit.* »

2ᵉ Espèce. La ville de Metz était dernièrement en
instance pour obtenir la suppression d'une poudrerie établie dans l'île de Saulcy. Elle donnait pour
motif de sa réclamation le danger d'une explosion,
que peut faire redouter le contact trop immédiat
de l'établissement avec les bateaux à vapeur qui pas-
sent précisément sous ses murs, et encore avec les locomotives du chemin de fer projeté, qui aura son
point central dans cette partie de la ville.

L'autorité locale était entièrement favorable à la
demande; mais l'administration de la guerre a jugé
convenable de maintenir le *statu quo;* et, à cet effet,
divers travaux furent mis en adjudication, par ses
ordres, pour l'année 1841.

La ville forma opposition devant le conseil de préfecture, qui, par arrêté du 18 septembre 1843, se
déclara incompétent.

Recours au conseil d'Etat.

En présence du principe consacré par l'ordonnance royale du 20 novembre 1822, la ville avait à
justifier son pourvoi sous le double rapport de la
forme et du fond. En d'autres termes, il lui fallait
prouver, d'une part, que la matière en discussion
était bien du ressort du contentieux administratif,

et, d'autre part, qu'il y avait véritablement nécessité de déplacer la poudrerie de l'île de Saulcy.

Sur la question de forme, elle disait : « Nous de-
« manderons d'abord dans quel principe de notre
« droit politique on a pris cette maxime, que les
« actes du gouvernement ne peuvent jamais devenir
« l'objet du contentieux, même administratif, quand
« ces actes se lient à la défense générale du territoire.
« Sans doute, la défense du territoire est le premier
« devoir du gouvernement; pour remplir cette mis-
« sion sacrée, il doit jouir de la plus grande, de la
« plus complète indépendance. Ainsi, il doit libre-
« ment disposer des armées de terre et de mer, con-
« gédier les soldats ou les retenir sous les drapeaux,
« armer ou désarmer la flotte, envoyer ou bon lui
« semble les forces mises à sa disposition, etc., etc.
« Pour tous ces actes, le ministère n'est justiciable
« que des chambres, de l'opinion publique et de
« l'histoire. Mais ce pouvoir, absolu tant qu'il se
« borne à disposer des moyens généraux d'attaque
« et de défense, ce pouvoir trouve, non pas un
« obstacle, mais un contrôle, toutes les fois qu'il
« rencontre sur son passage des droits ou des inté-
« rêts privés. Quand cela arrive, il faut bien que
« le citoyen, froissé par les mesures bonnes ou mau-
« vaises, utiles ou non, que le gouvernement croit
« devoir prendre dans l'intérêt général, puisse trou-
« ver une autorité pour écouter sa plainte, une au-
« torité qui puisse rechercher si l'intérêt public ré-
« clamait ou non le sacrifice des intérêts privés.

« Autrement, on arriverait à proclamer le plus into-
« lérable des despotismes, puisqu'il suffirait à un
« ministre de déclarer qu'une mesure prise par lui
« se lie à la défense générale du territoire, pour
« échapper, à l'instant même, à tout contrôle. Qui
« ne voit combien un tel arbitraire serait en opposi-
« tion avec le principe de notre gouvernement et
« avec l'ensemble et l'esprit de notre législation ? »

Au fond, la ville de Metz faisait observer que la
poudrerie dont le voisinage inquiétait en 1822 les
les sieurs Delaitre et Legendre, ne menaçait que deux
propriétaires isolés, dont il paraît, d'ailleurs, que
le danger réel était à peu près nul. « A metz, au con-
« traire, ajoutait-elle, la poudrerie ne compromet
« pas seulement quelques intérêts privés isolés ; elle
« menace une population de 40 à 50,000 âmes, une
« garnison nombreuse, une place de guerre de pre-
« mier ordre, avec ses arsenaux et ses approvisionne-
« ments. Placé auprès des ouvrages fortifiés, ce foyer ·
« d'explosion peut les emporter et ouvrir la brèche
« à l'ennemi. »

Venant ensuite au recours en indemnité dont l'ordonnance du 20 novembre 1822 contenait la réserve
expresse en faveur des sieurs Legendre et Delaitre,
la ville de Metz disait : « On peut indemniser quel-
« ques propriétaires isolés ; mais qui pourrait calcu-
« ler le chiffre des dépenses qu'occasionnerait à l'Etat
« la nécessité d'indemniser toute une grande ville de
« la dépréciation des propriétés de ses habitants, ou
« des dommages qu'ils viendraient à éprouver par
« suite des travaux du gouvernement. »

Dans tout cela, le conseil d'Etat ne s'arrêta qu'à la question de forme, sur laquelle il s'en tint finalement à sa première doctrine ; l'ordonnance approbative de son avis est du 17 septembre 1844 et est ainsi conçue :

« Considérant que le décret du 15 octobre 1810 et « les ordonnances royales des 14 janvier 1815, 25 « juin 1823 et 30 oct. 1836, ne sont pas applicables « aux poudreries appartenant à l'Etat, dont l'exis- « tence intéresse la sûreté et la défense du territoi- « re, et que les dispositions prises par le gouverne- « ment relativement à ces établissements *ne peuvent* « *devenir l'objet d'un recours par la voie contentieuse ;* « que, dès lors, c'est avec raison que, par son arrêté « en date du 18 septembre 1841, le conseil de pré- « fecture du département de la Moselle s'est déclaré « incompétent pour connaître de l'opposition formée « par la ville de Metz à l'exécution des travaux or- « donnés par notre ministre de la guerre pour la « poudrerie appartenant à l'Etat, sise dans l'île de « Saulcy, et que la ville n'est pas recevable à nous « demander par la voie contentieuse la suppression « de ladite poudrerie;

« ART. 1er. —La requête de la ville de Metz est « rejetée. »

CHAPITRE VIII.

Des Indemnités pour dommages causés aux voisins.

SOMMAIRE.

123.—Ce chapitre doit se diviser en deux parties.

Dans la première, nous nous occuperons des actions en indemnité dont *l'Etat* peut être passible.

Viendront ensuite les actions ouvertes contre *les entrepreneurs particuliers*.

§ 1ᵉʳ.—*Des actions en indemnité contre l'Etat.*

124. — L'ordonnance royale du 20 novembre 1822 (1), relative au déplacement de la poudrière d'Essonne, a formellement reconnu en principe que la formation d'un établissement dangereux, exécuté pour le compte de l'Etat, peut donner ouverture contre lui à des demandes d'indemnité, à raison du dommage qu'en éprouvent les propriétaires voisins; nous n'avons donc plus à nous occuper que du mode d'application de ce principe.

Or, à cet égard, il n'existe à notre connaissance qu'un seul précédent pour faire règle; et c'est encore à la même affaire qu'il se rattache.

Après que les sieurs Delaitre et Legendre eurent échoué, dans leur opposition à la translation de la poudrière, le premier se retira par-devant le ministre de la guerre pour se faire allouer une indemnité.

Sa réclamation fut repoussée.

Alors il quitta la voie administrative pour prendre les voies judiciaires; et il introduisit une instance au tribunal civil de la Seine.

L'administration éleva aussitôt un conflit.

De son côté, le sieur Delaitre, revenant sur ses pas, se pourvut au conseil d'Etat contre la décision mi-

______

(1) V. ci-dessus, n° 122.

nistérielle qui lui avait refusé une indemnité ; il en demandait l'annulation sous le double rapport de *la compétence* et *du fond.*

Une ordonnance royale, qui porte la date du 21 décembre 1825, statua concurremment sur le conflit administratif et sur l'exception d'incompétence ; elle est ainsi conçue :

« Considérant, *sur le conflit,* qu'il existait deux « décisions ministérielles qui faisaient obstacle à ce « que les tribunaux pussent prononcer sur la de- « mande du sieur Delaitre ;

« Sur les conclusions du sieur Delaitre tendant à « ce qu'il nous plaise annuler la décision de notre « ministre de la guerre, *pour cause d'incompétence ;*

« Considérant qu'il a été jugé contradictoirement « et définitivement par l'ordonnance du 20 novem- « bre 1822, que la poudrière du Bouchet est un éta- « blissement militaire qui intéresse la sûreté et la « défense de l'Etat ;

« Que jusqu'à l'époque de la loi du 17 juillet 1819, « le ministre de la guerre a été seul compétent pour « prononcer sur les demandes d'indemnités pour « dommages causés aux particuliers par l'établisse- « ment des places fortes et autres moyens défensifs « du royaume ;

« Que l'article 15 de cette loi du 17 juillet 1819 « *ne renvoie aux tribunaux que les demandes en in-* « *demnité relatives aux expropriations, aux priva-* « *tions de jouissance, ou aux dommages matériels ;*

« D'où il suit, aux termes de l'article 16 de la

« même loi, que notre *ministre de la guerre est resté*
« *investi du droit de statuer en première instance, et*
« *sauf recours à nous en notre conseil d'Etat, sur les*
« *demandes en indemnité pour les autres cas non*
« *prévus dans la loi;*

. « ART. 1er. — Le conflit élevé par le préfet du dé-
« partement de la Seine est approuvé; *et les parties*
« *procéderont au fond par-devant nous, en notre con-*
« *seil d'État.* »

Ainsi, en semblable matière, le mode de procéder dépend absolument de la nature du fait qui
motive la demande d'une indemnité.

S'agit-il d'un *fait matériel,* comme serait l'occu-
pation ou le morcellement d'une propriété, la privation ou l'interruption d'une jouissance? Ce sont là
des cas prévus par la loi du 17 juillet 1819, qui en
attribue la connaissance aux juges ordinaires; *c'est*
donc aux tribunaux que le prétendant à une indem-
nité doit s'adresser.

Mais lorsque l'indemnité n'a pour objet qu'un
dommage immatériel, la dépréciation d'un immeu-
ble, par exemple, comme ce cas n'est pas entré dans
les prévisions de la loi de 1819, la voie administrative est seule ouverte au réclamant; *il ne peut que*
recourir au ministre, dont la décision ressortit naturellement par appel au conseil d'État.

Il va sans dire que la règle posée par l'ordonnance
que nous venons de rapporter ne s'applique pas seulement à l'administration de la guerre, et qu'il faudrait également la prendre pour guide, si, au lieu

d'une poudrière , l'indemnité réclamée avait pour cause un établissement public placé dans les mêmes conditions et dépendant de tout autre ministère.

§ 2. — *Des actions en indemnité contre les particuliers.*

125. — L'article 11 du décret du 15 octobre 1810, en déclarant que les usines antérieures à sa promulgation étaient maintenues, réserve expressément aux voisins la faculté de recourir aux tribunaux, pour se faire indemniser du dommage qu'elles pourraient leur causer.

Le premier essai qui ait été fait de cette disposition remonte à 1813.

En l'an 9, le célèbre Chaptal, l'une des gloires de l'industrie française, avait établi dans la commune des Thermes , aux portes de Paris ; une fabrique d'acide sulfurique.

Dès que fut promulgué le décret du 15 octobre 1810, divers habitants du voisinage adressèrent des plaintes à l'administration ; ils demandaient que l'établissement fût supprimé , ou tout au moins qu'on les autorisât à actionner le comte Chaptal devant les tribunaux, en réparation du dommage journalier qu'ils éprouvaient dans leurs maisons et dans leurs jardins par l'effet de son exploitation.

L'usine contentieuse appartenait à la première classe; il était par conséquent réservé au chef de l'Etat de fixer le sort de la réclamation ; et voici dans

quels termes il fut statué par un décret du 6 septembre 1813;

« Considérant qu'il résulte de l'instruction à
« laquelle il a été procédé, 1° que la fabrique n'a
« pas de grands inconvénients pour la salubrité pu-
« blique, la culture, ni l'intérêt général ; 2° qu'elle
« en a toutefois qu'il est possible de corriger ou de
« diminuer par les moyens indiqués dans le rapport
« du conseil de salubrité;

« ART. 1ᵉʳ. — La manufacture d'acides et autres
« produits chimiques établie aux Thermes par le
« comte Chaptal est maintenue aux conditions expri-
« mées dans les articles suivants:

« ART. 2. — Le toit et les cheminées des premiers
« ateliers, du côté de la rue de l'Arcade, seront élevés
« à la hauteur des derniers du même côté, confor-
« mément au rapport du conseil de salubrité.

« ART. 3. — Les deux anciennes chambres de plomb,
« que ledit conseil a reconnu être fatiguées par un
« trop long usage, seront, conformément audit rap-
« port, construites en plomb neuf, avec le même soin
« qu'on a mis à construire les nouvelles.

« ART. 4. — Les fabrications auront lieu avec le
« soin et les précautions pris le jour de la visite du-
« dit conseil, et décrits en son rapport.

« ART. 5. — Il ne pourra être fait aucune addition
« notable aux constructions et fabrications décrites
« dans ledit rapport, à moins d'une autorisation
« préalable obtenue dans les formes prescrites par
« notre décret du 15 octobre 1810.

« ART. 6. — Le préfet de police, sur l'avis des
« membres du conseil de salubrité et des architectes
« de la voirie, rendra une ordonnance pour assurer
« l'exécution des dispositions qui précèdent, et fera
« faire, d'office ou sur plaintes, toutes visites néces-
« saires à cet effet.

« ART. 7. — *Il n'est rien préjugé sur les demandes*
« *en indemnité des suppliants, pour lesquelles ils*
« *sont renvoyés à se pourvoir, si bon leur semble, de-*
« *vant les tribunaux, conformément à l'art.* 11 *de notre*
« *décret du* 15 *octobre* 1810. »

126. — A prendre à la lettre le texte de l'art. 11
du décret de 1810, on pourrait croire que cet article,
en ce qui concerne l'action des voisins en dommages-
intérêts, se rapporte uniquement aux établissements
antérieurs au décret.

Mais l'exposé des motifs du décret (1) établit clairement que cette action est ouverte aussi bien contre
les propriétaires d'établissements nouveaux que contre les propriétaires d'établissements anciens.

C'est aussi ce que juge constamment le conseil
d'Etat. Nous en avons vu un premier exemple dans
l'affaire Régny (2).

Le préfet de police avait refusé à cet industriel la
permission de former à Clichy, près Paris, une plomberie.

---

(1) V. ci-dessus, n° 8 ; V. aussi un arrêt de la Cour de Nancy
du 14 janvier 1830.

(2) V. ci-dessus, n° 49.

Sur l'appel, le conseil d'Etat leva l'interdit, à certaines conditions développées dans l'ordonnance, qui ajoutait :

« En cas de contravention à l'une des conditions « ci-dessus prescrites, le préfet de police demeure « autorisé à suspendre la marche de l'atelier de plom- « berie et laminerie de plomb du sieur Régny ; — « sans préjudice des dommages-intérêts réclamés « par les tiers et qui seront jugés par les tribu- « naux. »

C'est aussi ce qui résulte de la jurisprudence la mieux établie des cours royales et de la cour de cassation.

126 *bis*. —Il importe de citer ici les monuments de cette jurisprudence, non pas seulement pour prouver la recevabilité des demandes en indemnité à raison des dommages causés par des établissements postérieurs au décret de 1810, mais pour montrer comment ces demandes ont été appréciées au fond.

1re ESPÈCE. — En 1819, le sieur Rigaud et divers autres particuliers, propriétaires de plusieurs fabriques de soude factice dont l'établissement avait été autorisé par l'administration, furent assignés devant le tribunal de Marseille à la requête du sieur Bourguignon, en réparation du dommage causé à ses propriétés par les exhalaisons provenant des fabriques.

Les défendeurs ne niaient pas le préjudice souffert; ils se bornaient à en contester l'étendue. En conséquence; et par jugement du 2 septembre 1823, une expertise fut ordonnée, à l'effet d'estimer le dommage.

Avant que cette expertise n'eût lieu, Bourguignon conclut à ce qu'une provision de 10,000 francs lui fût accordée.

Un jugement du 26 mars 1825 accueillit ces conclusions en partie, et condamna solidairement les fabricants à lui payer 2,000 francs de provision.

Appel principal, de la part des sieurs Rigaud et consorts : ils soutinrent : 1° que l'action de Bourguignon n'étant fondée sur aucun titre, les juges ne pouvaient ni ne devaient accorder une provision ; 2° que la solidarité n'aurait pas dû être prononcée contre eux pour le paiement de la provision, puisqu'aucune stipulation n'existait à cet égard dans l'espèce.

Appel incident, de la part de Bourguignon, fondé sur ce que la provision n'a pas été portée à 10,000 francs.

Le 14 mai 1825, arrêt de la Cour d'Aix qui élève la provision à 6,000 francs. Les motifs de l'arrêt sont ainsi conçus :

« Considérant, sur la provision, qu'il est tout à
« fait certain que Bourguignon a éprouvé un préju-
« dice considérable dans sa propriété où son domai-
« ne de Fabregoule, et que le dommage provient des
« vapeurs produites par la fabrication de la soude
« factice qui se fait dans les fabriques situées dans

« le voisinage de Septèmes et appartenant aux sieurs
« Rigaud et consorts ;

« Que cela résulte de la notoriété publique, de la
« situation respective et topographique des lieux,
« d'une foule de jugements et arrêts qui ont accordé,
« contre les fabricants, des indemnités à des pro-
« priétaires bien plus éloignés des fabriques que le
« sieur Bourguignon ; du propre aveu des sieurs Ri-
« gaud et consorts, qui ont volontairement payé des
« dommages et intérêts à un fermier de ce dernier
« pour une portion du domaine dont il s'agit ; de
« l'offre, quoique non acceptée comme insuffisante,
« qu'ils ont faite à Bourguignon lui même pour la ré-
« paration des dommages par eux causés ; enfin, du
« jugement qui, au procès, nomme des experts, bien
« moins pour constater l'existence du dommage qui
« ne saurait être sérieusement contesté, et en assigner
« la cause qui n'est pas non plus douteuse, que pour
« fixer la quotité de ce dommage, laquelle forme vé-
« ritablement le litige entre les parties ;

« Que, dès lors, Bourguignon peut évidemment
« puiser dans ces diverses circonstances, surtout en
« l'état du procès et des incidents qu'il a fait naître,
« le titre et le droit de demander une provision ;

« Considérant, pour ce qui est de la solidarité,
« qu'elle est la conséquence, en fait et en droit, du
« dommage causé à Bourguignon par Rigaud et con-
« sorts; qu'en effet ce quasi-délit de leur part ne con-
« siste pas dans l'établissement autorisé de leurs fa-
« briques, mais dans la manière abusive de les exploi-

« ter, au préjudice du sieur Bourguignon; qu'il est le
« fait commun de tous les fabricants et le fait parti-
« culier de chacun d'eux ; qu'il est évident que, s'il
« n'existait qu'un moindre nombre de fabriques ou
« une seule, le dommage serait moins important et
« peut-être nul ; que ce dommage est augmenté ou
« même s'opère seulement par la réunion des vapeurs
« de différentes fabriques ;

« Considérant que si, par la manière indivisible
« dont le dommage s'effectue, et par le résultat d'une
« faute particulière et commune, le fait de chacun
« des fabricants devenant le fait de tous, et le fait de
« tous étant le fait de chacun, la réparation est due
« par tous et par chacun, *per totum et totaliter*, cette
« solidarité est conforme aux principes du droit ; car
« puisqu'un mandataire qui a fait volontairement
« des avances dans l'intérêt de plusieurs mandants,
« et pour une affaire commune à ceux-ci, peut les
« répéter solidairement contre eux, à plus forte rai-
« son celui qui, malgré lui, éprouve un dommage,
« doit-il pouvoir en demander solidairement la ré-
« paration contre les personnes qui l'ont conjointe-
« ment occasionné ;

« Considérant que le principe que la solidarité ne
« se présume pas n'est applicable qu'aux conven-
« tions où celui qui la réclame, sans l'avoir stipulée, a
« toujours à se reprocher de n'en avoir pas fait une
« condition expresse du contrat ; que la solidarité est,
« au contraire, de droit, dans les délits, contre tous
« ceux qui, même sans concert prémédité entre eux,

« concourent à l'action, quels que soient d'ailleurs le
« degré de culpabilité respective et les circonstances
« qui modifient cette culpabilité ;

« Considérant qu'en matière de quasi-délit il en
« est de même qu'en matière de délit, puisque le
« quasi-délit repose, comme le délit, sur un fait illi-
« cite, prohibé, et qui n'est pas susceptible de stipula-
« tion, à l'instant où il a lieu, de la part de celui qui
« en est la victime, et que, dans l'un comme dans
« l'autre cas, la solidarité résulte de la nature et de
« la force des choses. »

Rigaud et consorts se pourvurent en cassation contre cet arrêt. Ils prétendaient le faire annuler, soit
en ce que la Cour royale avait prononcé une condamnation contre eux, bien qu'ils n'eussent fait qu'user
d'un droit qui leur avait été accordé par l'administration, soit en ce que la solidarité avait été prononcée contre eux, quoiqu'il n'existât aucune stipulation à cet égard.

Le 11 juillet 1826, leur pourvoi fut rejeté par un
arrêt ainsi conçu :

« Attendu qu'il résulte de l'arrêt que les domma-
« ges soufferts proviennent, non de l'existence des
« manufactures, mais de l'abus des manufacturiers,
« qui n'ont pas pris les précautions convenables pour
« prévenir ces dommages, qui sont le résultat d'un
« quasi-délit ;

« Considérant qu'il y a eu nécessité pour la Cour
« royale de prononcer une condamnation solidaire,
« par l'impossibilité où elle a déclaré se trouver, en

« fait, de déterminer la proportion dans laquelle
« chaque établissement devait être tenu des dom-
« mages, et que cette proportion serait, d'ailleurs,
« réglée d'une manière plus exacte par les proprié-
« taires desdits établissements, qui ont déjà fait des
« offres sur lesquelles l'arrêt a basé sa condamnation. »

2ᵉ Espèce.—En 1816, le sieur Porry obtint de l'autorité administrative , nonobstant l'opposition de la
dame veuve Arbaud, l'autorisation d'établir une manufacture de vitriol bleu sur un terrain contigu aux
propriétés de cette dame.

Quelques années après, la veuve Arbaud a actionné
le sieur Porry, aux fins de le faire condamner à réparer le préjudice que la fabrique lui avait causé
depuis son établissement.

Le sieur Porry prétendait que les tribunaux étaient
incompétents, en l'état, pour connaître de la demande ; qu'il fallait, préalablement, que l'autorité
administrative, qui avait jugé que la fabrique dont
il s'agit ne porterait pas préjudice aux propriétés voisines, eût décidé que la construction de cette fabrique était vicieuse ; que ce ne serait, en effet, que,
dans ce cas, qu'on pourrait imputer au fabricant cette
négligence ou imprudence qui autoriserait contre
lui l'action en dommages-intérêts.

Il soutenait ensuite que, si ces dommages pouvaient
être accordés, ils ne devaient l'être que pour le préjudice qui aurait été souffert depuis la demande,
parce que ce ne serait que de ce jour qu'on pourrait

lui reprocher quelque négligence ou imprudence ;
que jusqu'alors il avait été autorisé à croire qu'il ne
causait aucun tort aux propriétés voisines, en usant
d'un droit qui lui avait été accordé par l'administration.

Le tribunal de Marseille, saisi de l'action, ne s'arrêta pas à ces moyens de défense ; il condamna le
sieur Porry à 9,000 francs de dommages-intérêts.

Le 8 février 1821, la Cour royale d'Aix confirma
ce jugement.

Porry ne fut pas plus heureux devant la Cour de
cassation, à laquelle il déféra l'arrêt de la Cour royale
d'Aix. Son pourvoi fut rejeté par une désicion du
19 juillet 1826, qui s'appuie sur les motifs suivants :

« Attendu qu'aux termes de la loi du 24 août
« 1790, il rentre dans les attributions de l'autorité
« judiciaire de prononcer sur la réparation des dom-
« mages causés ; et que, dans l'espèce, la demande
« avait pour objet la réparation d'un dommage ma-
« tériel causé par l'établissement des fabriques du
« sieur Porry ; que ni le décret du 15 octobre 1810,
« ni aucune autre loi n'a restreint, pour ce cas par-
« ticulier, la compétence de l'autorité judiciaire ;

« Attendu que tant que le dommage causé peut
« être constaté, et qu'il n'a pas été mis à couvert par
« la prescription, celui qui l'a souffert peut en pour-
« suivre la réparation ; que, dans l'espèce, le sieur
« Porry n'avait pas opposé la prescription ; et qu'il
« a été jugé, en fait, que le dommage causé avait été
« légalement constaté. »

3° Espèce. — En 1816, le sieur Graindorge cita le sieur Lebel devant le juge de paix de Pantin, en réparation du dommage que le demandeur prétendait avoir été causé aux fruits de son jardin par les exhalaisons provenant d'un affinage d'or et d'argent, appartenant à Lebel.

Ce dernier proposa un déclinatoire fondé sur ce que, selon lui, l'attribution conférée aux juges de paix pour prononcer sur des actions de dommages faits aux champs, fruits et récoltes, n'a lieu que dans le cas où le dommage est la suite immédiate d'un fait de l'homme ou des animaux ; qu'il n'en est pas de même, lorsque le dommage n'est, comme dans l'espèce, qu'une suite ou conséquence éloignée du fait qui le cause.

Ce déclinatoire fut écarté par un jugement du 26 avril 1821, qui condamna Lebel à 2,000 francs de dommages-intérêts, somme à laquelle le préjudice souffert avait été estimé par experts.

28 février 1823, jugement confirmatif du tribunal de la Seine, qui porte :

» En ce qui touche l'incompétence :

» Attendu qu'aux termes de la loi du 24 août 1790, « le juge de paix doit connaître des actions pour dom- « mages faits, soit par les hommes, soit par les ani- « maux, aux champs, fruits et récoltes ; que la com- « pétence du juge de paix est fixée par la nature de « l'objet endommagé, quelle que soit la manière « dont le dommage est causé, s'il provient du fait,

« soit médiat, soit immédiat, de l'homme ou des
« animaux ;

« Sur le fond :

« Attendu qu'à l'époque à laquelle Graindorge a
« intenté son action, Lebel n'était pas encore par-
« venu à condenser les gaz émanés de sa fabrique,
« de manière à les empêcher de se répandre sur les
« propriétés de ses voisins ; qu'il résulte du procès-
« verbal dressé par les experts nommés par le juge
« de paix de Pantin, que les gaz délétères émanés
« de la fabrique de Lebel avaient, en se répandant
« dans le jardin de Graindorge, détruit ou endom-
« magé plusieurs arbres fruitiers, et causé à celui-
« ci, sur la récolte de l'année et des années suivantes,
« une perte évaluée à 2,000 francs. »

Pourvoi en cassation par Lebel, et, le 19 juillet
1826, arrêt de rejet, en ces termes :

« Attendu qu'il était question, dans la cause, de
« dommages-intérêts matériels causés par l'établis-
« sement de la fabrique du sieur Lebel, et qu'aux
« termes de la loi du 24 août 1790, l'autorité ju-
« diciaire était compétente pour en connaître ; que
« sa compétence à cet égard n'a été ni restreinte ni
« modifiée par le décret du 15 octobre 1810, ni par
« aucune autre loi ;

« Attendu que tout fait de l'homme qui porte
« dommage aux fruits et récoltes rentre dans les at-
« tributions de la justice de paix, qu'il soit causé par
« son fait médiat ou immédiat, et que, dans l'espèce,

« c'était un fait de cette nature qui constituait le li-
« tige. »

4e Espèce. — Dans le département du Haut-Rhin,
le sieur Scherrer-Zurcher a acquis un moulin appartenant au sieur Korb, et a ensuite remplacé ce moulin par une manufacture d'indienne, chauffée à la
vapeur au moyen d'une grande cheminée pyrami-
dale de 90 pieds, laquelle est entretenue avec de la
houille.

Les sieurs Robert-Bovet, propriétaires de quelques
terrains voisins en nature de prairies, sur lesquels ils
étendent et font blanchir des toiles, ont prétendu
que les émanations de la cheminée du sieur Scherrer
déposaient sur leurs toiles un mélange de suie et de
poussière de houille, et y laissaient une grande quantité de taches noires. Ils demandèrent donc indemnité de ce préjudice, et réclamèrent les moyens de
l'empêcher à l'avenir.

Le défendeur répondait que la demande aurait
pour résultat de lui imposer une servitude sans titre
ni possession.

Le 18 janvier 1827, intervint un jugement interlocutoire du tribunal civil de Belfort, qui, plus tard,
fut confirmé purement et simplement par un arrêt de
la Cour royale de Colmar, du 16 mai 1828, et qui
accueillit la demande par les motifs suivants.

« Attendu que, si le droit du propriétaire consiste
« à user de sa chose de la manière la plus absolue, ce
« droit ne s'étend pas jusqu'à nuire à autrui;

« Que, d'un autre côté, le voisin ne peut pas se
« plaindre, lorsque l'exercice de la propriété du fonds
« dominant lui cause seulement quelques désagré-
« ments ou incommodités ; mais qu'il ne saurait être
« forcé à tolérer des choses qui lui porteraient un pré-
« judice réel et notable ;

« Que, si les faits articulés par les demandeurs sont
« vrais, le préjudice qu'ils ont éprouvé n'est pas
« douteux ;

« Que le défendeur soutient que les demandeurs
« sont non recevables dans leur action, parce qu'ils
« n'ont pas acquis le droit d'étendre sur leurs prés
« des toiles, ni d'empêcher le défendeur d'élever une
« cheminée ;

« Qu'en premier lieu, le droit d'étendre des toiles
« compète évidemment au propriétaire ; que ce droit
« n'a pas besoin d'être acquis par titre ou par pre-
« scription, et que, dans les pays où l'on fabrique
« des toiles, l'étendage de celles-ci sur les prés consti-
« tue le principal usage de ces immeubles et en aug-
« mente considérablement la valeur ;

« Que, d'un autre côté, la servitude *altius non*
« *tollendi* étant non apparente, et ne pouvant par
« conséquent s'établir que par titre, le temps depuis
« lequel s'opère l'étendage n'est pas à considérer pour
« prohiber ou permettre la faculté *altius tollendi,*
« puisque le fabricant qui aurait étendu ses toiles
« pendant plus de trente ans n'aurait pas plus de
« droits, au regard de son voisin, que celui dont la
« possession serait beaucoup plus récente ;

23.

« Que cependant une antériorité telle qu'elle ne
« devrait pas être regardée comme le fruit de la
« surprise, de la ruse et de la mauvaise foi, peut
« faire admettre la plainte des propriétaires, pour
« faire cesser le dommage que leur cause un établis—
« sement plus nouveau de leur voisin;

« Qu'il est constant, en fait, que les demandeurs
« étendent leurs toiles sur les prés voisins de l'usine
« du défendeur, depuis plusieurs années, et notam—
« ment pendant que cette usine était encore la pro-
« priété de Korb, qui l'exploitait comme moulin;

« Que ces considérations motivent le rejet de la fin
« de non-recevoir et nécessitent l'emploi des mesures
« préparatoires;

« Le tribunal, sans s'arrêter à la fin de non-rece-
« voir, avant faire droit, dit que (par experts) il sera
« procédé aux opérations suivantes, 1° à l'examen de
« la question de savoir si la cheminée du défendeur,
« étant mise en activité, entraîne la déjection, sur
« les terrains des demandeurs, de substances quel-
« conques qui peuvent altérer les couleurs ou le tissu
« des toiles qu'on y étend, 2° à l'analyse chimique des
« taches qui existent sur les toiles des demandeurs,
« et constater si elles proviennent des déjections de
« la cheminée; 3° à l'indication des moyens propres
« à préserver les demandeurs du dommage, soit par
« des constructions additionnelles à la cheminée déjà
« existante, soit par tout autre mode de construction;
« 4° et à la rédaction d'un rapport détaillé sur les

« points ci-dessus, pour, sur le vu d'icelui, être sta-
« tué ce qu'au cas appartiendra. »

5ᵉ Espèce.— Il s'agissait de savoir si le sieur Villemain, propriétaire d'un haut fourneau pour la consommation du minerai de fer serait tenu d'une indemnité envers le sieur Breillot, auquel il avait précédemment affermé une verrerie dans le voisinage.

Breillot prétendait que Villemain, étant son bailleur, n'avait pas pu, sans s'exposer à des dommages-
intérêts, élever, à proximité de la verrerie qu'il lui
avait louée, une seconde usine à feu qui augmentait
beaucoup le prix des bois dans la contrée.

Il prétendait, en outre, que les changements faits
par Villemain dans le cours et l'usage des eaux pour
l'utilité de sa seconde usine préjudiciaient gravement à la première.

Il demandait une indemnité de 12,000 francs.

Le tribunal de Lorient, saisi de l'action, la repoussa.

En appel, un arrêt de la Cour de Rennes ordonna
une expertise, en s'appuyant sur ce que « 1° Villemain
« n'aurait pas pu, en sa qualité de bailleur, sans man-
« quer à la bonne foi, établir à peu de distance de
« l'usine de Breillot une autre usine qui priverait la
« première des bois nécessaires, ou au moins cau-
« serait un préjudice notable au fermier par l'augmen-
« tation du prix des bois ; 2° Si Villemain a causé à
« Breillot un préjudice par le résultat d'innovations

« faites à la chaussée et au déversoir d'un étang, il « doit être tenu de réparer ce préjudice. »

Le sieur Villemain se pourvut en cassation contre cet arrêt. Selon lui, les particuliers, même lésés, ne peuvent réclamer d'indemnités devant l'autorité judiciaire, quand l'administration a autorisé expressément la cause du prétendu dommage.

Mais son pourvoi fut rejeté le 23 mai 1831. L'arrêt contient les motifs suivants :

« Attendu, sur le premier chef, que l'autorisation « accordée par l'administration à un établissement « industriel ne fait pas obstacle à ce que le voisin, qui « éprouve un préjudice par suite de l'exploitation de « cet établissement ne puisse réclamer des domma- « ges-intérêts ;

« Que, dans l'espèce, s'agissant uniquement « d'une demande en dommages-intérêts formée par « un fermier contre son propriétaire bailleur, la « Cour royale a voulu, par son arrêt interlocutoire, « juger les effets que doit avoir un bail, et non mé- « connaître l'autorité d'une ordonnance royale ;

« Attendu, sur le second chef, que l'arrêt juge « seulement que, si le demandeur a causé un préju- « dice par les travaux faits à une chaussée et au dé- « versoir d'un étang, il devra réparer ce dommage ; « et qu'une telle décision, qui rentrait dans les attri- « butions de la Cour royale, ne porte aucune at- « teinte à l'arrêté administratif du 23 janvier 1829. »

6ᵉ ESPÈCE. — Le sieur Didier, propriétaire d'un

puits de houille exploité au moyen d'un manége mu
par des chevaux, obtint de l'administration l'autorisation de remplacer les chevaux par une pompe
à feu.

Le sieur Bisaillon, propriétaire voisin, se fondant
sur ce que la fumée produite par cette machine lui
portait dommage, forma contre Didier une action
en indemnité devant le tribunal de Saint-Etienne.

Un jugement accueillit sa demande.

Didier en interjeta appel. Il prétendit que les tribunaux étaient incompétents *ratione materiæ* pour
connaître de l'action intentée par Bisaillon; que l'administration, qui avait autorisé l'établissement de la
machine, pouvait seule apprécier les dommages dont
se plaindraient les voisins.

Bisaillon répondait que c'était un principe constant que les autorisations ne sont accordées que *sauf
les droits des tiers*, et que les tribunaux sont seuls
investis du droit d'apprécier les réclamations élevées
par ces derniers, dès l'instant que, comme dans l'espèce, l'arrêté administratif n'est nullement attaqué
en lui-même, ni entravé dans son exécution.

Ce système fut complétement admis par l'arrêt de
la Cour de Lyon, en date du 27 août 1833. Cet arrêt porte :

« La Cour, sur l'incompétence, considérant qu'il
« appartient aux tribunaux civils de connaître de la
« contestation, puisqu'il s'agit du préjudice causé
« à un tiers;

« Se déclare compétente. »

127. —Nous avons cru devoir nous étendre aussi longuement sur les espèces qui précèdent, parce qu'on trouve dans leurs détails de précieux enseignements pour résoudre, suivant les différents aspects sous lesquels elle peut s'offrir, la question d'indemnité à raison de préjudice causé par un établissement industriel légalement autorisé, question qui est de nature à se représenter fréquemment.

Il résulte des arrêts que l'on vient de parcourir :

1º Que les tribunaux sont seuls compétents pour prononcer sur une demande en réparation du dommage matériel causé par un établissement de cette sorte ;

2º Que c'est devant le juge de paix que la demande doit être portée, lorsqu'il s'agit de récoltes endommagées par les exhalaisons d'un établissement voisin ;

3º Que l'autorisation administrative sur la foi de laquelle le fabricant a entrepris son exploitation ne lui confère aucune immunité pour le tort qu'il ferait à son voisin ;

4º Que, lorsqu'il n'est pas possible de déterminer dans quelle proportion plusieurs fabricants condamnés à des dommages-intérêts ont chacun contribué au dommage, il y a lieu de prononcer la solidarité contre tous.

128. On a pu remarquer que jusqu'à ce moment nous n'avons parlé et il n'a été question que de *dommage matériel*.

Y a-t-il donc lieu de distinguer entre ce dommage et le *dommage moral*, c'est-à-dire la dépréciation d'une propriété, c'est-à-dire encore la moins-value résultant pour elle du voisinage d'une manufacture?

Cette distinction est assez généralement admise, quoiqu'elle ne repose, à notre avis, sur aucun texte de loi ni sur aucun principe de droit.

129. Quelques écrivains ont soutenu que le *dommage moral* ne saurait donner lieu à une indemnité qu'autant qu'il serait causé par un établissement antérieur au décret du 15 octobre 1810;—qu'à l'égard des établissements formés depuis, le dommage est censé avoir été apprécié d'avance dans l'instruction qui a précédé l'autorisation, de sorte qu'il n'y a plus à s'en occuper.

Cette doctrine nous paraît complétement fausse, et subversive du principe de droit commun qui oblige tout auteur d'un dommage causé à le réparer.

Entre le dommage *matériel* et le dommage *moral* il n'y a d'autre différence, sinon que ce dernier n'est pas du ressort des yeux. Du reste, il n'est ni moins réel, ni moins appréciable. A quel titre dès lors jouirait-il du privilége de l'immunité?

Il est incontestablement de toute justice, par exemple, que le propriétaire d'un jardin auquel une exploitation voisine a fait perdre pour quelques centaines de francs de fruits et de légumes, soit indemnisé.

Mais supposons, à côté, une maison d'un revenu annuel de 10,000 francs, devenant tout à coup improductive, parce que le même établissement a fait fuir les locataires. Voilà le malheureux propriétaire ruiné, et il n'aurait pas d'action contre l'auteur de sa ruine?

Cela ne serait ni juste, ni logique.

En vain dit-on que les conséquences de l'exploitation ont été appréciées d'avance par l'administration, et qu'on ne saurait s'en prendre à l'entrepreneur si elle n'a pas jugé qu'elles dussent faire obstacle à la formation de l'établissement.

Nous répondrons d'abord que la même objection s'appliquera au dommage *matériel*, aussi bien qu'au dommage *moral*.

Or, puisque, malgré l'autorisation administrative, l'entrepreneur est responsable du dommage *matériel* qu'il cause aux habitants du voisinage, il reste toujours à expliquer pourquoi la responsabilité cesserait de l'atteindre lorsqu'il s'agit d'un dommage *moral*, qui n'est cependant ni moins réel, ni moins grave.

Nous ferons observer, en second lieu, qu'il n'est jamais au pouvoir de l'administration de conférer à quelqu'un le droit de nuire impunément. Lorsqu'elle permet la formation d'un établissement dangereux ou incommode, c'est toujours avec la conviction que l'exploitation en sera parfaitement inoffensive pour les voisins; le décret de 1810 va jusqu'à exiger qu'elle ait acquis *une certitude* entière à cet égard.

Après cela, s'il arrive qu'en résultat l'attente de l'administration soit trompée et que l'établissement autorisé porte le trouble autour de lui, il est naturel de conclure de là que l'autorisation a été surprise, ou bien que l'entrepreneur en abuse; et dans l'une comme dans l'autre hypothèse, il ne fait, en indemnisant les parties plaignantes, que subir les conséquences de sa faute personnelle, ainsi que le veut l'article 1382 du Code civil.

Il faut bien se persuader que, pour l'industriel, il n'y a jamais nécessité absolue de s'établir sur tel ou tel point exclusivement. C'est toujours par des motifs personnels d'intérêt ou de convenance qu'il règle le choix de son emplacement. Sous ce rapport, on ne saurait donc disconvenir que les dommages causés aux voisins par l'exploitation ne soient tout à fait volontaires; la réparation qu'on lui demande est conséquemment de toute justice.

Quant aux voisins, qui ne peuvent pas transporter ailleurs leurs maisons, ils restent, bon gré, mal gré, sans défense contre les dangers ou les incommodités qui sont venus les assaillir. Dans cette position, une action en dommages-intérêts est leur seule garantie contre l'atteinte portée à leur propriété.

Un propriétaire, objecte-t-on, qui élève chez lui un mur, ou qui construit un bâtiment, cause souvent un grand préjudice à la maison voisine, qu'il prive de son jour, ou dont il masque la vue. Un autre, en creusant un puits dans sa cour, met à sec le puits de son voisin. Cependant, dans l'un et l'autre cas, la partie lésée serait mal venue à réclamer une indemnité, attendu que le mal qu'elle éprouve est un des inconvénients irrémédiables du voisinage. Par la même raison, l'entrepreneur qui exploite loyalement une industrie ne saurait être garant du dommage qu'il cause aux voisins : car ce dommage, ayant pour cause unique l'usage parfaitement licite que l'entrepreneur fait de sa propriété, rentre naturellement dans la catégorie des servitudes légales imposées par le voisinage (1).

L'assimilation manque de justesse.

Aucune loi, aucun règlement, ne défendent à un particulier d'ouvrir un puits dans sa propriété, non plus que d'y élever un mur ou un bâtiment, pourvu qu'il conserve certaines distances.

Dès lors, si l'exercice d'un pareil droit vient à occasionner quelque dommage à un voisin, c'est un malheur imputable aux seules nécessités du voisinage, et qui ne peut conséquemment entraîner aucune sorte de réparation; il n'y a évidemment de villes et de villages possibles qu'à cette condition.

La loi et les règlements interdisent positivement, au contraire, la formation de certains établissements industriels, si ce n'est à la condition expresse qu'il n'en résultera ni danger ni incommodité pour personne.

Alors donc qu'un établissement de ce genre donne lieu à des plaintes et qu'il cause véritablement du dommage aux propriétés d'alentour, l'entrepreneur

---

(1) V. dissertation de M. Duvergier, dans la *Revue de droit français et étranger*, t. 10, p. 425 et 601.—V. aussi M. Massé, *le Droit commercial dans ses rapports avec le droit des gens et le droit civil*, t. 2, n° 387.

est par cela même atteint et convaincu d'infraction aux règlements; il ne peut pas échapper à l'obligation de réparer le mal qu'il a fait.

Dira-t-on que les plaintes dirigées contre les manufacturiers sont fort souvent injustes, ou d'une exagération manifeste?

Nous en demeurons parfaitement d'accord; mais que faut-il en conclure? c'est que la justice ne doit accueillir les réclamations des plaignants qu'avec une scrupuleuse réserve, c'est-à-dire après s'être consciencieusement assurée que le dommage dont on demande la réparation est réel, qu'il procède véritablement de l'exploitation à laquelle on l'impute, et qu'il passe d'ailleurs les bornes de la tolérance réciproque que commandent les nécessités du voisinage. Cela une fois constaté, le dommage *moral* doit être réparé par son auteur, tout comme le dommage *matériel*.

C'est au surplus, ainsi qu'on va le voir au numéro suivant, la jurisprudence de la Cour de cassation, et aussi celle du conseil d'Etat.

130. — D'autres écrivains (1), et avec eux le conseil d'Etat, en reconnaissant que le dommage moral donne lieu à une indemnité, estiment néanmoins que les tribunaux ordinaires sont incompétents pour statuer sur la demande et qu'il n'appartient qu'à l'autorité administrative de prononcer à cet égard.

---

(1) M. Dufour, *Traité général de Droit administratif appliqué*, t. 1, n°ˢ 402 et 403; M. de Cormenin, *Droit administratif*, v° *Ateliers insalubres*, § 6.

Nous parlions tout à l'heure (1) des débats qui eurent lieu devant le juge de paix de Pantin, devant le tribunal de la Seine et devant la Cour de cassation entre le sieur Lebel et ses voisins, les sieurs Paris et Graindorge, relativement à un atelier d'affinage d'or et d'argent autorisé par ordonnance royale dans le parc de Saint-Fargeau, commune de Belleville.

Il s'agissait du dommage causé aux arbres fruitiers des sieurs Paris et Graindorge par les exhalaisons de l'établissement du sieur Lebel.

L'action en indemnité était pendante devant l'autorité judiciaire, lorsque le préfet de police éleva le conflit d'attribution, en s'appuyant sur les motifs suivants :

« Considérant que les demandes en indemnité des « propriétaires voisins des établissements dangereux, « insalubres ou incommodes, autorisés par l'admi- « nistration, ne peuvent être du ressort de l'autorité « judiciaire, *qu'autant qu'elles sont intentées pour ob- « tenir la réparation d'un tort matériel,* tel que celui « que l'exploitation de ces établissements pourrait « occasionner aux fruits de la terre, en les faisant pé- « rir, ou en altérant leur végétation ;

« Qu'au contraire, les demandes en indemnité for- « mées *à raison de la diminution de la valeur vénale,* « que la formation desdits établissements pourrait

---

(1) Numéro précédent, 5e espèce.

« causer aux propriétés voisines, *sont exclusivement*
« *dans les attributions de la juridiction administra-*
« *tive ;*

« Que, dans l'espèce, le jugement du tribunal de
« paix du canton de Pantin ne peut être considéré
« comme ayant prononcé sur des dommages *maté-*
« *riels* ; qu'en effet il faudrait, pour que la condam-
« nation eût ce caractère, que l'existence des dom-
« mages eût été constatée, tant pour l'année 1825
« que pour les années antérieures ;

« Qu'elle ne l'a pas été pour 1825, puisque les ex-
« perts n'ont pas reconnu que les récoltes eussent pé-
« ri ou que leur végétation eût été altérée ;

« Qu'elle n'aurait pu l'être pour les années précé-
« dentes que par des enquêtes auxquelles il n'a pas
« été procédé ; que la condamnation repose exclusi-
« vement sur une appréciation purement conjectu-
« rale de la diminution des produits qu'ont pu
« éprouver annuellement les propriétés des sieurs
« Paris et Graindorge ;

« Que cette appréciation de la diminution du pro-
« duit annuel équivaut complétement à une diminu-
« tion de la valeur vénale, puisque le propriétaire
« d'un héritage dont le revenu se trouverait inva-
« riablement réduit ainsi chaque année, subirait une
« perte proportionnelle sur le capital ; et qu'en con-
« séquence, cette condamnation a, en réalité, pour
« cause, *non des dommages matériels, mais une dimi-*
« *nution de valeur ;* et que le tribunal, en la pronon-

« çant, a empiété sur les attributions de l'autorité
« administrative.

En deux mots, le point litigieux était de savoir si le
dommage essuyé par les plaignants constituait *un
fait matériel* provenant immédiatement de l'exploitation de l'usine, ou bien s'il ne fallait l'attribuer qu'à
une *diminution* que son établissement aurait opérée
dans la valeur vénale des propriétés environnantes.

Le sieur Lebel contestait l'existence d'aucune espèce
de dommage *matériel*, et demandait par ce motif à
être renvoyé devant l'autorité administrative. — Le
système opposé était soutenu par les défendeurs, auxquels l'ordonnance royale du 27 décembre 1826
donna finalement raison en ces termes :

« Considérant qu'il ne s'agissait pas, dans la con—
« testation portée devant le tribunal de paix du can-
« ton de Pantin, *de la dépréciation des propriétés,*
« *résultant du voisinage d'un établissement autorisé*
« *par le gouvernement,* mais seulement de dommages
« *matériels* causés aux arbres et récoltes par l'exploi-
« tation dudit établissement, *et que les tribunaux*
« *sont seuls compétents pour apprécier ces dom—*
« *mages ;*

« Qu'ainsi le juge de Paix du canton de Pantin
« n' a point excédé les limites de sa compétence ;

« ART. 1er. L'arrêté de conflit pris, le 2 août 1826,
« par le préfet de police, *est annulé.* »

Une autre ordonnance royale rendue sur l'avis
du conseil d'Etat, le 15 décembre 1824, a consacré
la même doctrine.

Opposition avait été formée à l'exécution d'une ordonnance royale, qui autorisait l'établissement d'une fonderie de suif en branches à feu. Les opposants demandaient, au principal, le rapport de l'autorisation ; subsidiairement ils concluaient : « à ce « qu'il fût décidé qu'ils conservaient toute action « devant les tribunaux, pour obtenir contre le sieur « Paillard toutes réparations civiles que comporte- « raient les dommages privés qu'il avait causés à « leurs propriétés, en formant auprès de leurs mai- « sons, et sans aucune nécessité, un établissement « insupportable, qui diminuerait notablement la « valeur des maisons voisines, en raison de leur « proximité. »

L'ordonnance royale du 15 décembre 1824 déclara l'opposition purement et simplement non recevable ; elle était précédée, entre autres motifs, de celui qui suit :

« Considérant, *sur les conclusions subsidiaires,* que « le décret du 15 octobre 1810 charge l'administra- « tion de recueillir toutes les informations qui peu- « vent l'éclairer sur les dangers ou inconvénients, « tant publics que particuliers, auxquels peut don- « ner lieu l'établissement dont l'autorisation est de- « mandée ; que par conséquent il serait contraire « aux règles qui ont fixé la séparation des pouvoirs « judiciaire et administratif, d'autoriser devant les « tribunaux un recours, qui tendrait à faire juger « par eux *la diminution de valeur* que pourrait cau- « ser à des propriétés voisines la formation d'un éta-

« blissement autorisé par une ordonnance qui aurait
« déjà prononcé sur ces questions. »

Une telle doctrine nous paraît tout à fait inadmissible, en ce qu'elle consacre, sans aucun texte de loi qui la justifie, un grave empiétement de l'autorité administrative sur les tribunaux pour le jugement d'intérêts purement privés.

Elle est d'ailleurs repoussée par la Cour de cassation.

Le 22 août 1825, un jugement du tribunal civil de Marseille condamna solidairement les sieurs Rigaud et autres propriétaires de plusieurs fabriques de soude à payer au sieur André Martin, propriétaire voisin des fabriques (outre une somme de 4,264 fr. 70 c. pour dommages matériels), un capital de 22,000 francs et une prestation annuelle de 850 francs. Ces dernières condamnations furent prononcées à titre de dommages-intérêts, *pour moins-value foncière du domaine du sieur André Martin, et pour privation de jouissance pendant tout le temps d'activité des fabriques de soude.*

Le jugement constata, en fait, que les gaz qui se dégageaient des fabriques de soude venaient frapper de mort, dans la propriété du sieur André Martin, tout ce qui appartenait au règne végétal, et principalement les arbres élevés; que les grands arbres d'agrément étaient, en général, très endommagés; que plusieurs d'entre eux ne tarderaient pas à succomber; que le sieur André Martin, étant originaire de Bouc, s'il avait préféré placer une partie de sa fortune non loin du lieu où il avait reçu le jour, la privation de jouissance devait être pour lui plus sensible.

En droit, le jugement considère : « Que si des « propriétaires aussi malheureux ne peuvent jamais « recevoir une indemnité qui répare entièrement le « préjudice qu'ils essuient ; que s'il est des maux « auxquels on ne peut apporter un remède quel- « conque, il n'en faut pas moins, en cherchant à « sauvegarder les droits sacrés de la propriété, « peser dans la même balance les intérêts de l'in- « dustrie.

Sur la solidarité, enfin, il était dit : « Attendu « que, quoiqu'il fût facile de reconnaître et de faire « constater la quotité et la quantité des dommages « que chaque fabricant occasionne par le plus ou « moins de sels qu'il met en décomposition, les dom- « mages n'en sont pas moins simultanément occa- « sionnés par la réunion de toutes les vapeurs ; que « cette agglomération de gaz est la cause immédiate « des dommages occasionnés ; qu'il est juste de con- « sidérer les défendeurs comme solidaires, parce « qu'il s'agit d'un fait indivisible, qui engendre né- « cessairement une obligation indivisible. »

Ce jugement fut confirmé par un arrêt de la Cour royale d'Aix, du 1er mars 1826 ; et les sieurs Rigaud et consorts s'étant pourvus en cassation, leur pourvoi fut rejeté le 3 mai 1827.

L'arrêt de rejet est ainsi conçu :

« Attendu, en droit, que si, pour l'établissement, « la surveillance, et, en général, pour tout ce qui

« a trait aux mesures dictées par l'intérêt de la sû-
« reté publique, les manufactures et ateliers don-
« nant lieu à des exhalaisons insalubres et incom-
« modes sont exclusivement du ressort de l'autorité
« administrative, les questions des dommages effec-
« tivement et réellement causés par leur exploitation
« nuisible, sur une partie quelconque de la propriété
« des particuliers, rentrent aussi exclusivement dans
« la juridiction des tribunaux ordinaires ;

« Et attendu, en fait, que les dommages dont il
« s'agit ont été demandés et alloués comme effecti-
« vement et réellement causés, sur différentes parties
« de la propriété de Martin, par l'exploitation nui-
« sible des manufactures des demandeurs en cassa-
« tion ;

« Que, dans ces circonstances, les tribunaux or-
« dinaires étaient seuls compétents pour connaître
« de ces dommages ;

« Attendu que, pour déterminer la nature, la
« cause, l'état et la quotité des dommages, les juges
« n'ont fait que visiter les lieux contentieux, et ap-
« précier les faits, les actes et les circonstances de la
« cause, et notamment le rapport des experts, visite
« et appréciation que la loi abandonne entièrement
« à leur conscience et à leurs lumières ;

« Sur la solidarité : — Attendu, en droit, que
« chacun de ceux qui ont contracté une dette indi-
« visible en est tenu pour le total, encore que l'o-
« bligation n'ait point été contractée solidairement ;

« Que la dette est indivisible, lorsqu'à raison des

« rapports entre les créanciers et les débiteurs elle
« n'est point susceptible d'une répartition propor-
« tionnelle et d'une prestation particulière ;

« Et attendu qu'il a été reconnu en fait par
« l'arrêt attaqué que les dommages, formant la
« dette en question, avaient pour cause immédiate
« l'agglomération simultanée et indivisible de toutes
« les vapeurs sorties des différentes manufactures des
« demandeurs en cassation, et que leur fait était in-
« divisible ;

« Que, dans ces circonstances, les juges ont pu,
« sans violer aucune loi, regarder comme indivisible
« la dette des demandeurs en cassation, et les con-
« damner, en conséquence, solidairement envers
« Martin ;

« La Cour rejette le pourvoi. »

Nous ferons remarquer, en passant, sur la question de solidarité, que cet arrêt confirme la jurisprudence consacrée par l'arrêt de la même Cour
du 11 juillet 1826 (1).

Sur la question principale, il est conforme à un
arrêt ultérieur de la Cour de Nancy en date du 14
janvier 1830, et que nous nous abstiendrons de citer, parce que, ni l'espèce dans laquelle il a été rendu
ni les motifs sur lesquels il s'appuie n'apprendraient
rien de nouveau.

131. — S'il est évident qu'une action en indem-

-----

(1) V. *suprà*, n° 126, 1re *espèce*.

nité soit toujours ouverte pour obtenir réparation du préjudice causé par le voisinage d'un établissement industriel légalement autorisé, il va sans dire qu'à plus forte raison la même action compète aux voisins d'un établissement non classé et non autorisé. Il n'y a même plus prétexte, dans ce cas, à faire de distinction, sous le rapport de la juridiction appelée à statuer, entre le dommage matériel et le dommage moral.

Une action de cette nature vient d'aboutir dernièrement à un arrêt de cassation que nous citerons en terminant.

Il s'agissait de la fabrique de grosse chaudronnerie établie à Chaillot par le sieur Derosne, et dont nous avons déjà parlé (1).

Les sieurs Puzin, Dangest et Drappier, voisins de cet établissement, introduisirent devant le tribunal civil de la Seine une demande en indemnité contre le sieur Derosne, à raison du discrédit énorme que jetait sur leurs maisons respectives le bruit provenant des ateliers.

Dans son audience du 22 août 1840, le tribunal de la Seine, faisant droit à la réclamation, condamna le sieur Derosne à payer aux demandeurs une indemnité annuelle, qui s'élevait : pour le sieur Puzin, à 1,500 francs; pour le sieur Dangest, à 1,000 francs; pour le sieur Drappier, à 800 francs.

---

(1) V. *suprà*, n° 120, 2° *espèce.*

Aux termes du jugement, cette indemnité leur était acquise à compter du jour de la demande ; et, de plus, elle devait proportionnellement s'accroître, diminuer ou cesser entièrement, selon que les dommages causés par l'exploitation viendraient à s'aggraver, à s'amoindrir, ou à disparaître tout à fait.

Toutes les parties interjetèrent simultanément appel. Mais, par arrêt du 16 mars 1841, la Cour royale, adoptant les motifs des premiers juges, confirma leur sentence, en portant toutefois le chiffre de l'indemnité du sieur Puzin, de 1,500 fr. à 2,000 fr. par année.

Le sieur Derosne se pourvut en cassation. Il reprochait à la Cour royale d'avoir excédé ses pouvoirs, d'avoir fait une fausse application des articles 1382 et 1383 du Code civil, et d'avoir contrevenu à l'article 1384 du même Code.

Sur ce pourvoi est intervenu, à la date du 27 novembre 1844, et après cinq heures de délibération, l'arrêt suivant :

« La Cour,

« Attendu que si, d'un côté, on ne peut méconnaître que le bruit causé par une usine, lorsqu'il est porté à un degré insupportable pour les propriétés voisines, *ne soit une cause légitime d'indemnité*, d'un autre côté, on ne peut considérer toute espèce de bruit causé par l'exercice d'une industrie comme constituant le dommage qui peut donner lieu à une indemnité ;

« Attendu que l'arrêt attaqué s'est, il est vrai, ex-

« pliqué sur les causes et l'intensité du bruit prove-
« nant de l'usine du demandeur; mais, tout en décla-
« rant que ce bruit était préjudiciable aux propriétés
« voisines, il n'a pas déclaré qu'il fût d'une manière
« continue, *porté à un degré qui excédât la mesure*
« *des obligations ordinaires du voisinage;*

« Que même l'arrêt attaqué, en réglant à l'avance
« une indemnité pour le préjudice futur, a prévu le
« cas où les dommages éprouvés seront aggravés ou
« atténués par l'exploitation future, ce qui ne peut
« s'entendre, quant à ce, que de l'augmentation ou
« de la diminution du bruit causé par ladite exploi-
« tation, et qu'il n'a considéré l'indemnité comme
« devant entièrement cesser que si tout dommage
« venait à disparaître, *sans indiquer à quelle limite*
« *l'incommodité résultant du bruit cesse d'avoir la*
« *gravité suffisante pour constituer le dommage dont*
« *la loi autorise la réparation;*

« D'où il suit qu'il a *exagéré* l'application de l'ar-
« ticle 1382 du Code civil, et a, par suite, violé cet
« article et l'article 544 du même Code;

« Cassé. »

La Cour de cassation, comme on le voit, a reconnu
et consacré le principe de l'indemnité pour réparation du dommage, soit matériel, soit moral, causé
par l'établissement industriel.

Mais elle a pensé que la responsabilité de l'entrepreneur ne peut être engagée, quand il s'agit de dommage moral, qu'autant que le mal est vraiment grave

et qu'il dépasse la somme de tolérance mutuelle qu'on se doit nécessairement entre voisins.

C'est parce que l'arrêt de la Cour royale de Paris ne contenait pas à cet égard de déclaration précise, qu'il a été cassé.

Maintenant à quels signes reconnaîtra-t-on que la mesure obligée de cette tolérance *est ou n'est pas dépassée ?*

Voilà sur quoi il serait impossible d'établir des règles fixes ; une difficulté de ce genre se résume évidemment en une question de fait, dont la solution dépend absolument des circonstances et tombe naturellement dans le domaine de l'expertise ou de la notoriété publique.

La doctrine consacrée par la Cour de cassation essuiera indubitablement des critiques. Quant à nous, nous avons la ferme conviction, qu'à tout prendre, elle n'est pas moins favorable aux véritables intérêts de l'industrie qu'à ceux de la propriété privée.

132. — Il faut bien le dire, jusqu'ici les industriels, exclusivement préoccupés du succès de leurs entreprises, ont, en général, montré assez peu de souci de la condition de leurs voisins ; et c'est là certainement l'une des principales causes de la prévention avec laquelle leurs établissements sont presque partout accueillis.

Avertis désormais par une jurisprudence fortement établie, qu'une action en indemnité est toujours ouverte contre eux au profit de leurs voisins auxquels ils causent préjudice, ils regarderont de plus près au

choix de leur emplacement et de leurs moyens d'ex—
ploitation.

Il ne s'en ouvrira pas, à coup sûr, une usine de moins; et les manufacturiers gagneront à cette prudente circonspection, non-seulement d'éviter des procès onéreux, mais encore de s'affranchir d'une multitude de contrariétés, de froissements et de mécomptes journaliers contre lesquels il serait difficile à l'entreprise la plus robuste de soutenir impunément une longue lutte.

ERRATA.

Page 91, *au lieu de* 4 mars 1827, *lisez :* 8 mars.
Page 110, VI, *au lieu de* détonnantes, *lisez :* détonante.

TABLE ALPHABÉTIQUE ET ANALYTIQUE

DES MATIÈRES.

Les chiffres indiquent les pages auxquelles il est renvoyé.

ACIDES.—Causes de leur classement : 10 et suiv., 27.

AFFICHES. —Doivent être apposées à cinq kilomètres de rayon pour les demandes en autorisation d'un établissement de première classe, art. 3 du décret de 1810 : 43 ;—leur durée : 49, 60, 88 ; —comment doivent être rédigées : 88 ; — le défaut d'affiches dans une des communes situées dans le rayon de cinq kilomètres donne lieu à l'opposition devant le conseil d'Etat contre l'ordonnance qui a autorisé l'établissement : 96 ;—pourquoi il n'y a pas lieu d'en apposer au sujet des demandes en autorisation des établissements de seconde et de troisième classe : 41, 124.—V. *Maires.*

AGENTS FORESTIERS.—Doivent être consultés sur la demande en autorisation d'usines à feu de première classe situées à proximité des forêts : 57, 99 et suiv.;—ce n'est pas le demandeur en autorisation, c'est l'administration qui doit prendre leur avis : conséquence de cette règle : 101 ;—n'ont pas à être consultés sur les usines à feu de seconde classe : 158.

AMIDONNERIES.—Causes de leur classement : 23.

ANTIMOINE (préparat. d').—Causes de classement de cette industrie : 12.

ARCHITECTES—commissaires de la petite voirie. — Leurs attributions en ce qui concerne les établissements dangereux, etc.: art. 7 de l'ordonnance de police de 1810 : 48.

ARSENIC (préparation d').—Causes de classement de cette industrie : 12.

ARTIFICIERS.—Causes de classement de leur industrie : 24 ;—V. *Poudres et matières détonantes, etc.*

ATELIERS.—V. *Etablissements.*

AUTORISATION.—Pourquoi elle est nécessaire : 2 ; —peut-elle être accordée temporairement? 144, 232 ; — peut-elle être restreinte à tel ou tel genre de fabrication et soumise à certaines conditions : 154 ?—ne peut pas être refusée par d'autres motifs que ceux tirés du danger, de l'insalubrité ou de l'incommodité: 245 et suiv.;—peut-elle être refusée par un autre motif que celui tiré de l'inconvénient qui est désigné dans la nomenclature comme ayant fait classer l'établissement? 251 et suiv.; — le fabricant qui n'exécute pas les conditions imposées à son autorisation encourt la déchéance : 269 et suiv. —V. *Etablissements de première classe, Etablissements de seconde classe, Etablissements de troisième classe, Déchéance.*

BATEAUX A VAPEUR.—V. *Machines à vapeur.*

BLEU DE PRUSSE (fabrication du).—Causes du classement de cette industrie : 12.

BOIS ET FORÊTS.—V. *Agents forestiers, fours à chaux.*

BOUCHERIES.—Ne présentent pas assez d'inconvénients pour être placées hors des villes : 8.

BOUES.—V. *Engrais.*

BOYAUDERIES.—Causes de leur classement : 23 ; — dispositions administratives qui les concernent : 102 et suiv.

BRASSERIES.—Dispositions administratives qui les concernent : 236.

BRIQUETERIES.—V. *Fours à chaux.*

CARBONATE D'AMMONIAQUE (fabrication du).—Causes de classement : 12 ; — précautions à prendre : 13.

ÉTABLISSEMENTS DE TROISIÈME CLASSE.—Peuvent être formés sans inconvénient près des habitations : 27, 211 ; — conditions de leur formation ; art. 1er du décret : 42 ;—formalités pour obtenir l'autorisation : art. 2 et 8 ; 42, 44 ; art. 3 de l'ordonnance de 1815 : 56, 59, 211, 212 ; — le fabricant auquel l'autorisation est refusée peut se pourvoir au conseil de préfecture, et ensuite, s'il y a lieu, au conseil d'État : 212, 215 ;—règles du fond relatives à l'autorisation ou au refus des établissements de troisième classe : 219-226 ; — de ce que sur un emplacement il existe des établissements appartenant à la première ou à la seconde classe, il n'en résulte pas nécessairement que l'autorisation d'en former un de troisième classe doive être accordée : 222 ; — l'autorisation peut être accordée pour une partie de la fabrication et refusée pour l'autre : 224.

ÉTABLISSEMENTS NOUVEAUX qui ne sont pas compris dans la nomenclature. — Vrai sens des mots *établissement nouveau* : 322 ; — les préfets peuvent faire suspendre la formation ou l'exercice de ceux de première classe ; leur pouvoir à l'égard de ceux des deux autres classes ; art. 5 de l'ordonnance de 1815 : 56, 59, 319, 321 ; — le classement de ces établissements ne peut jamais devenir définitif que par une ordonnance royale : 322 ;— l'établissement nouveau, provisoirement autorisé par le préfet comme devant rentrer dans la deuxième ou la troisième classe, ne pourrait continuer d'exister sans une nouvelle autorisation, si l'industrie qu'il exploite venait à être rangée par ordonnance royale dans la première classe : 322 ; —Compétence du conseil de préfecture pour statuer sur les oppositions à un établissement nouveau non autorisé : 324 et suiv.

FOURNEAUX (hauts).—Conditions spéciales de leur établissement : 57.—Dispositions de la loi du 21 avril 1810 qui concernent leur établissement : 109.

FOURS A CHAUX OU A PLATRE.—Conditions spéciales de leur établissement : 57, 160 et suiv. ;— Formalités de la demande en autorisation : 161 ; —ces formalités ne sont exigées que relativement aux bois soumis au régime forestier : 162.

GAZ HYDROGÈNE.—Dispositions relatives aux établissements d'éclairage par le gaz hydrogène : 166 ;—les ateliers destinés au grillage des tissus de coton par le gaz font partie de la seconde classe quand le gaz se fabrique dans les ateliers : 176 ; — de l'appareil *Lépine* appliqué en grand : 178 ;— des petits appareils domestiques pour la fabrication du gaz hydrogène : dispositions administratives qui les concernent : 234.

IMMONDICES (dépôts d'). — V. *Engrais.*

INDEMNITÉS. — La quotité des indemnités pour dommages causés aux propriétés est réglée par l'autorité judiciaire : 38, 44 (art. 11 du décret), 344 ;— du règlement des indemnités pour dommages causés par des établissements d'utilité publique ; compétence : 339-342 ; — la règle d'après laquelle le propriétaire d'un établissement industriel doit réparer le dommage qu'il cause aux voisins, est applicable aux établissements postérieurs au décret de 1810 comme à ceux antérieurs : 344 ;—règles du fond sur l'appréciation des demandes d'indemnité et sur la solidarité des auteurs du dommage : 345 ;—les indemnités pour dommages aux champs doivent être réglées par le juge de paix : 360 ;—de la distinction entre le dommage matériel et le dommage moral ; l'un et l'autre donnent lieu à une indemnité : 361 et suiv. ;—c'est devant les tribunaux que doit être réglée l'indemnité pour dommage moral comme pour dommage matériel : 365 et suiv. ;—de l'indemnité pour dommages causés par un établissement non classé : 373 et s.

INSTITUT. — Premier rapport de l'Institut du 26 frimaire an 13 : 3 et suiv. ;—second rapport de 1809 : 17 et suiv. ;—appréciation de ce rapport par le ministre de l'intérieur : 37.

INTERRUPTION DE TRAVAUX pendant six mois. — Nécessite une nouvelle autorisation : 34, 40, 45 (art. 13 du décret), 306 ;—de l'autorité com-

pétente pour décider, en cas de contestation, si les travaux d'un établissement ont été réellement interrompus pendant 6 mois : 308 ; — la règle
qu'une nouvelle autorisation est nécessaire après une interruption de travaux pendant six mois s'applique aux établissements postérieurs au décret
de 1810 comme à ceux antérieurs : 309 ;—la nouvelle autorisation qui est
nécessaire se donne ou se refuse en vertu des mêmes règles que si l'établissement n'avait jamais existé : 311 ; — il faut que le fait de l'interruption de travaux pendant 6 mois soit établi d'une manière irréfragable :
313 ; — *quid* du cas de *cessation* complète de travaux pendant moins de
six mois : 315.

INTERVENTION. — Est admissible devant le conseil d'Etat l'intervention
des opposants à l'autorisation d'un établissement de seconde classe, lorsque
le fabricant auquel le préfet a refusé cette autorisation se pourvoit en ré-
formation de l'arrêté : 132.

LÉPINE (appareil). — V. *Gaz hydrogène.*

MACHINES A VAPEUR.—Dispositions administratives qui les concernent :
179 et suiv. ; — le bruit d'une machine à vapeur est-il pour les voisins un
moyen légitime d'opposition à son établissement : 195 et suiv. ; — règles
applicables à l'autorisation ou au refus d'établissement des machines à
vapeur : 201-209.

MAIRES. — Leurs attributions relativement aux établissements de première classe : 49, 88 et 89 ; — peuvent former, au nom de leur commune,
opposition à l'autorisation des établissements dangereux, etc. : 43 (art. 3
du décret); — leurs attributions relativement aux établissements de seconde classe : 43 (art. 7), 124, 125 ; — relativement à ceux de troisième
classe : 44 (art. 8), 54, 56 (art. 3 de l'ordonnance de 1815), 59, 211.

MERCURE DE PLOMB (préparation de). — Causes du classement de cette
industrie : 12.

MINISTRE DE L'INTÉRIEUR. — V. *Ministre du commerce,* dans les attributions duquel se trouvent aujourd'hui les établissements dangereux, insalubres ou incommodes.

MINISTRE DU COMMERCE. — Ses attributions relativement aux établissements de première classe : 43 (art. 5) ; — ne peut annuler les décisions des
conseils de préfecture : 50 ; — rapport sur le décret de 1810 : 35 et suiv. ;
— son rapport sur l'ordonnance de 1815 : 52 et suiv. ; — circulaire du 4
mars 1815 : 58.

NOMENCLATURE. — V. *Tableau.*

OPPOSITIONS. — Précautions à prendre pour éviter celles qui sont mal
fondées : 13, 14, 51, 62 ; — oppositions aux établissements de première
classe : 43 (art. 3 et 4) ; — ne peuvent plus être portées devant le conseil
d'Etat après l'ordonnance régulièrement rendue qui accorde l'autorisation :
94 ;—il en serait autrement si toutes les formalités prescrites par le décret
de 1810 et l'ordonnance de 1815 n'avaient pas été accomplies ; 96 ; — oppositions aux établissements de seconde classe : 43 (art. 7) ; —le conseil de
préfecture est encore compétent pour statuer sur ces oppositions, quoiqu'il
ait préalablement émis un avis à leur égard sur la demande du préfet : 133 ;
— les oppositions peuvent être fondées soit sur les mêmes moyens qui ont
déjà été invoqués dans l'enquête, soit sur d'autres moyens : 135 ; — oppositions aux établissements de troisième classe : 53, 212 ; — l'arrêté du
conseil de préfecture sur ces oppositions peut être déféré au conseil d'Etat :
215 ; — mais non si le conseil de préfecture, au lieu de prendre un arrêté en forme, n'avait émis qu'un simple avis sur la demande : 216.

ORDONNANCE DE 1815. — Texte de cette ordonnance : 55 et suiv.

PLAN FIGURATIF DES LIEUX.—Doit être annexé à la demande d'autorisa-

tion d'un établissement de première classe : 88, 91 (en note) ; — comment
il doit être dressé : 92 (en note) ; — plan pour les établissements de seconde classe : 124 (en note).

POUDRES et matières détonantes et fulminantes.—Causes de leur classement : 24 ;—dispositions administratives qui les régissent : 110 et suiv.

POUDRERIES. — Pourquoi elles ne sont pas classées : 329 ; — les conseils de préfecture sont incompétents pour connaître des oppositions
qu'elles soulèvent : 331 et suiv.; — indemnités pour dommages qu'elles
causent aux voisins : V. *Indemnités.*

POUDRETTE. — Les établissements de poudrette doivent être éloignés
de toute habitation : 8,

PRÉCAUTIONS GÉNÉRALES. — 15.

PRÉFETS. — Leurs attributions relativement aux établissements de
première classe : 43 (art. 3 et 5 du décret), 89 ; — ne donnent à cet égard
qu'un simple avis, sans prendre de décision, et cet avis ne peut être déféré
au conseil d'État : 90 ; — adressent, avec leur avis, le dossier de l'affaire
au ministre du commerce : 91 ; — leurs attributions relativement aux
établissements de seconde classe : 43 (art. 7) ;—relativement aux établissements de première classe antérieurs au décret de 1810 : 45 (art. 12), 301 ;
—leur compétence pour décider, en cas de contestation, si les travaux
d'un établissement ont été interrompus pendant six mois : 308 ; — leurs
attributions relativement aux établissements nouveaux qui ne sont pas
encore classés : 56 (art. 5), 59, 319, 321.

PRÉFET DE POLICE à Paris. — Ses attributions relativement aux établissements de seconde et de troisième classe : 44 (art. 8 du décret), 56 (art. 4
de l'ordonnance de 1815, 124 (en note).

RÉVOCATION. — V. *Déchéance.*

RIVIÈRES (établissements placés sur les). — Conditions spéciales de leur
autorisation : 57, 263.

SEL MARIN (ateliers pour le raffinage du). — Dispositions administratives qui les concernent : 241.

SOUDE ARTIFICIELLE (fabrication de la). — Inconvénients de cette industrie, causes de son classement : 31, 35, 40 ; — un changement dans les
procédés usités pour l'expulsion de l'acide muriatique la rendrait moins
nuisible : 32 ; — formalités spéciales pour son autorisation ; 43 (art. 6) ; —
Dispositions administives qui la concernent : 103.

SOUS-PRÉFETS. — Leurs attributions relativement aux établissements de
seconde classe : 43 (art. 7), 124 ; — relativement aux établissements de
troisième classe : 54, 56 (art. 3), 59, 211.

TABLEAU des établissements dangereux, etc. — 65 ; — son autorité : 44
(art. 10) ;— ordonnances diverses qui le modifient : 64 ;— il ne peut jamais
être définitif : 64.

TEINTURERIES EN COTON ROUGE. — Précautions à prendre : 8.

TRANSLATION d'un établissement d'un lieu dans un autre. — Nécessité
d'une nouvelle autorisation : 40, 45 (art.13) ; formalités à remplir : 255 et s.

TUILERIES.—V. *Fours à chaux.*

USINES A FEU. — V. *Agents forestiers.*

VACHERIES. — Dispositions administratives qui les concernent : 237.

VAPEUR. — V. *Machines à vapeur.*

VERRERIES. — Conditions spéciales de leur établissement : 57.

VOISINS. — Ne peuvent plus solliciter l'éloignement des établissements
classés lorsqu'ils ont élevé leurs constructions dans le voisinage après l'autorisation : 44 (art. 9) ;—à quelque classe qu'appartienne l'établissement :
293 et suiv.